人文社科
高校学术研究论著丛刊

基于幸福教育理念的"生根、生长、生存"教育实践研究

徐汝成 著

中国书籍出版社
China Book Press

图书在版编目 (CIP) 数据

基于幸福教育理念的"生根、生长、生存"教育实践研究 / 徐汝成著 . -- 北京：中国书籍出版社，2022.5
ISBN 978-7-5068-9033-5

Ⅰ.①基… Ⅱ.①徐… Ⅲ.①教育研究 – 中国 Ⅳ.①G52

中国版本图书馆 CIP 数据核字（2022）第 089561 号

基于幸福教育理念的"生根、生长、生存"教育实践研究

徐汝成　著

丛书策划	谭　鹏　武　斌
责任编辑	庞　元
责任印制	孙马飞　马　芝
封面设计	东方美迪
出版发行	中国书籍出版社
地　　址	北京市丰台区三路居路 97 号（邮编：100073）
电　　话	（010）52257143（总编室）　（010）52257140（发行部）
电子邮箱	eo@chinabp.com.cn
经　　销	全国新华书店
印　　厂	三河市德贤弘印务有限公司
开　　本	710 毫米 × 1000 毫米　1/16
字　　数	261 千字
印　　张	16.5
版　　次	2023 年 3 月第 1 版
印　　次	2023 年 3 月第 1 次印刷
书　　号	ISBN 978-7-5068-9033-5
定　　价	76.00 元

版权所有　翻印必究

目 录

第一章 幸福教育理念的提出 ········· 1
第一节 幸福教育理念的提出 ············· 1
第二节 幸福教育理念的内涵 ············· 10
第三节 幸福教育的实施 ················· 15

第二章 "生根、生长、生存"教育的育人理念 ······· 20
第一节 "生根、生长、生存"教育提出的现实依据 ······· 20
第二节 "生根、生长、生存"教育提出的理论基础 ······· 27
第三节 "生根、生长、生存"的基本内涵 ··············· 34

第三章 "生根、生长、生存"教育的育人机制：协同教育 ······ 60
第一节 学校教育的相关概述 ············· 60
第二节 家庭教育的相关概述 ············· 70
第三节 社会教育的相关概述 ············· 77
第四节 协同教育的相关概述 ············· 82

第四章 基于幸福教育理念的教育实践——生根教育 ······ 91
第一节 学校教育中的生根教育 ············· 91
第二节 家庭教育中的生根教育 ············· 120
第三节 社会教育中的生根教育 ············· 140

第五章 基于幸福教育理念的教育实践——生长教育 ······ 154
第一节 学校教育中的生长教育 ············· 154
第二节 家庭教育中的生长教育 ············· 179
第三节 社会教育中的生长教育 ············· 185

第六章 基于幸福教育理念的教育实践——生存教育 ······ 189
第一节 学校教育中的生存教育 ············· 190

第二节　家庭教育中的生存教育……………………………………… 229

第三节　社会教育中的生存教育……………………………………… 239

结　语……………………………………………………………………… 254

参考文献…………………………………………………………………… 257

第一章 幸福教育理念的提出

第一节 幸福教育理念的提出

一、理论基础

（一）内尔·诺丁斯的幸福教育思想

内尔·诺丁斯的幸福教育思想是其关怀伦理学思想在学校教育领域的延伸，作为特定历史文化背景下的产物，诺丁斯幸福教育思想的形成与发展是在全球化的时代契机中，结合诺丁斯本人早期经历，在美国社会教育变革等现实影响的推动中发展起来的。诺丁斯的幸福教育思想源于关怀伦理学思想，人本主义心理学、存在主义哲学以及多元智力理论等重要理论成果，也为其幸福教育思想的形成和发展提供了坚实的理论基础与依托。诺丁斯认为教育的核心目的指向幸福的实现，教育者的任务应该致力于促进学生幸福，帮助学生实现幸福生活。在此过程中，学生需要有更多民主与自由选择的空间和机会，同时，她还强调应通过多样化的丰富课程发展学生兴趣，重视幸福教育课程的连续性，关注学生当前的幸福体验，注重学生幸福能力的培养。

作为关怀伦理学派的代表人物，内尔·诺丁斯在《幸福与教育》中主要阐述了四个问题：第一，幸福意味着什么；第二，幸福来自哪里；第三，教育如何实现人的幸福；第四，幸福教育的目的是什么。

幸福意味着什么？诺丁斯认为，幸福的内涵远远比所有学者揭示的内容要丰富，因此幸福的研究要借助开放性的定义。在她看来，幸福是无法定义的，要通过回答"幸福意味着什么"来理解真正的幸福，幸福是通过生活的经历与体验来获得的。

幸福来自哪里？诺丁斯认为幸福来自生活。在美好、和谐的生活中，自然能探寻到幸福的踪迹，拥抱生活、珍惜生活是幸福的源泉。诺丁斯认为，温暖的家、美好的德行、和谐的人际关系、民主的公共生活都是生活的每个细小环节，在这些细小的环节中蕴藏着无穷的幸福。

教育如何实现人的幸福？诺丁斯认为，幸福的教育不是将幸福当作知识与技能来进行教授，而是通过教会持家、塑造品格、关怀他人与暴露式教学这些实践活动，逐渐实现幸福的人生。诺丁斯曾说，"对每个人来说最重要的一项任务就是持家了"。只有学会持家，才能处理好家务，与家庭成员建立良好的关系，最终形成温暖的家庭氛围，在这个温暖的氛围中感受到家庭所蕴含的无穷幸福。诺丁斯指出，"我们相信在善和幸福之间，存在着一种联系"，她认为美德是获得幸福的跳板。通过学校教育使学生获得美好的德行，让他们成为品德高尚之人，铸造美好人生。"幸福的教育就是'开门'，而'开门'的目的是邀请孩子们去探索。"诺丁斯认为，幸福教育中教师的职责就是将所要教授的内容呈现在学生面前，让学生自己去探索、去发现。在这个过程中，学生释放自己的创造力、能动性，最终获得幸福的体验。

幸福教育的目的是什么呢？诺丁斯认为，教育的目的就是为了幸福。她认为，幸福在教育的其他目的中处于核心地位，而其他目的是为了实现幸福这一目的而采取的手段、工具。诺丁斯还认为，教育的目的也必须随时代的发展而变化。幸福教育的教育目的是与教育过程相一致的，是不断更新的。

（二）马斯洛的需要层次理论

马斯洛（A.H. Maslow）是美国心理学家，他认为，人的一切行为都是由需要所引起的，他根据需要的发展水平，把需要划分为不同的层次，提出了著名的需要层次理论。他把不同层次的需要从低级到高级排成梯级，最低层是生理需要，中间层有安全需要、情感和归属的需要、尊重的需要，最高层的需要是自我实现。

（1）生理需要。生理需要是人类最原始、最基本的需要。他把人类的生理需要作为需要层次的基础或根本，只有这一层次的需要满足了，才会出现高层次的需要。

（2）安全的需要。当生理的需要得到一定满足之后，安全需要就会随之而来。

（3）情感和归属的需要。情感和归属的需要是在安全的需要得到满足时才会出现的。人人都希望得到相互关心和照顾，这种需要包括对社交、归属和认可的需要,给予爱和得到爱的需要。

（4）尊重的需要。马斯洛把尊重的需要分为两大类——自尊和来自他人的尊重。

（5）自我实现的需要。自我实现的需要是人的需要层次结构中最高层次的需要,是指实现个人理想、抱负,发挥个人的能力到最大程度,达到自我实现境界,接受自己也接受他人,解决问题能力增强,自觉性提高,善于独立处事,要求不受打扰地独处,完成与自己的能力相称的一切事情的需要。

这五个层次中,生理需要是其他各种需要的基础,只有当人们的一些低层次需要基本得到满足以后,才会有动力促使高一层次需要的产生和发展。自我实现的需要是人类需要发展的顶峰。各级需要层次的产生与个体发展密切相关,婴儿期主要是生理的需要占优势,而后产生安全的需要、归属的需要,到了少年、青年初期,尊重的需要日益强烈。青年中晚期以后,自我实现的需要开始占优势。但是,个人需要结构的演进是波浪式的,较低一级的需要高峰过去以后,较高一级的需要才能起优势作用。

总之,马斯洛的需要层次理论让我们领悟到:教师在教育过程中,要想获得教育成功,就得调控学生的需要,关心爱护学生、尊重学生、赏识学生,让学生的各种需要得到满足,并使他们的需要由低级逐步上升为高级,最终达到自我实现的境界。需要是人的本能,反映的是人的某种心理欲望,指人感到某种缺失而力求获得满足的内心状态。根据马斯洛的需要层次论,我们认为,幸福就是主体由于生理、安全、爱、尊重和自我实现等需要或欲望在获得实现时的一种整合性的心理体验、主观感受甚或精神满足。

（三）多元智能理论

多元智能理论是1983年美国心理学家霍华德·加德纳（Howard Gardner）在其研究著作《智能的结构》中提出的理论研究成果,此后在加德纳及其他学者的研究应用中,多次针对多元智能理论展开实践,不断对该理论进行充实和补充,使该理论逐渐系统化并形成体系。值得强调的是,虽然目前多元智能理论在现代社会实践应用中存在被片面解读或过分商业化的应用,造成多元智能实践偏离理论精髓等问题,违背了加德纳所阐述的理论初衷,但就加德纳本人而言,其所提出的多元智能理论内涵及实践,要比被过度商业化、简单化的单一理解更为深刻复杂。加德纳的多元智能理论是建立在严谨科学分析前提下的产物,与传统心理学研究有着本质区别。融入现代科学的多元智能理论在加德纳的潜心研究及应用过程中,其影响足迹遍布全球,诺丁斯幸福教育思想观点的形成也深受该理论的影响和启迪。

多元智能理论改变了传统的仅以语言和数学智能衡量人的智力水平的评价,它强调人的智能是由互相联系却又各自独立的多种能力组合而成的。多元智能理论是一种全新的人类智能结构理论,它认为人类思维和认识的方式是多元的。

多元智能理论认为,智能是解决某一问题或创造某种产品的能力,而这一问题或这种产品在某一特定文化或特定环境中是被认为有价值的。就其基本结构来说,智能是多元的,每个人身上至少存在七项智能,即语言智能、数理逻辑智能、音乐智能、空间智能、身体运动智能、人际交往智能、自我认识智能。

多元智能理论对智力的定义和认识与传统的智力观是不同的。加德纳认为,智力是在某种社会和文化环境的价值标准下,个体用以解决自己遇到的真正难题或生产及创造出某种产品所需要的能力。智力不是一种能力而是一组能力,智力不是以整合的方式存在而是以相互独立的方式存在的。

多元智能理论不是让学生千军万马过独木桥,也不是简单地要求给学生多架几座桥,而是主张给每个学生都铺一座桥,让"各得其所"成为现实。教育人是手段,更是目的。教育的价值除了为社会培养有用之才,更在于发展和解放人本身。因此,我们认为幸福是给学生提供更多选择,以及走向未来这个过程中所获得的精神满足体验。

(四)积极心理学理论

积极心理学(positive psychology)是20世纪90年代在美国兴起的一个新的心理学研究领域,它与传统心理学主要关注消极和病态心理不同,积极心理学是利用心理学目前已经比较完善和有效的实验方法与测量手段,来看待正常人性,关注人类美德、力量等积极品质,研究人的积极情绪体验、积极认知过程、积极人格特征以及创造力和人才培养等,成为心理学的一种思潮(Sheldon M.&King L.,2001)。而这种新思潮研究领域涉及有价值的体验,如幸福感、满足和满意(对过去而言)、希望和乐观(对未来而言)、充盈和快乐(对现在而言)。在个体层面上涉及积极的人格特性,如爱与召唤能力、勇气、灵性、人际交往技巧、审美观、韧性、宽容心、创造性、对未来的憧憬、洞察力、天才和智慧。在群体层面上涉及公民道德和推动个体更好地发展的社会机能,如责任、教养、利他、礼貌、适应、容忍力和职业道德。其所关注的重点恰好与学校培养人才的一些基本观念相符合,另外,积极心理学理论中要求人们关注的所有积极品质,也正是在人本主义教育思潮下,一个学校的领导者、一个班级的管理者、一个合格的教师所需要关注的重点。所以无论从哪个方面来说,积极心理学确实是一种非常合适而又有效地指导我们教育教学的学科理论。

积极心理学从关注人类的疾病和弱点转向关注人类的优秀品质,越来越多地被社会关注,也越来越多地在社会中的各个领域应用,教育教学领域的一线工作者也注意到了这一点,并开始在教育教学活动中应用积极心理学的知识来指导自己的教育和教学工作,希望能够有效减轻学生的各方面压力,提升学生的学习兴趣、能力和成绩,提高自我评价的水平,健全学生人格,以帮助学生更好更快地成长,适应社会、时代发展的需要。

在积极心理学理论指导下进行幸福教育实践研究,有利于学生身心的发展、积极人格的培养;有利于提升学生学习的主观幸福感。由此可见,积极心理学理论在幸福教育一系列活动开展中是大有可为的,积极教育将会受到越来越多的关注。积极心理学和马克思主义幸福观教育有着内在的契合,不仅为马克思主义幸福观教育的实践提供了新的视角,同时也是当代幸福观教育的时代诉求。

(五)马克思的幸福观理论

马克思主义幸福观教育就是以马克思主义幸福观为话语内容,以实现个体与社会幸福感受为目标和教育效果的评价标准,对公民进行树立正确幸福认知的教育,培育当代公民感知幸福、体验幸福、把握幸福、创造幸福的认知水平,是思想政治教育的重要组成部分。马克思主义幸福观的根本要旨就在于通过自由自主的劳动来创造幸福,并且个人幸福只有在对集体与社会的劳动与奉献中才能实现,并在此基础上实现个体自由而全面的发展。马克思主义幸福观立足于历史唯物主义的基本向度,追求的是全人类的解放和幸福的实现,其摒除了禁欲主义、享乐主义、自然主义、宗教主义幸福观的缺陷,把人类对幸福追求的梦想提升到一个新的理论境界,其作为一项具有层次性的理论内容,包括了政治意涵、生命承载、财富维度、道德对话、生态建构、审美指向等方面,是包含了多维度的生活方式和系统生成。马克思主义幸福观不仅是科学的、积极的幸福观,也是对近代消极幸福观的理论扬弃,是实现当代中国梦的必然要求,也是社会主义核心价值观的重要理论来源,有着极大的科学性、合理性与现实性,必将成为当代幸福观教育最重要、最科学的专业话语和理论根基。

马克思主义幸福观是马克思主义理论的重要组成部分之一,虽然最终落脚于幸福,但马克思主义幸福观涵盖的内容却相当丰富,诸如唯物史观、政治经济学、科学社会主义、实践观、人的本质理论、异化理论、人的自由全面发展理论等,在马克思主义幸福观的理论体系中均有所体现。因此,科学解读马克思主义幸福观,对于我们全面透彻地理解马克思主义理论具有重要意义。

随着我国经济的飞速发展和社会的不断进步,中国人所关注的焦点已经从"吃得饱、穿得暖"的温饱层面逐渐转向如何提高生活质量,如何过上幸福生活。对于正处于由传统社会向现代社会转型的中国,人们的价值观念、理想信仰、生活方式都在发生着明显的变化,人们追求幸福的方式和途径也和计划经济体制时代有着明显的区别。很多人认为,只要拥有财富、拥有权力就可以拥有幸福。但更多的时候,人们在纸醉金迷、官高位重的环境下不仅没有收获幸福,反而觉得越来越不幸,这种现象出现的根本原因就在于人们对幸福没有正确的认识。马克思主义幸福观作为一种科学的幸福观,是物质幸福与精神幸福的统一,是创造幸福与享受幸福双重权利的统一,是自我实现与奉献社会的统一。马克思主义幸福观不仅为人们诠释了幸福的真正内涵,在人生定位、人生追求上也为现代人指明了道路。因此,科学理解马克思主义幸福观,对于抵制诸如拜金主义、享乐主义、极端利己主义等不良幸福观,指导人们获得真正的幸福具有重要意义。

二、现实依据

（一）国家对国民幸福感的提出

改革开放至今已走过了四十多个年头。随着我国综合国力的不断增强，人民的物质文化生活水平较之过去已经有了大幅提高，但随之而来的社会主流价值观和人民生活方式的巨大转变，也对当代中国人的幸福观产生了深远影响，中国人面对幸福产生了新的选择困惑。2012年，中央电视台推出了一期特别调查节目"幸福是什么"？央视记者分赴全国各地采访了几千名不同行业、不同年龄、不同文化程度的工作者。几乎所有的被调查者都明确表示渴望得到幸福，但耐人寻味的是，每个人对"什么是幸福"以及"如何获得幸福"的看法都不尽相同。一时间，"幸福"成为人们街头巷尾热议的焦点话题，也引发了当代中国人对于所处时代的政治、经济、社会、文化、自然环境等诸多方面的深入思考。

中国政府对民幸福问题的重视程度也在不断加强。2010年，温家宝总理在第十一届全国人民代表大会第三次会议上所作的政府工作报告中谈道"我们所做的一切，都是为了让人民生活得更加幸福，更有尊严"。习近平主席在2013年第十二届全国人民代表大会第一次会议上的讲话更是明确地将实现人民幸福提升为实现中华民族伟大复兴中国梦的核心内容之一。将提升国民的幸福感作为一项涉及民生的重要工作，树立中国人健康积极的幸福观，既是时代发展的新要求，也是党和政府关注民生的新表现。

2017年，十九大报告提出，要使人民的获得感、幸福感和安全感变得更加充实、更有保障和更可持续。幸福的体现就是民主思想的体现。千百年来，人们对幸福的执着追求展现出人们对美好生活的向往、对美满生活的期盼，同时这些主题也成为当前教育改革考量的重要因素，也是教育改革的重点。

（二）地方对幸福教育的政策

2008年，北京成功举办世界奥林匹克运动会，2010年，上海世博会顺利召开，同年我国的经济总量超过日本成为全球第二大经济体，仅次于美国。近年来的中国，经济在腾飞，国际声誉在不断提升，因此人们可能会认为，当今的中国人对目前生活一定感到非常满意，一定感到非常幸福。然而,盖洛普民意调查(Gallup Poll)结果却并非如此。为什么更多的社会财富并没有给中国人带来更多幸福?在这样的时代特征下,纵观国内外教育改革的状况和趋势,个体情感维度的发展越来越受到关注。以我国正在进行的课程改革为例,中小学各门课程都明确强调了"情感态度与价值观"目标,重视培养学生的情感态度。情感的发展与个体道德人格的成长、审美品质的养成、创造力的显现都有着极为密切的关联。忽视或不重视个体情感维度的教育,是不利于个体成长的教育,是与办学理念相违背的教育,是不健全的教育。

2021年,为提高教育质量,落实立德树人的根本任务,国务院办公厅印发《关于进一步减轻义务教育阶段学生作业负担和校外培训负担的意见》,简称"双减"政策。"双减"政策的实施,能够有效减轻学生的学业负担,提高学生的学习兴趣,促进学生德、智、体、美、劳全面发展。各学校开展了丰富多彩的校园社团活动,让更多学生有挑战自我、展示自我的机会,从学生的眼神中看到的是满满的自信,感受到的是他们在学校各种特色课外活动中体验到的快乐、幸福与自我价值感。在"双减"政策下,学生的幸福体验多了,家长不用为孩子折腾于各类补习班,远离内卷,幸福感自然强了。老师们不用整天埋头于作业堆里,可以腾出时间做更多有意义的事情。在"双减"背景下,力争使每位学生、老师和家长都有幸福感、获得感和安全感。由此可见,课改或双减,其核心意义也是重视人的情感态度和价值观,尤其是情感体验。

现今学校教育主要仍是经院式教育。雅思贝尔斯首先提出经院式教育的概念,他认为在教学过程中,教师因知识而与学生发生联系,因此二者都依附于知识,而本身缺乏直接的联系,所教即所学的教育模式。亦即是说,现今教育模式仍旧是以学生被动接受知识的教育为主导的传统教育,而在这种教育模式下,师生之间缺乏情感的联系,师生之间不产生情感交流或交换。传统教育中师生缺少共情,幸福感就没有双向传达的桥梁,教学活动无法施展真正的教育功能。让儿童获得幸福感是教育开展的最主要目的,所以凡是为了任何与利益相关的事将教育的幸福感牺牲,都是应该受到严厉谴责的。显然,让学生和教师获取幸福,是学校教育改革的核心,也是人们对未来是否能够充满信心和力量的来源。就如诺丁斯所坚持的看法,幸福的人不会故意去做对他人造成伤害的不好的事情,因此也很少有残忍、卑鄙或者粗暴的人。所以说,只有在教育中引入幸福教育的真谛,才能避免人们不断被物化和恶化,以免教育的理想难以经受现实洗礼,而丧失教育的真谛。

(三)我校幸福教育的提出

珠海市田家炳中学是市直属公办高中,坐落在珠海市斗门区白蕉科技工业园内,由于录取批次的原因,生源一直居于全市中下,但学校十分重视在教育中倾注人文关怀。2003年,得到香港慈善家田家炳先生捐资扩建,更名为"珠海市田家炳中学"。学校秉承田家炳"信、善、爱"精神(田家炳先生是大企业家,源自诚信立业,所以是香港化工大王;田家炳先生是大慈善家,源自行善积德,所以能名满天下;田家炳先生是大教育家,源自大爱无疆,所以被尊称"百校之父"。田家炳先生"信、善、爱"是我校文化精神的新内涵,是师生的精神图腾),经过不断探索开拓,学校树立了"习礼崇文,幸福成长"的办学理念。德育方面,学校确立了"在活动中育人,在文化中育人"的德育工作理念,树立全员育人、全面育人、全程育人的德育新观念,努力打造以"礼善"为核心的校园主题文化,充分利用环境、文化、活动育人,让全体师生对"幸福"能习得、会感受、愿分享,努力促进师生幸福成长。

有很多学生来自农村、个体经营家庭以及外来务工人员家庭,有些学生一味地追求感官上的快乐体验,将幸福等同于物质享受所获得的快乐体验,这导致了他们追求错误幸福生活方式的不健康心理和行为,忽视了培养自身追求、创造幸福的意识和能力;部分学生"生在福中不知福",出现不思进取、怨恨现实的消极行为,甚至产生一些不道德的行为。

为协调不同家庭环境和成长历程学生的心理健康与学业发展,避免学生受不良社会思潮的干扰和影响,珠海市田家炳中学充分发挥校园文化的价值引领、思想涵育、行为指导功能,借助校园主题文化——礼善文化的"导"德、"显"德的德育优势,对不同年级的学生开展了分层幸福教育,实现了思想教育与文体活动的充分结合。通过艰难的探索和不懈尝试,珠海市田家炳中学走出一条颇具特色的适应新时代中学生幸福成长的育人之路。

铸造幸福教育品牌是珠海市田家炳中学持之以恒的追求,得到了社会的广泛认同和支持,区域影响力不断提升,成为具有一定代表性的地标式教育品牌。学校以国家课程为主导,以"礼善文化""课堂管理""校本课程体系建设"为主线,构建了科学的幸福教育课程体系。进一步强化了文化管理，从儒家经典文化中提炼教育资源，实现了与现代教育理念的结合。珠海市田家炳中学的礼善文化伴随着时代的发展而升华，成为幸福教育品牌最鲜亮的底色。2018年10月，在"新时代两广田中德育特色品牌建设计划"项目组的倾力支持下，珠海市田家炳中学更进一步实现了"幸福教育"德育特色的品牌升级，践行"以幸福之心，做幸福教育"的理念，致力于打造学校幸福教育品牌。2021年1月，由省教育科学规划领导小组办公室、省教育厅组织开展的广东省教育科学"十三五"规划2020年度研究项目（德育专项）申报中，徐汝成校长主持的课题《基于幸福教育理念下"生根、生长、生存"教育的实践研究》成功获得立项，进一步从理论和学术视角，对幸福教育进行了系统的研究，为在新时代的新起点上继续推进幸福教育的发展提供了更好的平台。

第二节 幸福教育理念的内涵

一、西方的幸福教育思想

卢梭的幸福教育思想承袭于古希腊、罗马时期思想家的幸福哲学思想，尤其深受斯多葛学派思想家的幸福哲学的影响。卢梭认同斯多葛学派幸福哲学中，幸福是人生的终极目标的观念，因此，尽管他童年的生活充满不幸和痛苦，他也仍然坚持尽自己的力量使世界的人们看到儿童，并在教育中培养儿童享受快乐、获得幸福的能力。卢梭幸福教育思想的论述主要集中在《爱弥儿》中，当然也有一些散落在其他著作中。卢梭的幸福教育思想是针对18世纪法国新旧教会对教育垄断并且压制儿童人格发展的教育现状而提出的，卢梭对其进行严厉的批判，并且从顺应儿童的自然天性、尊重自然教育的原则，以及结合他本人的教育生活经历和教育经验的总结等方面来建构幸福教育理论框架，开展幸福教育。这里旨在明确了解并研究幸福教育的主要内容及特征，分析、总结、归纳卢梭幸福教育思想的当代价值，为我国幸福教育提供实践参考。

学校教育的目的应该是培养幸福、完整的人。然而在现今经济飞速发展的时代，人们对事物的追求越来越浮于表面，导致人与人之间的冲突不断地升级,人类已经步入追求理性至上、社会生态的发展不均衡、生活意识淡薄、精神生活匮乏的特别历史时期。在教育实践中,幸福与教育割裂,同时人与人之间的竞争加剧,人们将教育作为追求权力、欲望的途径与工具,学生整日被困于题海中,教师则因于升学率之中,教育过程被过分异化,人们大多沦为功利主义教育的奴隶。卢梭表示,事事都将生活摆在第一位的人,恰恰就是不会生活的人,而一直苦苦追寻幸福的人,也往往就是最不幸的人。足见卢梭对在教育过程中幸福教育理论的引入并实施的重要性,卢梭幸福教育思想为我国幸福教育实践经验的积攒以及理论发展的新思路增加了现实的可能性。

卢梭的幸福教育是指教育者在能够充分尊重并且遵循自然秩序与规律的原则下,通过对儿童自由天性的保护,进而帮助儿童解除痛苦,提高儿童充分享受生活的能力,使儿童形成积极的人生观,最终实现人生幸福的目标的活动。就如卢梭自己所说"我们需要生活得幸福,这是一切有感觉能力的人的目的,是大自然给予我们的第一个愿望,也是我们永远不能放弃的唯一的愿望"。

二、我国的幸福教育理念

在建设幸福中国的时代背景下,2012年7月2日,中国教科院心理研究中心主任、鄞州实验区专家组组长孟万金教授在《中国教育报》发表了题为《幸福中国,让学校先幸福》的文章,从全国全局高度提出了"幸福国家优先发展幸福教育"的时代命题。对幸福教育的宗旨、精髓和体系做了深入系统、简明扼要的阐释。该文一经发表,受到了许多知名网络媒体的转载,在教育界产生了广泛的影响。

文章从应试教育给教师、学生带来的困惑和问题入手,引出了对幸福教育的诉求。孟教授首先对"幸福"一词的缘起概念做了说明和界定,进而提出幸福教育的理念,并认为"幸福教育就是在幸福中开展教育,在教育中体验幸福;通过教育创造幸福,通过幸福促进教育。幸福教育就是要为幸福人生奠基",同时又提出了幸福教育的七大纲领,即:"以人为本是幸福的灵魂,积极心理是幸福的支点,优良品德是幸福的先导,快乐有成是幸福的真谛,劳动是幸福的源泉,满足特需是幸福的天平,生命健康是幸福的本钱"。在文章中,孟教授进一步从理念上阐发了自己对"幸福教育"真谛和精髓的见解,认为幸福教育既包括教师教的幸福，也包括学生学的幸福。文章侧重解释了作为师生交流平台的幸福课堂的特点，即"爱教爱学，会教会学，教会学会"，并认为这是幸福教育的真谛和精髓。其中"爱教爱学"表现为"以生为本"的课堂观和"阿克斯（ARCS）动机"教学模式；"会教会学"表现为最优教学"631原则"和轻负高质课堂学习"5+2"环节；"教会学会"表现为高分高能，学生取得好的学业成绩的同时又能理论联系实际，学以致用。在谈到幸福教育的实现路径时，孟教授提出创办幸福学校和创建幸福班级。作为幸福教育实施载体的学校和班级，孟教授认为首先立足于积极向上的心理和环境。具体到幸福学校的建设，则主要在于营造一种幸福的文化氛围，并体现在办学理念、行动计划、组织管理、满意度四个方面；具体到幸福班级的建设，则提出从爱心文化、和谐结构、快乐成长三点着手。

三、我校的幸福教育理念

铸造幸福教育品牌是珠海市田家炳中学持之以恒的追求，近几年我校的幸福教育开展得到了社会的广泛认同和支持，区域影响力不断提升，成为具有一定代表性的地标式教育品牌。

（一）开展幸福教育，培养幸福的人

幸福德育是一种唤醒，一种激励，一种提升，在于促进师生成长，促进师生学会处理与他人、自然和世界的关系，成为个性的、社会的人，实现人的健康生活和幸福生活。为此，在校本核心价值驱动下，学校实施"幸福教育"，营造和谐、幸福、民主的校园氛围，全力提升师生的整体人文素养；打造一支素质精良、业务精湛的教师队伍；积极改善现代化教育技术设施，不断提升教育教学质量；走个性化、特色化的内涵发展之路；开拓创新，建设具有德育特色的学校，创办具有区域影响力的优质普通高中。

（二）坚持育人为本

《规划纲要》提出：把育人为本作为教育工作的根本要求，促进每个学生主动地、生动活泼地发展。面对前所未有的机遇和挑战，我校教育还不完全适应当前经济社会发展和人民群众接受良好教育的要求，教育观念相对落后，内容方法比较陈旧，学生课业负担过重，素质教育推进困难等。因此,我校在办学理念"习礼崇文,幸福成长"的指导下,把促进学生健康快乐成长作为学校一切工作的出发点和落脚点,在教育改革发展中强调尊重人、解放人、依靠人、发展人和为了人,彻底扭转把学生训练成考试机器的应试教育局面,培养幸福快乐成长的学生。

（三）培养积极心理

教师诲人不倦、学生学而不厌的积极心态是幸福的有效调节机制。早在两千多年前儒家经典"正心、修身、齐家、治国、平天下"中的"正心",就是积极心理、正面心理,同时还包含端正、矫正心理偏差的意蕴。美好的心理可以发展成为美德,丑恶的心灵会诱发恶习。我校以"尚礼崇德,守正创新"为校训,努力打造校园主题文化——"礼善文化",进行积极心理健康教育,以此作为德育低效难题的重要突破口,成就学生快乐幸福的人生。

（四）提升核心素养

我校严守"重礼明德,知行合一"的校风,注重学生理想信念和核心品德素养的培养,关注学生的生命质量和价值,提升终身发展的核心素养;关注课程建设综合化、主体化发展趋势,强调课程整体育人功能和价值;注意学生学习体验、动手实践及创新意识的培养,突出实践育人的价值;学校课程侧重贴近学生的生活,提供满足学生现实生活、未来发展的课程,特别关注核心价值观、生涯指导,突出学生是现实生活中"完整的人";未来将更加注重增加国家课程和地方课程的适应性,进一步突出地方、校本课程的时代性、开放性和灵活性,奠基学生快乐幸福的人生。

（五）感受快乐有成

我校位于珠海西区,处于城乡结合部,学生的录取是在市五所示范性高中录取之后,而且有很多学生来自农村和个体商业家庭,还有不少来自务工人员的家庭,不同的经济状况和家庭环境导致孩子学习、成长环境的不理想,学生的思想素质较低,各种行为习惯相对落后,而且学校一直以来都以专科上线率作为追求的目标,社会效应极不乐观。我校充分利用校园主题文化——礼善文化"导"德、"显"德的道德功能,进行不同年级的主题思想教育,开展丰富多彩的文体活动,实行教师情感价值浸润式的幸福课堂教学,寓教于乐,努力走出一条虽艰难曲折但颇具特色的适合学生发展的幸福快乐的育人之路,实现学生快乐幸福的人生。

(六)不断满足特需

在应试教育的大环境中,学生、家长、老师都没有认识到职业生涯规划的重要性。一直以来,由于高中生生涯教育的缺失,学生往往盲目抉择、被动学习,普遍对自身和社会的认识不足,又无一技之长,迷茫感与焦虑感尤其严重。一些学习差的学生缺乏学习动力,找不到个人与社会的切合点,一些学习好的学生对个人的优势及职业的大千世界了解不够,不能很好地为未来的职业选报专业并作出规划。一些教师也缺乏对学生进行职业指导的必要知识与技能。新高考要求对高中生进行生涯规划,为学生高考专业选择的决策提供帮助,同时提升学生学习的自主性,让学生对人生价值有更深入的思考。基于这样一种现实,我校努力为学生文理分科、高考专业选择的决策提供帮助,让学生对人生价值有更明确、更深入的思考,把幸福教育作为学校德育特色工作的突破口,创建明礼善思、刻苦奋进的和谐校园,让每一个孩子健康成长,塑造学生快乐幸福的人生。

(七)促进健康生活

生命健康是幸福的本钱。身心和谐、人格健全是幸福的生命线。我校地处珠海市斗门区白蕉科技工业园区,依山傍水,环境优美,结合校园周边环境的实际情况,加强师生安全教育和学校安全管理,提高预防灾害、应急避险和防范违法犯罪活动的能力尤为重要,我校与公安部门、交警部门联手合作,为师生创造安定有序、和谐融洽的学习和生活环境,打造学生快乐幸福的人生。

第三节　幸福教育的实施

一、学校教育：幸福教育的主阵地

要在教育中实现学生幸福，首要的问题是要认识其中有哪些约束学生幸福的因素，然后指出哪些因素是合理的，哪些是不合理的，哪些是可以改变的，而哪些则是既定的，这样才能使学生幸福教育的实现不至于变成不切实际的空想。因此，构成幸福要素的生理、安全、爱、尊重和自我实现这几点就作为分析和论证学生幸福问题的起点。国内外中学生幸福研究所涉及的主要因子包括家庭、学校、同伴关系和自我评价四个方面，实证研究的结论也正是通过这几个方面的问卷调查而获得。下面主要是从上述四个方面中的学校这一维度对学生幸福进行理论上的探讨，以获得中学生幸福在教育教学中哪些是可行的，哪些是不可行的，哪些可以从抽象的纯理论文本形式转化为能指导实践的具体策略，这才是我们对教育视界下中学生幸福问题进行考虑的思路。

二、课程建设：幸福教育的导航仪

以国家课程为主导，开发以"礼善文化""幸福生涯""校本课程体系建设"为主线的幸福教育课程。我校不断进行课堂教学改革，引进"对分课堂"和"明珠课堂"等教学模式。通过课程建设这种最直接的教育力量帮助学生树立正确的生根观、生长观和生活观，在人生的道路上幸福学习，幸福成长，幸福生活。通过课堂知识的讲解与灌输，通过实践活动的组织与开展，让学生感同身受，从中得到启发与感悟，真正获得心灵的陶冶，情感的熏陶，幸福一生。

三、多元平台：幸福教育的加油站

幸福教育是珠海市田家炳中学校园文化的精神内核，学校坚持幸福教育与校园文化建设相结合，着力塑造学生正确的幸福观，培育学生健全的人格与情操。通过丰富多彩的校园文化，为学生智慧和人格的同步发展创造最佳的环境和条件，使幸福师生与幸福课堂共同构筑起有温度、有情怀、有理想、有体验的幸福校园。

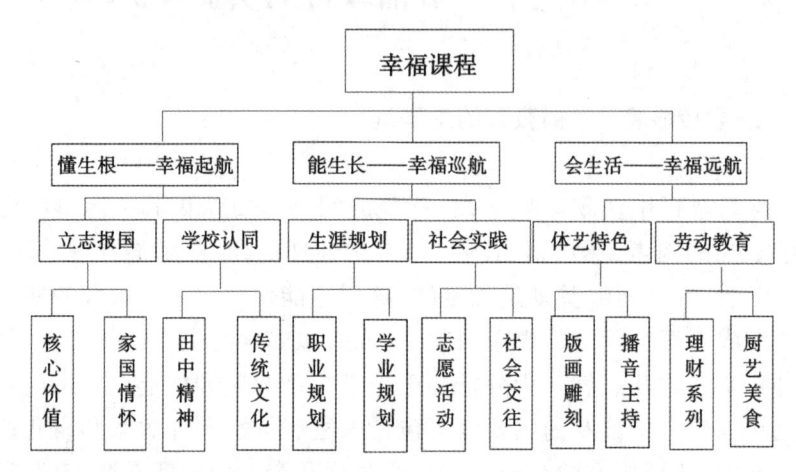

```
                    幸福课程
        ┌──────────────┼──────────────┐
    懂生根——幸福起航  能生长——幸福巡航  会生活——幸福远航
    ┌──────┬──┐     ┌──────┬──────┐   ┌──────┬──────┐
    立志报国 学校认同  生涯规划 社会实践   体艺特色 劳动教育
    ┌─┬─┐  ┌─┬─┐   ┌─┬─┐  ┌─┬─┐    ┌─┬─┐  ┌─┬─┐
    核心 家国 田中 传统  职业 学业  志愿 社会  版画 播音  理财 厨艺
    价值 情怀 精神 文化  规划 规划  活动 交往  雕刻 主持  系列 美食
```

我校创新性地提出生根教育、生长教育、生活教育模式，关照学生的生命意义与价值，培养学生追求幸福和美好生活的积极心理，使教师养成诲人不倦，学生养成学而不厌的积极心态。我校十分重视在教育中倾注人文关怀，对不同年级的学生开展了分层幸福教育，实现了思想教育与文体活动的充分结合。通过艰难的探索和不懈的尝试，珠海市田家炳中学走出了一条颇具特色的适应新时代中学生幸福成长的育人之路，为学生的幸福人生奠基，搭建了以下平台。

（1）以主题教育为活动平台，开展丰富多彩的德育活动。

（2）以丰富的社会实践体验为平台，开展自我发展、自我完善的感悟活动。

（3）创建党团队建设平台，充分发挥党团和学生组织在德育中的作用。

（4）创建校园"礼善"主题文化建设平台，大力开展日常校园"礼善"文化教育活动。

（5）创建网络德育平台，积极开展网上思想政治教育活动。

（6）搭建教育、管理、服务结合的平台，在关心人、帮助人中开展育人活动。

（7）搭建学校、家庭、社会"三位一体"的德育平台。

（8）搭建"中学生生涯规划"的平台，实施生涯指导。

（9）搭建专业成长平台，注重教研一体化，打造幸福之师。

以幸福育人理念为指导，以幸福育人目标的达成为主线，进一步丰富载体，完善网络，健全制度，构建有利于学生综合素养发展的平台，以社会主义核心价值观为培养重点，从道德成长、习惯培养、人格发展、社会适应、创新精神、实践能力等方面多维展开，以思想引领、情感陶冶、实践体验、活动养成等形式多维推进，致力于培育"尚礼学子""幸福学子"，培养现代公民素养，实现全体学生的全面、主动、健康、活泼的发展。鼓励教师充分利用"对分课堂"模式，发现学生内心的渴望：相信学生，解放学生，发展学生。学生在学习生活中有足够的自主发挥空间，自然就有幸福的心态。

四、校园文化：幸福教育的保鲜剂

（一）润物无声：创建和谐的内部育人环境

精神文化铸特色品牌。学校致力于人文文化与生态化的校园环境建设，通过校训、校徽、校旗、校歌、教风、学风等物化与诠释，彰显了学校文化的多元价值。

（二）制度完善：制度文化添发展内力

"凡事无法而不立"，要不断建立健全相关制度。既遵循原则，又尊重人性，让制度约束成为自觉自律，从而实现学校的和谐发展。创设和谐环境，增强教师职业荣誉感。

（三）物质环境：营造积极向上的校园文化

在学校门口设置校训及"习礼崇文，幸福人生"的宣传栏，大力宣扬每学年评选的"新时代好少年"的先进事迹，并设立师生"光荣榜"，展示每月的明星，介绍他们的先进事迹，弘扬正能量。

（四）团队建设：建设积极乐观的教师团队

首先，重视教师身心健康，建设教职工之家。工会要切实维护教职工合法权益，为教职工办实事好事。投资活动设备器材，落实活动阵地，组织开展有益教职工身心健康的文体活动、户外活动，创造条件减轻教师的压力。开展"模范教职工小家""先进教职工小家"等评选活动，让教职工对学校有归属感。

其次，组织丰富多彩的活动，激发教师对生活的热爱。以备课组为单位，定期举办各种形式的活动，如趣味运动、公益活动、研学、团队专业竞赛等，让团队氛围里充满着"团结与协作""关注与期待""理解与宽容""支持与帮助"。

五、家校合作：幸福教育的共振器

搭建学校、家庭、社会"三位一体"的德育平台，开展好互动、延伸活动。学校主动寻求各有关部门的支持，努力构建党政工团妇等各职能部门齐抓共管的工作机制。要以社区建设为突破口，建立健全"三位一体"的未成年人思想道德建设网络，与学校教育形成交错互补、不可或缺的教育协作关系，主动创建学校主导、家长和社区主动参与的新型德育协作机制。通过家长学校、家班合作、学校开放日、家访、书信、网络沟通等多种形式，指导家长配合学校做好未成年人的教育工作。有针对性地开展单亲、离异、贫困、残障、外来务工家庭等特殊家庭子女教育，促进他们形成良好的思想道德品行。高度重视关工委在"三位一体"的教育平台中的作用，主动争取关工委支持，做好预防未成年人违法犯罪工作，做好不良行为特别是严重不良行为的教育矫治和转化工作。要配合有关部门进行校园周边治安秩序综合治理，加强对歌舞厅、网吧等娱乐场所和有害读物的监管，使青少年有一个良好的成长环境。

六、社区共建：幸福教育的助跑器

完善育人管理体制机制，融学校文化、传统文化、社区文化于一体，铸造幸福文化，建设"幸福教育"品牌，不仅需要开设特色课程、开展特色活动，还要关注到学校内外的育人环境，将学校文化、家庭文化、社区文化有机结合起来，营造和谐的育人生态，让校园文化潜移默化地影响师生，让家庭和社区的育人力量、育人因素助力学生成长。

整合资源，协调创设良好的外部育人环境。学生的健康成长，离不开学校、家庭、社会教育三方面的力量整合和资源整合。学校从以下几方面构建学校、家庭、社会三位一体的育人格局。

（1）建立健全各类家委会，发挥家长所长。学校要充分利用家长学校等有效途径对家长产生教育影响，转变家长错误的家庭教育观念和方法，营造宽松的亲子关系，从而产生良好的家庭教育效果。

（2）开展各类家校共建活动，实现家校共育多元化。在延续传统的家校共建活动与主题班会基础上，充分调动家委会成员参与学生教育与管理的积极性，由家委会推荐一批有爱心和责任心的家长，组织成立家长爱心团队，关心班级生活，在学校的组织协调下，开展心理咨询、法制教育、安全保卫、文艺表演、知识讲座等义务活动，不断拓展家校共育的方式方法，保障家校联系向纵深发展。

（3）发掘社区资源，加强校社联动。枯燥单一的校园生活是当前学生产生厌学情绪的重要原因之一。积极发掘社区资源，创设使学生主动发展的教育环境，以教师热情引领、学生自愿加入、自主活动的各类社团为依托，引导学生会学、乐学，从而具备开放、进取、关爱的品格与精神，促进学生身心全面和谐发展，培养学生的幸福观念和幸福能力。

社区资源包括人力资源和文化资源。具体措施包括：一是"请进来"。每学期请公安干警、消防员或校外辅导员（老干部、老教师等）来校为学生作专场讲座，定期开展安全、礼仪、法制等知识讲座。二是"走出去"。充分利用社区内的各种资源，包括农科所、最美乡村、斗门文化馆、斗门文华图书馆、斗门名胜古迹等，建设实践教育基地，开展丰富多彩的实践教育活动；参与社区的科普知识或法律知识宣传、廉洁文化进社区等活动。三是"大联合"，包括：学校结合传统的节日和教育专题，与校外实行大联合；利用社区板报、广播、报纸、电视、学校网站、公众号等媒体，面向全体学生和社区居民宣传文明校园建设和文明社区建设。

第二章 "生根、生长、生存"教育的育人理念

以"生根、生长、生存"教育为学校德育的抓手,通过对学生进行生根、生长、生存知识的教育,让他们对自己有一定的认识,对他人的生命抱有珍惜和尊重的态度,并让学生在受教育的过程中培养对社会及他人的爱心,使学生在人格上获得全面发展,让人生更有意义。同时,将学生的教育:家庭教育、学校教育、社会教育统筹在"生根、生长、生存"教育概念中,有针对性、有效地开展德育活动,是对学校幸福教育的德育品牌建设的有效补充。

第一节 "生根、生长、生存"教育提出的现实依据

开展"生根、生长、生存"教育是基于珠海市田家炳中学生源基础的举措。珠海市田家炳中学的生源基础一直比较薄弱,属于全市招生的三类学校,学生往往被动学习,缺乏学习动力,找不到个人与社会的切合点,普遍对自身和社会认识不足,又无一技之长,迷茫感与焦虑感尤其严重,这些问题极大地影响了他们学习、生活的正常化和成长的健康化。

针对年轻一代学生不断暴露出"生根不牢""生长不强""生活迷茫"的问题,珠海市田家炳中学选择本课题的研究,目的是把"生根、生长和生存"教育有机地融合到学校工作的各个方面,构建幸福教育的有效载体,践行学校"尚礼崇德,守正创新"的校训,探索出一条富有学校特色的校本管理之路,促进我校走向内涵式发展之路,落实党的教育方针。

第二章 "生根、生长、生存"教育的育人理念

一、落实幸福教育理念的需要

2018年,珠海市田家炳中学加入"新时代两广田中德育特色品牌建设计划"项目。在田家炳基金会的大力支持下,在华南师范大学教育科学学院郑航、王晓莉教授为首的专家团队的指导、帮助下,打造"幸福教育"德育特色品牌,推进德育实践创新,全面落实立德树人的根本任务。

从教育促进学生的发展来说,幸福是感受到目标和理想的实现而得到的精神上的满足;是人们在自我完善过程中发挥潜能和创造力而体验和感受人生价值的存在;是创造美好生活的能力,包括优越的幸福感、科学的幸福观及优秀的幸福品质和卓越的幸福能力四个方面。

世界著名教育家苏霍姆林斯基说:"一个人在学校上学,不仅是为了取得一份知识的行囊,而主要应该是获得多方面的学习能力,学会思考。真正的学校应该是一个积极思考的王国"。他特别指出,"在教学大纲和教科书中,规定了给予学生各种知识,却没有给予学生最重要的幸福"。他认为理想的教育是:培养真正的人,让每一个从自己手里培养出来的人都能幸福地度过一生。这就是教育应该追求的恒久性、终极性价值,这也是珠海市田家炳中学打造幸福教育的初衷。

珠海市田家炳中学幸福教育的内涵是:以人的终生幸福为目的,在教育中创造、生成丰富的幸福资源,培养出能够创造幸福、享受幸福的人。珠海市田家炳中学幸福教育的目标是:为学生智慧和人格的同步发展创造最佳的环境和条件,使在珠海市田家炳中学接受教育的所有学生都有理解幸福的思维、创造幸福的能力、体验幸福的境界、奉献幸福的人格。珠海市田家炳中学幸福教育的核心是把教育当作一件幸福的事情来做:幸福教师,幸福地教;幸福学子,幸福地学;致力于共同打造幸福课堂,成就幸福校园。

在这一过程中,我们主要培养学生发现幸福的能力,幸福教育要让学生有感恩的情怀、宽厚的胸怀,让学生处处感受到人生不同阶段别样的幸福。真正的幸福不是赐予的,要靠自己来创造。同时,培养学生创造幸福的能力,幸福教育要让学生在自主的创造性活动中实现人生的追求,让学生永远洋溢着倾听自己成长拔节之声的幸福。

珠海市田家炳中学幸福教育的层次理论:

第一层:健康的幸福,是基础,是根(生根)。通过生命、健康教育,

体育、卫生健康教育等(体志特色系列),达到健康幸福。

第二层:安全的幸福,是土壤,是润育(生根)。校园安全、行为规范、守法规、交通安全、住的安全、吃的安全、教学安全,一切有利于安全的特色教育(道德品行系列)。

第三层:和谐的幸福,是树干,是主体(生根)。上承托着梦想、向上、追求卓越,下是扎根,吸收养分让每一位师生在校园内有归属感,喜欢学校、爱校乐学。开展以"诚信、友善、关爱、担当"等为主题的德育活动。

第四层:尊重的幸福,是开花,是成长(生长)。互敬互爱,幸福人生。自我尊重、信心、成就、对他人尊重、被他人尊重,在全面开展生涯规划的同时,兼顾发展学生的个性(个性发展系列),尊重每个学生的选择,有梦想、正向追求,并将个人的抱负与终生幸福发展及终身快乐学习连结,让学生得到持续发展。实践拓展系列,各学科的技能发展(各种社团)探索实践(德育基地),开发潜能。

第五层:收获的幸福,是成果,是收获(生存)。有道德、创造力、高度自觉性、问题解决能力、接受现实能力、公正度,收获的幸福,人生阶段性的自我实现(成果展),进一步提升到田家炳先生"信、善、爱"精神上来。

开展"生根、生长、生存"教育是落实我校幸福教育的抓手。依据珠海田中"习礼崇文,幸福成长"的办学理念和"礼善"为核心的校园主题文化。基于学校的办学传统和办学特色,以人的终生幸福为目的,在教育中创造、生成丰富的幸福资源,培养出能够创造幸福、享受幸福的人,我校践行"以幸福之心,做幸福教育"的理念,致力于打造学校德育品牌特色。

基于幸福教育理念下"生根、生长和生存"的有机统一构成整体的学生教育成长过程,对其教育也就构成我校幸福教育的基本过程。正如一棵参天大树,由生根发芽(生根)——幸福起航,发展成长(生长)——幸福巡航,最后开枝散叶(生活)——幸福远航。

二、传承田中精神的需要(生根)

众所周知,田家炳先生不仅事业有成,其捐资建立的学校和学院也遍布全国,被誉为"中国百校之父"。田家炳先生用金子般的真心去做慈善,赢得无数人的敬佩,也影响着很多人加入慈善的行列。田家炳精

第二章 "生根、生长、生存"教育的育人理念

神和学校办学以品德立人树人的宗旨是一致的,传承田家炳精神,就是用美德去对待身边的人和事,为这个世界增添光和热。

1919年出生在广东大埔的田家炳先生,他的父亲田玉瑚是当地一名出色的商人,同时也热心公益,经常恤寡济贫,造桥修路。不幸的是,田家炳先生才15岁时父亲就去世了。父亲留给田家炳先生四字家训:"勤、俭、诚、朴",田家炳谨记于心。

田家炳先生把一生辛苦积攒的财富,义无反顾地资助于发展教育事业,先后捐助93所大学、166所中学、41所小学、约20所专业学校及幼儿园,大约1800间乡村学校图书室,以慈善、仁爱义举,推动祖国教育事业的发展。田家炳先生每建一所学校,都尽量去给学生"打气"。他常说,去了也只是讲故事而已,给小朋友说些"脚踏实地"的故事,因为捐赠的目的是育人,而育人最关键是"育品德"。他有时会对老师说,"我捐钱盖了楼,不用你们感谢我,你们能把我捐资的学校办好,我还要感谢你们"。他最怕的不是钱捐得多,而是学校办不好。田家炳先生深知教育不是靠盖大楼就能办好的,也不是凭他一己之力就能大功告成的,教育需要把育人放在首位,需要依靠广大教师提高教育的质量。田家炳先生为教育慷慨解囊而又不居功自傲的精神,向广大师生传达了一个理念,即教书育人是塑造灵魂的综合性艺术,无论是言传还是身教,目的只有一个,那就是培养出人格健全、品德高尚、才能卓著的人才。教师要立德才能立人,树人先要树己,真正把教书育人落在实处。学生要树品行、养习惯、增自信,成为一个积极向上的人,从而放飞梦想,成长成才,做最好的自己。

1994年,为肯定田家炳先生的慈善义举,中国科学院紫金山天文台将第2886号小行星命名为"田家炳星"。如今,先生已逝,而"田家炳星"依然在夜空中闪烁,愿先生所代表的博爱精神、慈善之光薪火相传,永留人间。

真正的富有是内心的富有。田家炳先生的一生,是把精神财富看得比物质财富更重的一生。他说,什么是富?拥有什么才叫满足?身家1亿和10亿在生活享受上没太大区别,最重要的是把钱用出意义来。我的生活过得不苦,精神上又能得到安慰,这才让我感到真正的幸福。

传承田家炳精神,引导孩子们树立积极进取、乐观向上、厚德载物、自强不息的人生态度,把真、善、美的价值追求内化于心、外化于行。努力形成学校—社会—家庭一体化的机制,为学生价值观教育营造良好氛围。

三、学生幸福成长的需要（生长）

珠海市田家炳中学于2020年申报了广东省教育科学"十三五"规划2020年度研究项目（德育专项）——《基于幸福教育理念的"生根、生长、生存"教育实践研究》。

基于幸福教育理念下的"生根、生长、生存"教育，让我们的生活充满生命情怀。珠海市田家炳中学"构建三生教育课程，践行生命教育理念"，致力于"为学生的幸福人生奠基，为教师的美好生活添彩"，提升每一位师生的生命质量，创建"学生喜欢、教师幸福、家长满意"的幸福校园。"幸福教育"理念提升了田中教育的温度、厚度和广度。近年来，富有爱心、特别负责的田中老师们以"秉承田家炳信、善、爱精神，培育珠海田中幸福学子"为办学目标，以培养学生"深厚的家国情怀、坚定的担当精神、幸福的内心世界"为教育使命，立足本职，用心用情实施"生根、生长、生存"教育，坚守田家炳"信、善、爱"精神，用特色课程引领学生幸福成长，为一批又一批学子铸就了追梦的翅膀，书写了"低进高出、高进优出"的教育传奇。

教育的终极目标是促进每个生命个体的幸福发展。教育是生命幸福的教育，学校是幸福生命的学校。"生根、生长、生存"教育以"生命"的成长发展过程为教育的原点，以"幸福"作为教育的追求，把生命的质量与幸福的本质、特征和需要体现在教育过程中，使教育尊重生命的幸福需要（生根），完善生命的幸福发展（生长），着眼于教人创造生命的价值并提升生命的意义（生活）；它不是某种以生命或幸福为内容的教育，也不是某一种教育模式，而是一种教育理想和信念、一种全新的教育理念，也是一种教育实践行为。对此，珠海市田家炳中学的解读是："幸福教育在起点上，直面人的生命，扎牢幸福人生之根；在过程中，体现幸福成长的特质和成长幸福的需要；在结果上，润泽灵魂，弘扬人性，提高生存的幸福能力。因此，生根教育是前提，生长教育是保证，生存教育是目的。作为一种教育实践，这种行为既是学校的，也是家庭和社区的，更是学生自我教育的行为。"经过反复推敲，并在不断实践探索中，珠海市田家炳中学构建形成了独具特色的"礼善"校园主题文化。

建构"礼善"校园主题文化，使教育基于人生的熏陶成长过程。基于此，珠海市田家炳中学厘定了幸福教育的实践价值：循生命之道，育幸福人生。"循生命之道"要求教师不断探寻人生教育的规律、方法和途径,积极践行"尊重、关爱、激励、超越"八字行动方针,其中尊重是前提,关爱是核心,激励是手段,超越是目的;"育幸福人生"即为学生打好生命底色,让学生拥有健康、乐学、向上、幸福的生活。于是,该校在确立"习礼崇文 幸福成长"核心办学理念的基础上,把"为学生的幸福人生奠基,为教师的幸福生活添彩"作为发展愿景,进一步固化了"信、善、爱"学校精神、"尚礼崇德,守正创新"校训,从"重礼明德,知行合一"校风、"立礼敬业,求实进取"教风、"明礼善思"的视阈出发,在思想交流、智慧碰撞中进一步明晰了"礼善"校园主题文化建构的理念及路径,即强化"三个必须":必须给每一个生命个体以自由发展、幸福成长的空间;必须关切个体拥有敬畏生命、热爱生命的幸福情怀;必须引领师生体味到精神生命的精彩和自然生命的绚丽。

营建生命幸福教育的行为文化。在"让每一个生命绽放幸福光彩"办学愿景的导引下,珠海市田家炳中学通过生命幸福的行为文化建设,塑造了生命幸福的学校气质,使校园成为充盈温馨关怀的家园、弥漫文化芳香的乐园、流淌自然灵性的生态园。一是把提升师生精神面貌作为学校行为文化的名片。学校重视营建"简单""真诚""和谐"的人际关系,并通过开展师德师能专题培训、专长教师登台展示才能、多样文体活动等,让教师在活动中享受生活的美好,提高生活的品位。在提升学生精神面貌方面,学校除了重视学生良好习惯养成教育外,还通过强化感恩行为、规范诚信行为、激发进取行为、引导团结行为、彰显表率行为等,从大处着眼,从细节入手,重点从学生的"表"(仪容仪表)、"言"(言谈举止)、"行"(行为规范)三方面来塑造学生的个体形象,提高学生的文明素养。二是把仪式和活动作为学校行为文化的载体。庄严的升旗仪式、主题鲜明的开学典礼、内容丰富的班会、多姿多彩的社团活动,不仅成为学校行为文化的有效载体,还是学校办学理念的外化成果。足球队的孩子每天放学后都奔跑在操场上;喜欢剪纸的孩子凝神静气,与刀剪红纸为友;国学社的孩子通过诵读经典,让先贤的智慧伴随成长……所有这些,都向外界展示着学校独具特色的生命幸福行为文化。

建设生命幸福教育的物质文化。珠海市田家炳中学设计了理念文化、行为文化、视觉文化、环境文化四个识别系统,让学校每个角落都有着文化的标志。劳动实践基地里按照时序节令栽种的菠菜、油菜、大蒜、番茄、豆角、黄瓜等,采摘时节更是让师生们收获的快乐幸福写满笑脸。

校园里的名言石刻传递着为人为学的道理,各个楼梯墙面上展示了学校丰富多彩的幸福教育理念,特别是学生的美术作品,留存了学生成长期间,享受教育幸福的美好记忆。

四、适应社会生存的需要(生活)

斯宾塞是19世纪后期英国著名的教育家,他认为,教育的主要任务就是教会人们怎样生活,教会他们运用一切能力,教育目的就是为"完满的生活"做准备,他提出:"为我们的完满生活做准备是教育应尽的职责,而评判一门教育科目的唯一合理办法就是看它对这个职责尽到什么程度。"

杜威认为,生活就是发展,而不断发展、不断生长就是生活。

陶行知创造性地提出了生活教育理论,并以之指导教育和教学活动。生活即教育是陶行知毕生所追求的,生活决定教育,教育有改造生活的功用。

综上所述,可以看出教育是在人的生活中进行的,伴随人的生命始终。人的任何生活行为,都在获得经验,都在积累经验,实质上都在接受教育。因而,教育与人的生活是不可分割的,是人的生活方式之一。教育不论是维持个体的生存,还是促进个体发展,都贯穿于人的一生,都是个体的生命活动。作为人的生活方式,教育即进入了人的生命系统,成为人生活的重要内容,成为构成人的"社会关系"的重要内容。因此,教育既是人本质的重要属性和内在规定,也是建构人的生命、实现人的本质的重要手段。从这个意义上来讲,教育的本质与人的本质是不可分割的,教育对人的成长发展所构成的意义与价值,就是教育本质的核心内容。

珠海市田家炳中学"生根、生长、生存"教育是扎根田中、报效祖国,促进人的生长、生存与发展的活动。教育的存在与人的成长紧密相连,教育的本质必须与人的本质、与人的成长发展紧密联系。社会实践证明,教育作为一种人类所特有的实践行为,作为人的一种主要生活方式,在人类自身的成长发展进程中发挥着重要作用。

第二节 "生根、生长、生存"教育提出的理论基础

一直以来,许多研究者在德育研究方面已深刻认识到德育目标过高、过空,德育内容过于理性、过于抽象,德育途径方式过于单一甚至违背学生道德心理发展规律所带来的严重后果,于是德育需贴近生活,需加强情感性、加强道德主体实践渐渐成为一种研究趋势。"生根、生长、生存"教育的理论基础体现在以下几个方面。

一、生根教育的理论基础

(一)政治认同教育

1. 新时代学校思想政治理论课改革创新实施方案

高中阶段重在提升学生的政治素养。重点引导学生初步掌握马克思主义基本原理,了解马克思主义中国化历史进程及其理论成果,理解习近平新时代中国特色社会主义思想;树立正确的历史观、民族观、国家观、文化观,认同伟大祖国、中华民族、中华文化、中国共产党、中国特色社会主义,积极践行社会主义核心价值观,树立宪法法律至上、法律面前人人平等观念,进一步增强法治意识;有序参与公共事务,勇于承担社会责任,积极行使人民当家作主的政治权利,明方向、遵法纪、知荣辱;衷心拥护党的领导和我国社会主义制度,形成做社会主义建设者和接班人的政治认同。

2. 爱国主义

爱国主义是指个人或集体对祖国的一种积极和支持的态度,揭示了个人对祖国的依存关系,是人们对自己家园以及民族和文化的归属感、认同感、尊严感与荣誉感的统一。集中表现为民族自尊心和民族自信心,为保卫祖国和争取祖国的独立富强而献身的奋斗精神。不仅体现在政治、法律、道德、艺术、宗教等各种意识形态和整个上层建筑之中,而

且渗透到社会生活各个方面，成为影响民族和国家命运的重要因素。

习近平总书记在十九大报告中指出，要加强思想道德建设。人民有信仰，国家有力量，民族有希望。要提高人民思想觉悟、道德水准、文明素养，提高全社会文明程度。广泛开展理想信念教育，深化中国特色社会主义和中国梦宣传教育，弘扬民族精神和时代精神，加强爱国主义、集体主义、社会主义教育，引导人们树立正确的历史观、民族观、国家观、文化观。

3. 中华民族精神的核心

在五千多年的发展中，中华民族形成了以爱国主义为核心的团结统一、爱好和平、勤劳勇敢、自强不息的伟大民族精神。

民族精神是中华民族在漫长的社会历史发展过程中逐步形成的，它是中华各族人民社会生活的反映，是中华文化最本质、最集中的体现，是各民族生活方式、理想信仰、价值观念的文化浓缩，是中华民族赖以生存和发展的精神纽带、支撑和动力，是创新社会主义先进文化的民族灵魂。

中华民族精神是一个博大精深的思想体系，它的核心内容（基本思想）是以爱国主义为核心的伟大创造精神、伟大奋斗精神、伟大团结精神、伟大梦想精神。

此外，实事求是的科学精神、舍生忘死的牺牲精神、敬老尊贤的伦理精神、与时俱进的创新精神、艰苦奋斗的创业精神以及天人合一的和合精神等，都是中华民族精神的丰富思想内容。

中华民族精神犹如民族思想脉动的主旋律，这个主旋律在不同历史条件和不同情况下会形成或悲壮慷慨或昂扬激越的不同乐章：民主革命时期的井冈山精神、长征精神、延安精神、红岩精神；社会主义革命和建设时期的大庆精神、雷锋精神、两弹一星精神、抗洪精神、抗击非典精神、载人航天精神等，不断丰富和发展着中华民族精神的主旋律。

4. 思想政治学科核心素养

思想政治学科核心素养包括政治认同、科学精神、法治意识、公共参与。

政治认同就是要培养学生对中国共产党和社会主义的真挚情感和理性认同，使学生拥护中国共产党的领导，坚定中国特色社会主义理想信念,弘扬和践行社会主义核心价值观,是其他素养的内在灵魂和共同标识。

科学精神不仅指自然科学学习中应体现的求真务实思想,也指坚持真理、尊重规律、实事求是等,思想政治学科培养科学精神,就是使学生坚持马克思主义世界观和方法论,对个人成长、社会进步、国家发展和人类文明做出正确的价值判断和行为选择,这是达成其他素养的基本条件。

法治意识是法治国家建设的重要内容,思想政治学科培养法治意识,就是要使学生尊法学法守法用法,自觉参加社会主义法治国家建设,是其他素养的必要前提或必然要求。

公共参与体现人民当家作主的责任担当,思想政治学科培养公共参与,就要培养学生集体主义精神,乐于为人民服务,积极行使人民当家作主的政治权利、履行义务,是其他素养的行为表现。

(二)学校认同教育

1. 杜威教育即生长

杜威在批判传统学校教育的基础上提出了"教育即生活"和"教育即经验的改组和改造"的观点。

杜威认为,"学校即社会"并不只是简单地在校园里重现社会生活,而应该具备一定的功能:把现存的社会风俗化;创造一个让孩子接触更广阔、更自然的平衡环境。

现今,大多的学校都忽视了它作为社会生活的一种形式这一原则,仅仅把学校当作传授知识的一个场所,让孩子完成功课,养成某些习惯,储备大量的知识。最后我们会发现,孩子的社会能力与其所储备的知识往往是成反比的,一个在学校表现优秀的孩子,社会能力可能严重缺失。

2. 集体主义教育

集体主义教育是引导学生热爱集体、维护集体荣誉和集体利益的教育。集体主义是无产阶级的思想意识和社会主义道德的内容之一。集体主义体现了社会主义条件下人与人之间的一种新型社会关系,是社会主义社会调整个人与集体、个人与国家利益关系的根本指导原则。集体主义原则的基本点包括以下三个方面。

（1）从无产阶级和人民的根本利益出发，坚持集体利益高于个人利益；

（2）在保证集体利益的前提下，把集体利益和个人利益结合起来；

（3）在二者发生矛盾时，个人利益必须无条件服从集体利益。

学校集体主义教育的主要任务是培养学生具有集体主义的思想和感情，培养学生在集体中生活和工作的能力与习惯，也就是培养人们具有集体主义的道德品质。

2017年10月18日，习近平总书记在十九大报告中指出，要加强思想道德建设，加强集体主义教育。

3. 爱校教育

爱校教育，即利用学校现有的有形资源和无形资源，通过运用不同的教育手段，开展经常性的教育活动，培养学生的集体主义意识，达到让学生了解学校、认识学校，在思想上热爱学校，在行为上维护学校的教育目的。爱校教育作为思想政治教育工作的基础和重要内容，在取得实质性的良好效果之后，通过加强、巩固和深化爱校教育的成果，进一步扩大其外延和挖掘内涵，进而扩大到正确认识社会、认识国家，让学生思想上产生热爱、拥护党和政府，行为上维护党的领导、支持政府的各项决策和措施，最终达到加强学生思想政治教育的目的。

学生对母校认同水平体现了学校在学生心目中的符号意义和社会价值，是将学校与学生个体联系在一起的一种认知状态、情感体验、评价方式和行为表现。认同水平的高低直接影响到其在校期间的学习状态和校园活动方式等。学校认同水平较高的学生就会乐观积极看待自己的母校，能时刻维护学校的社会利益和声誉，并通过个人积极努力，为学校赢得社会荣誉。相反，学校认同感较低时，会变得消极、自卑，甚至排斥学校的一切教育或活动，从而影响自身的学习状态与发展动力，进而影响学校人才培养质量。

4. 福禄培尔的学校教育理论

按照福禄培尔的见解，对学龄前儿童的教育，主要是通过发展儿童的外部感官，使他们认识事物的外部特征。学校教育应使儿童的认识从事物的外部特征转到其内部本质，要求儿童注意作为外部世界的自然和作为内部世界的精神两方面,两者之间的媒介是语言。

福禄培尔十分强调劳动的教育作用,并把手工劳动看作学校客观智育和德育的重要手段。因此,手工劳动在整个学校教育中处在十分重要的位置,把整个学校教育建立在劳动原则上。福禄培尔也十分重视游戏在学校里的教育作用。其活动形式,从与体操结合的简单的集体游戏,到在大自然中进行的大规模游戏,丰富多彩。福禄培尔在卡伊尔霍学校十分注重学生的思想道德教育,甚至连作为教师的妻子,也对学校施以良好的教育影响,以致整个学校充满着平等合作的团结友爱气氛,人人关心学校的事业,犹如一个组织良好的大家庭。

二、生长的理论基础

（一）马克思关于人的全面发展理论

马克思认为人的全面发展,一是指人的劳动能力的全面发展,其最基本的含义是适应劳动的最基本需求。没有劳动,社会和个人都不可能存在,更谈不上发展。二是指个人智力和体力的全面发展。提出个人智力和体力尽可能多方面、充分地、自由地发展,并在此基础上实现脑力劳动和体力劳动的结合,是全面发展自己一切才能的人。三是指人的先天和后天的各种才能、志趣、道德和审美能力的充分发展,即人的个性的自由发展。认为人的个性领域的发展是真正的"自由王国",个人从事自由活动的时间不断扩大,人的个性得到自由发展。

马克思关于人的全面发展学说是我国教育目的的理论基础。

实现全面发展的人的根本途径是教育与生产劳动相结合。一个全面发展的人的基本特征是体力和智力都得到充分自由的发展,是体力劳动和脑力劳动相结合。如何来实现这一理想呢？唯一的方法是实行教育与生产劳动相结合。教育与劳动生产相结合,不是机械的教育与劳动相加,它内涵丰富,包括理论与实践的结合、学与用的结合、知识分子与劳动人民的结合等。

马克思主义的全面发展学说,对于制订我校的教育目的具有非常重要的现实意义,是选择"生根、生长、生存"教育目的的理论基础。

（二）新时期党和国家的教育方针

2018年9月10日,习近平总书记在全国教育大会上的讲话中指出：

教育引导学生立志扎根人民、奉献国家。要在厚植爱国主义情怀上下功夫，让爱国主义精神在学生心中牢牢扎根，教育引导学生热爱和拥护中国共产党，立志听党话、跟党走，立志扎根人民、奉献国家。

2020年9月22日，习近平总书记在教育文化卫生体育领域专家代表座谈会上的讲话中指出：要坚持社会主义办学方向，把立德树人作为教育的根本任务，发挥教育在培育和践行社会主义核心价值观中的重要作用，深化学校思想政治理论课改革创新，加强和改进学校体育美育，广泛开展劳动教育，发展素质教育，推进教育公平，促进学生德、智、体、美、劳全面发展，培养学生爱国情怀、社会责任感、创新精神、实践能力。

2021年4月26日第十三届全国人大常委会第二十八次会议审议，《中华人民共和国教育法》第五条修改为"教育必须为社会主义现代化建设服务、为人民服务，必须与生产劳动和社会实践相结合，培养德、智、体、美、劳全面发展的社会主义建设者和接班人"，将党的教育方针落实为国家法律规范。

（三）多元智能理论

多元智能理论认为：世界上没有两个人具有完全相同的智能组合。这个理论的创新之处在于提出了"智能多元"的新认识。"智能是原始的生物潜能，从技能的角度看，这种潜能只有在那些奇特的个体上，才以单一的形式表现出来。除此之外，几乎在所有的人身上，都是数种智能组合在一起解决问题或生产各式各样的产品"（《多元智能》最新修订版，霍华德·加德纳著，沈致隆译，2003年10月，新华出版社）。正是因为人的智能是多元的，因此，人与人之间在智能上的差别就不再是过去所理解的智商高低的差别，而是智能类型的差别。

因此，从这一点来说，对于学生要正视差异、尊重差异，对不同的学生因材施教，通过举办丰富多彩的教育实践活动，让学生在实践中充分展示自己的特长，增强学习的自信心，以利于每个学生优势智能及其组合的凸显，以优势智能的发展带动全面素质的完善，把每一个学生都培养成为智能发达、人格健全的人才。

第二章 "生根、生长、生存"教育的育人理念

三、生存教育的理论基础

(一)陶行知关于生活教育方面的理论

陶行知认为生活就是教育,生活教育是生活所原有、生活所自营、生活所必需的教育。教育的根本意义是生活之变化。生活无时不变,即生活无时不含有教育的意义。生活教育是以生活为中心之教育。过什么生活便是受什么教育:过康健的生活便是受康健的教育;过科学的生活便是受科学的教育;过劳动的生活便是受劳动的教育;过艺术的生活便是受艺术的教育;过社会革命的生活便是受社会革命的教育。以此类推,我们可以说:好生活是好教育;坏生活是坏教育;高尚的生活是高尚的教育;下流的生活是下流的教育;合理的生活是合理的教育;有目的的生活是有目的的教育;无目的的生活是无目的的教育。

陶行知强调生活本身的教育意义,主张好的教育必须有好的生活,教育要适应生活并随生活的变化而不断变化;实际生活是教育的中心,生活与教育是同一过程,教育必须与生活高度一致,并且通过生活来进行。生活决定教育,教育绝不能脱离生活,教育目的、内容和方法,都不能脱离现实社会生活的需要;教育对生活具有能动作用,应通过引导生活、改造生活来创造新生活。

(二)杜威关于生活教育的理论

杜威的教育主张:教育即生活、学校即社会。杜威认为,教育就是儿童现在生活的过程,而不是将来生活的预备。他说:"生活就是发展,而不断发展,不断生长,就是生活。"因此,最好的教育就是"从生活中学习、从经验中学习"。教育就是要给儿童提供保证生长或充分生活的条件,教育即生活。

由于生活就是生长,儿童的发展就是原始的本能生长的过程,因此,杜威又强调说:"生长是生活的特征,所以教育就是生长。"在他看来,教育不是把外面的东西强迫儿童去吸收,而是要使人类与生俱来的能力得以生长。

教育作为一种生活过程,学校就是生活的一种形式。在学校里,应该把现实的社会生活简化到一个雏形的状态。学校即社会,具体来说,一是学校本身必须是一种社会生活,具有社会生活的多部含义;二是校

内学习应该与校外学习连接起来,两者之间应有自由的相互影响。在学校中学生的学习主要是通过"做"来实现的,即在做中学。在杜威看来,如果儿童没有"做"的机会,那必然会阻碍儿童的自然发展。儿童生来就有一种要做事的愿望,对活动具有强烈的兴趣,我们应该对此给予特别的重视。

第三节 "生根、生长、生存"的基本内涵

对于高中生德育而言,主要应解决什么问题呢?我们认为,提高他们的思想境界、社会责任与实践体验尤其重要。作为一名高中生,如果在高中阶段不树立为国家、社会服务的志向,夯实社会主义核心价值观基础,让他们在国际化环境中学会辨别与判断,即使他们的能力再强,也不一定能成为国家、社会发展的栋梁。从学校角度来说,使高中生具有高远的思想境界,就要让核心价值观内化为学生的精神品质,又让民族教育与"生根、生长、生存"教育的内涵扎根于学生心中。

基于幸福教育理念的"生根、生长、生存"教育涉及的生根、生长和生存,实际上构成了个体的整个高中阶段的成长过程,可以理解为一种"人生教育"。

一、生根教育

生根教育是幸福教育思想成为全体"学校人"的精神追求和行为准则,是对"我是田中人"的身份认同,是扎根田中的决心。通过立志报国教育(社会主义核心价值观、民族精神、家国情怀、田老的家国情怀)和田中精神教育(田老精神、礼善文化),从道德成长、习惯培养、人格发展、社会适应等方面多维展开,以思想引领、情感陶冶等形式多维推进,致力于培育"尚礼学子""幸福学子"。

通过生根教育,帮助学生增强中国特色社会主义道路自信、理论自信、制度自信、文化自信,不被任何干扰所惑,立志肩负起民族复兴的时代重任。

第二章 "生根、生长、生存"教育的育人理念

通过生根教育,使学生有灵魂、有情怀、有温度。感受到家国情怀的大爱、礼善养成的自觉,最终树立正确的生根观,领悟人生的价值和意义。

(一)立志报国教育

1. 培育政治认同,提升核心素养

政治认同是指人们对一定社会制度和意识形态的认可和赞同,它能够使社会成员在一定的政治生活和政治发展中产生情感和意识上的归属感。它既是把社会成员团结和组织起来的重要凝聚力量,又是激励和促进社会成员共同奋斗与前进的重要思想基础,同时还是社会成员共同遵循的价值体系和理想归宿,因而政治认同是影响国家软实力、民族向心力、凝聚力的关键因素。

我国目前正处在转型发展的关键时期,各种价值观相互激荡,各社会成员难以避免地产生价值判断和价值选择方面的差异甚至逆反,高中在校学生也难以幸免。面对这样的现状,珠海市田家炳中学积极探索培养学生的政治认同路径,坚定学生中国特色社会主义信念。

通过政治课程的学习、主题活动的开展,让学生确信发展中国特色社会主义是国家富强、民族振兴、人民幸福的根本保障;理解中国共产党的领导是中国特色社会主义最本质的特征,拥护中国共产党的领导;认同社会主义核心价值观是建设什么样的国家、建设什么样的社会、培育什么样的公民最基本的价值标准,自觉践行社会主义核心价值观。

培养学生的政治认同,体现在对祖国的认同,对中华民族的认同,对中华文化的认同,对中国特色社会主义道路的认同,对中国共产党的领导是中国特色社会主义最本质特征的认同中。

学生在一定社会中生活,总要在一定的社会联系中确定自己的身份,如把自己看作家庭重要的一分子(爱家),把自己看作珠海田中的一学子(爱校)、把自己看作祖国的一赤子(爱国)或是学校各类组织的一成员、参加学校各类社团活动的一同学,实现中国梦这一理想信念的追求者等,并自觉地以组织及过程的要求来规范自己的政治行为。

学生的政治认同在社会生活中有十分重要的作用,是把学生组织在一起的重要凝聚力量。只有得到了学生广泛的认同,学校才能获得充沛的生命力并能长期存在下去;一个人只有在产生认同感的基础上,才能

对家庭、学校、国家表现出最大的热忱和忠诚。我校基于幸福教育理念的"生根、生长、生存"教育，紧紧围绕立德树人的根本要求，坚持以人为本，遵循学生身心发展规律与教育规律，不断培养学生的政治认同感，增强学校的凝聚力、感召力。

2. 培育和践行社会主义核心价值观

社会主义核心价值观是社会主义核心价值体系的内核与精髓，更是我国社会主义本质价值的深层次体现。学生作为中国特色社会主义事业的接班人，在校园内大力开展社会主义核心价值观的教育，有利于培养学生树立正确的人生观、价值观和世界观，有利于提高学生的思想道德水平。

学校培育和践行社会主义核心价值观，要做到记住要求、心有榜样、从小做起、接受帮助。要把社会主义核心价值观的基本内容熟记熟背，融化在心灵里，铭刻在脑子中，结合学习和生活等实践不断加深理解。要学习英雄人物、先进人物、美好事物，在学习中养成好的思想品德追求。要从自己做起、从身边做起、从小事做起，一点一滴积累，养成好思想、好品德。

社会主义核心价值观的培育，家庭、学校、社会都有责任。家长要时时处处给孩子做榜样，用正确行动、正确思想、正确方法教育引导孩子。要注意观察孩子的思想动态和行为变化，善于从点滴小事中教会孩子欣赏真善美、远离假丑恶。学校要把德育放在更加重要的位置，全面加强校风、师德建设，根据少年学生特点循循善诱、春风化雨，努力做到每一堂课不仅传播知识，而且传授美德，每一次活动不仅健康身心，而且陶冶性情。团组织要坚持开展组织教育、自主教育、实践活动，把广大学生团结好、教育好、带领好。社会要为少年儿童提供良好社会环境，对损害少年儿童权益、破坏少年儿童身心健康的言行，要坚决防止和依法打击。

通过培育和践行社会主义核心价值观，学生社会主义核心价值观逐渐内化；在社会实践中提升社会责任感，明确重任在肩；在一系列活动与项目中培养组织能力，志存高远；在适应性生存训练与心理教育中形成良好的心理品质，磨砺意志；深入体验社会主义民主与法制，加强政治认同。

3. 弘扬和培育中华民族精神

中华民族精神的核心是以爱国主义为核心的勤劳勇敢、爱好和平、团结统一、自强不息等伟大民族的精神。它是我国多年历史文化积累产生的结果。

中华民族精神不是一朝一夕就形成的,它是中华民族在悠久的社会历史演进与发展过程中逐渐形成的。它能反映中华各族人民社会生活状况,是中国文化最根本的体现。它也是各个民族的价值观念、信仰理念以及生活方式等的文化浓缩。它是中华民族赖以生存和发展的精神纽带,是支撑与动力,是创新社会主义先进文化的民族灵魂。

中华民族精神,是在不同时期形成的各种优良民族精神积淀的统称。其中包括舍生忘死的牺牲精神,与时俱进的创新精神,实事求是的科学精神,艰苦奋斗的创业精神,敬老尊贤的伦理精神,还有天人合一的和合精神等。它们都是中华民族精神的具体体现,所以它们也能够成为人们认识和理解中华民族精神的丰富思想材料。

中华民族精神是我国社会主义核心价值体系的重要组成部分,对我们的现代化建设及生产时间具有指导作用。弘扬和培育中华民族精神,有利于增强公民的爱国情感,民族凝聚力,民族自豪感,民族精神调动凝聚广大人民积极性主动性,投身于社会主义现代化建设。民族精神是一个国家赖以生存和发展的精神支撑,是维护国家统一与各民族团结的重要纽带,只有不断弘扬民族精神,才能使中华民族永远屹立于世界民族之林。

4. 厚植家国情怀,激发使命担当

一部世界史,四大古文明,唯有中华文明绵延至今不曾中断,历经沧桑辉煌依旧。回望华夏历史,家国情怀贯穿始终,至深至真的家国情怀,是落叶对泥土的眷恋,是溪流对大海的向往,是国之大者的浓烈释放,是推动中华民族奋进的不竭力量。

家庭是精神成长的沃土,家国情怀的逻辑起点在于家风的涵养、家教的养成。以正心诚意、修身齐家为基础,以治国平天下为旨归,把远大理想与个人抱负、家国情怀与人生追求熔融合一,是古人的宏愿,亦是现代传承家风和家教的本分。

在传承优良家风中筑牢责任意识和担当精神,在正家风、齐家规中

砥砺道德追求和理想抱负,在履行家庭义务中知晓责重山岳、公而忘私的大义,正是家风传承中所蕴藏的时代课题。

"知责任者,大丈夫之始也;行责任者,大丈夫之终也。"责任和担当,乃是家国情怀的精髓所在。当我们专注于亲情眷念、自我圆满,不应忘了民生之疾苦同样关乎自我之荣辱。更好地兼顾小家与国家,将对家的情意深凝在对他人的大爱、对国家的担当上,人生才能真正达成圆满。

从毛泽东"埋骨何须桑梓地,人生无处不青山"的壮志豪情,到赵一曼"未惜头颅新故国,甘将热血沃中华"的慷慨赴义,再到焦裕禄"心里装着全体人民,唯独没有他自己"的为民情深,常怀爱民之心、常思兴国之道、常念复兴之志,是共产党人家国情怀的生动写照。

国而忘家,公而忘私,把个人价值寄托在对国家和人民的大爱与奋斗中,见证共产党人的忠诚信仰和无私情怀。

"亦余心之所向兮,虽九死其犹未悔。"精神有了归属,生命就有意义。家国情怀是一股永不衰竭的精神涌流,有了它的丰润,我们必能描绘大写的人生、成就不凡的意义。

作为新时代的追梦人,我们每一个人都必须让"国之大者"成为"行之实者",将小家之情与大国之爱紧紧融合在一起,厚植家国情怀,激发使命担当,为中华民族的伟大复兴接续奋斗谱新篇。

5. 传颂田公美德,书写家国情怀

田家炳先生情系教育,也用自己的行为影响着子女的成长。在教育上,他总是对自己严格要求,以自己的实际行动做好示范,在生活中去熏陶儿女,让孩子们从小树立"修身、齐家、治国、平天下"的家国情怀。

"我最高兴的是,见到每个小朋友都有教育的机会、年轻人发挥所长,教不倦、学不厌,我们的社会才会有希望。"

"青青子衿,悠悠我心,但为君故,沉吟至今",田中师生必将继续领悟田家炳老先生的理想与追求,崇尚其美德及风范,传颂田公美德,书写家国情怀。

（二）田中精神教育

1. 学校的认同

学校的认同，是学生对所在学校的价值观、学校精神及文化传统的认可，包括对师生关系的认同、对同伴关系的认同、对学校的归属感等。

学校通过对学生的认同教育，使学生对自己所就读的学校在思想上、感情上和心理上得到认同和投入，愿意承担作为学校一员的各项责任和义务以及乐于参与学校集体活动，即学生对在学校环境中被他人（老师和同学）接受、尊重、包容和鼓励，并感到自己是学校生活和活动中的主人翁的感觉。

提高学生学校认同感，是学校内涵式发展的核心任务。在新生入学教育中把办学理念和价值理想宣传放在第一位，让学生一入校就对学校形成一种积极向上的印象，为积极的学校认同创造条件。同时深入开展校史教育，激发学生爱校热情。校园精神是一个学校在长期的教育教学实践过程中逐步形成发展起来，并为广大师生员工所认同的一种深层次的群体意识，是一种催人奋进向上的群体意识。通过开展校史教育，积极引导学生感知母校，身心贴合学校发展脉搏、激发学生爱校热情，增强学生对母校的高度认同和对学校的自信，从而凝聚校园精神，增进学生对学校的发展认同，进而提升学校认同感。

中共中央《关于进一步加强和改进学校德育工作的若干意见》也明确提出："要大力开展学生喜闻乐见丰富多彩的、积极向上的学术、科技、体育、艺术和娱乐活动，建设以社会主义和优秀的民族文化为主体，健康生动的校园文化。"

2018年开始，在田家炳基金会的大力支持和两广德育专家华南师范大学郑航、王晓莉教授及其团队的指导下，珠海市田家炳中学致力于打造幸福教育特色品牌。围绕"立德树人"的教育宗旨，学校秉承田家炳"信善爱"精神，确立"习礼崇文，幸福成长"的办学理念，努力打造以"礼善"为核心的校园主题文化，通过有目的、有计划、系统地开展礼善教育、生涯教育、法制教育、心理教育等教育活动，不断提升珠海田中的学子对学校的认同感，促进师生幸福成长。

2. 田家炳精神

田家炳先生是一生致力于振兴民族经济、富有家国情怀、支持国家教育事业及慈善公益事业的著名企业家、教育家、慈善家。

我们要学习田家炳先生自强不息、努力拼搏的敬业精神。田家炳先生1919年诞生于广东大埔古野镇银滩村书香之家，幼年在家乡接受中小学教育。1935年辍学，16岁时不幸父亡，不得已弃学从商，继承父业开办广泰兴，肩负持家重任；1936年，远赴越南创立泰安隆瓷土公司。18岁在越南推销瓷土，后与同乡合办茶阳瓷土公司；1939年，因汕头沦陷，瓷土运输中断，遂转往印尼，从事橡胶业，并首创"超伦""南洋"两树胶厂，业务鼎盛。1945年，创办超伦树胶厂；1951年，又创办南洋树胶有限公司；1956年，创办印尼首家塑料薄膜制造厂；1958年，将业务重心转移到香港，举家迁居香港。在屯门填海造地，创办田氏塑料厂、田化化工厂有限公司，专事生产塑料薄膜和人造革，办成香港最大的人造革企业，带动下游加工工业的发展和工人的就业，促进社会繁荣，随之又向房地产进军。1992年，在广东省东莞市成立东莞田氏化工厂有限公司，建成现代化、自动化的PVC薄膜及人造革制造厂，无论规模、技术、管理等都居国内前列。

我们要学习田家炳先生爱国爱乡、支持教育的爱国精神。田家炳先生把一生艰苦积攒的财富，义无反顾地资助于发展祖国的教育事业之上。田家炳先生说："中国有着悠久的文明史，可是在近代受尽了欺凌，近代中国的历史是受西方与列强践踏的屈辱历史。中国人没有地位，国家不富强，个人还能有地位吗？要改变这种状态，必须要重视科技、经济、文化，而根本在教育，教育使愚昧变开化，使落后变进步。但教育不是仅仅在技术方面，更应该重视思想品德。因此，教育的根本在德育。"他指出，中国内地由于过去的经济基础薄弱，现在主抓经济，但更应该重视社会公德的教育，在学校要重视学生思想品德的教育。

我们要学习田家炳先生求真务实、敢于担当的慈善精神。香港田家炳基金会系田家炳先生于1982年捐资创办，基金会以"兴学育才，推广文教，回馈社会，贡献国家"为创会宗旨，致力在两岸捐办社会公益事业，尤重教育，实践"取诸社会、用于社会"的信念。至今，基金会在全国共资助了大学93所、中学166所、小学41所、专业学校及幼稚园19所、乡村学校图书室1800余间。1994年，南京紫金山天文台将2886号小

第二章 "生根、生长、生存"教育的育人理念

行星命名为"田家炳星"。1996年,英国女皇授予他MBE勋章。2010年,获香港特别行政区政府颁授最高荣誉大紫荆勋章,获选为亚洲电视主办第一届"感动香港十大人物"。美国环球大学、香港浸会大学授予荣誉博士学位,香港大学授予他名誉院士荣衔;国内30余省、市、县授予他荣誉公民、荣誉市民称号,被数十所大学聘为荣誉教授。

我们要学习田家炳先生甘当人梯、无私无我的奉献精神。田家炳先生在事业方向的选择上,坚持要尽可能对社会、公众有利的原则。田家炳先生一贯强调,"我赚钱要赚得心安理得。"这正如孔子所说:"不义而富且贵,于我如浮云。"在物欲横流的现实社会中,田家炳先生仍牢记"刻薄成家,理无久享"的格言,强调在"合理合法、益人益己、心安理得"的情况下,追求企业应得之利,实在是难能可贵。

我们要学习田家炳先生奋发图强、志存高远的励志精神。田家炳先生将数十年的心血倾注于祖国的教育事业,就是希望民族振兴,祖国强盛,教育繁荣,尤其对我们青年学生寄予了殷切期望。为青年学生提出了"在家做个好孩子,在校做个好学生,在社会做个好公民"的"三好标准"。

"在家做个好孩子",就是要求我们孝顺父母,尊老爱幼,常怀孝悌之心,感恩之心,生活自理,勤于家务,为父母分忧。"在校做个好学生",就是要求我们遵规守纪,学习勤奋,尊敬师长,团结友爱,和睦相处。学业上积极进步,力争优秀;语言上文明有礼,不说脏话、粗话、不骂人;行为上文雅规范,不乱丢乱扔、乱写乱画,讲究卫生,爱护环境,举止文明;着装仪表朴素大方,仪态端庄;品德修为上,思想纯洁,诚实守信,常怀善良、包容、谦让、感恩之心。"在社会做个好公民",就是要遵纪守法,有爱国思想,奉献精神,乐于助人,仁德爱心,见义勇为,谦让和谐。

我们要学习田家炳先生勤俭诚朴、严于律己的诚信精神。田家炳先生自幼好学,手不释卷,孜孜以求,他除中文外,还懂英语、印尼语,对化工、建筑技术、工程设计等方面颇有研究。田家炳先生自奉节俭,从不奢侈和浪费,数十年如一日坚持过着一如普通人的俭朴生活。他穿的袜子是打着补丁的;西服是"数十年一贯制"的;手表只有两颗针,古老而陈旧;餐桌上从不留剩饭菜,连吃红薯也不剩皮;外出常挤公共汽车、地铁……他薄己而厚人,对他人的帮助,对祖国的教育事业的捐助,总是慷慨解囊。田家炳先生待人处世,始终不渝地遵奉诚信原则。尤其是香港金融风暴时期,由于资金无法按时回收,为了兑现承诺,他竟然把自

己居住了37年的别墅廉价卖掉,以兑现承诺。可见,田家炳先生做人以诚信为本的崇高品质。

3. 田中精神

田家炳"信、善、爱"精神是珠海市田家炳中学校园文化精神的新内涵,是珠海市田家炳中学全体师生员工的精神图腾。珠海市田家炳中学以"习礼崇文,幸福成长"的育人理念为指导,以幸福育人目标的达成为主线,进一步丰富载体,完善网络,健全制度,构建有利于学生综合素养发展的平台,以社会主义核心价值观为培养重点,从道德成长、习惯培养、人格发展、社会适应、创新精神、实践能力等方面多维展开,以思想引领、情感陶冶、实践体验、活动养成等形式多维推进,致力于培育"尚礼学子""幸福学子",培养现代公民素养,实现全体学生的全面、主动、健康、活泼发展。

4. 文化传承

习近平总书记指出,"我们要善于把弘扬优秀传统文化和发展现实文化有机统一起来,紧密结合起来,在继承中发展,在发展中继承。""要使中华民族最基本的文化基因与当代文化相适应、与现代社会相协调。以人们喜闻乐见、具有广泛参与性的方式推广开来,把跨越时空、超越国度、富有永恒魅力、具有当代价值的文化精神弘扬起来,把继承传统优秀文化又弘扬时代精神、立足本国又面向世界的当代中国文化创新成果传播出去"。这就确立了文化继承的理论基础,也就回答了什么是优秀传统文化、如何继承发展优秀传统文化的问题。正确认识中华文化的继承发展问题,不仅是关系到当下至未来一个时期治国理政的大问题,而且是关系中华民族永续发展的大问题。

习近平总书记指出:"不忘历史才能开辟未来,善于继承才能更好创新。"传承和发展永远是联系在一起的。

中华文化是中华民族的生命命脉,中华文化是中华民族的精神家园,中华文化是中华民族凝聚力和创造力的不竭源泉。中华民族具有五千多年连续不断的文明历史,创造了博大精深的中华文化,为人类文明进步做出了不可磨灭的贡献。中华文化积淀着中华民族最深沉的精神追求,包含着中华民族最根本的精神基因,代表着中华民族的独特精神标识,是中华民族生生不息、发展壮大的丰厚滋养。

第二章 "生根、生长、生存"教育的育人理念

5. 礼善文化

珠海市田家炳中学从1964年建校开始,就注重以礼立德,塑造学生健康的人格,2002年更名田家炳学校后,更是每年都以田家炳敦厚为人的品德,胸怀家国的大爱情怀,来熏陶影响学生,逐渐形成了以"礼善"为核心的校园主题文化——以心怀礼爱感恩,行善书香筑梦。逐渐形成了"礼善"校园主题文化建设体系。

(1)"礼善"的精神文化

办学理念:习礼崇文,幸福成长。

校训:尚礼崇德,守正创新。

校风:重礼明德,知行合一。

教风:立礼敬业,求实进取。

学风:明礼善思,刻苦自律。

校歌:礼仪之花满校园。

(2)"礼善"的环境文化

礼义大道:礼仪之道,做人之本。

明礼广场:做人之首,在于明礼。

校训石:习礼崇文,博学智慧。

孔子像:圣人之礼,谨记在心。

圣贤书:圣贤之书,智慧明礼。

致远石:明礼仁爱,致远天下。

弟子规墙:读弟子规,知礼之道。

圣贤像(孔子、孟子、荀子):仁礼善者,圣贤标准。

礼贤楼(行政综合楼):用人之道,在于礼贤。

尚礼楼(新教学楼):尚礼心泰,刻苦自觉。

立礼楼(旧教学楼):立身之道,在于立礼。

正礼楼(教师办公楼):礼正身正,为师之要。

礼修楼(旧办公楼):礼修行成,求实创新。

礼乐楼(艺术楼):学艺习礼,人生之乐。

礼膳楼(食堂):珍惜粮食,礼貌用膳。

礼信楼:诚实守信,做人准则。

礼齐楼:修身齐家,报效国家。

礼治楼:遵守法律,公民责任。

礼安楼：安全第一，爱护生命。
礼平楼：公平正义，社会和谐。
礼慧楼：知书达理，慧雅修身（女生宿舍）。

（3）"礼善"的活动文化

礼仪养成教育活动：仁根于心，四体施礼，而后生善。鞠躬礼、国旗礼、行走礼、坐姿礼、开学礼、成人礼、毕业礼、演出礼等。

文明礼仪教育活动：培养新时代尚礼田中人。

新生入学第一课教育活动：学习田家炳先生爱国奉献、勤俭诚朴、仁让礼善的精神——导之以德，齐之于礼。

（4）"礼善"的制度文化

学生养成教育制度（体系）：通过精细化和体系化建设，利用校本教材《展现你的礼仪风采》《立礼修身》形成了高一尚礼（生根教育）、高二正礼（生长教育）、高三立礼（生活教育）的育人体系。

学生"礼"文化的具体内涵：礼仪十讲。

教师"善"文化：尊重学生的十大禁语、尊重学生的十大美语。

教师"善"文化：以"有理想信念、有道德情操、有扎实学识、有仁爱之心"为标准，以善文化为引领，把培养教师的知善、行善、扬善等意识和行为作为开展善文化教育的基本着力点，让教师身上的精气神、正能量对学生起表率作用。

珠海市田家炳中学用"礼善"文化统领，潜移默化形成学生的正确世界观、人生观、价值观；用"礼善"文化辐射，合力构建学校、家庭、社会"三位一体"的德育模式；用"礼善"文化实践，引领学生行为，规范学生习惯，关爱学生成长。

珠海市田家炳中学以"礼善"文化为载体，来创建学校的特色德育，推进学校文化建设，促进学校持续发展。让各阶段的具体育人目标和推进的配套措施以及相应的思想、物质、组织、制度等保障体系深入人心。

珠海市田家炳中学以"礼善"文化价值理念来激发全体师生的热情和智慧，形成了"心往一处想，劲往一处使"的强大凝聚力，让"品貌端、品性优、品位高""讲礼貌、懂礼仪、守礼节"成为全校师生发展的共同愿景，让"礼善"文化之花开满校园，芬芳沁人。

二、生长教育

生长教育是幸福教育思想在不断地丰富和发展,不断地生成和创造。通过个性发展教育(身体的生长——体艺特色)、生涯规划教育(智慧的生长——学业规划、职业规划)、礼仪法治教育(精神的生长——礼仪教育、法治教育、志愿活动)等,帮助学生促进体艺特色的发展,尝试对人生进行规划,并正确地认识到作为一名学生应当把文明、礼仪、法律时刻牢记在心,促进学生主动、积极、健康地发展,实现学生的健康幸福成长。

通过生长教育,使学生学会学习和学会合作。学会学习的方法与能力,培养学习的兴趣,提高独立思考能力,增强团队合作精神。

通过生长教育,使学生学会在压力下生长,学会在独自环境下生长,学会在紧急状况下生长,学会在集体中生长,学会在逆境中生长。

生长教育是一种不同于现代书本教育的新教育理念和模式。在形式上,它不强调灌输知识,而致力于学生能力的培养,它传授知识的过程是为了让学生学会"如何去学习";在评价标准上,不把分数作为唯一的评价标准,认为学生的独立思考、选择、决策和协调能力才是评价学生优劣的真正标准,考试分数是次要的;在时间上,把学习延伸到人生的整个过程,具有终身性;在空间上,不但关注知识的传授,还关注社会的需求和对社会的适应能力,强调"学会生长"的能力。

(一)个性发展教育:身体的生长

1. 个性发展

《国家中长期教育改革和发展规划纲要(2010—2020年)》指出,要关心每个学生,促进每个学生主动地、生动活泼地发展,为每个学生提供适合的教育。

个性发展是指人类个体出生后直到青少年期个性(即人格)的形成和发展过程。人的个性不是生来就有的,而是在个人的生理素质基础上、在一定社会历史条件下通过实践活动逐渐形成和发展起来的。学生个性的形成和发展要经过一个漫长的、复杂的过程。

学生身心发展具有一定的顺序性、阶段性、可变性、差异性和不均衡性,由于与生俱来的遗传因素和后天环境教化的影响,相同年龄阶段的学生在脑力与体力、智力因素和非智力因素等方面都表现出个性特征。这就要求学校不仅要重视学生发展的共性特征,更应充分重视每个学生的个别差异,做到因材施教,有的放矢,发挥每个人的潜能和积极因素,弥补短处和不足,选择最有效的教育途径,使具有各种个性差异的学生都能各得其所地获得最大限度的发展。教育的目的是造就一大批富有鲜明的个性特征,能适应社会发展需要的各种人才。新一轮的教改也把发展学生个性列为教学的任务之一。在学校教育中提倡发展学生个性,并使其逐渐完善化,是提高教育教学的重要方面。

2. 体艺特色

珠海市田家炳中学以体育艺术特色教育为突破口,为学生的幸福人生奠基、为教师的美好生活添彩。学校在创建艺体特色个性化发展的过程中,始终遵循以下几条原则:一是因地制宜原则。根据本校的现有资源和学生状况,发挥传统项目优势开展创建活动。二是适应性原则。开展的体育、艺术活动要适应学生身体和心理发育特点,有利于增强体质,有利于提高审美能力和文化素养。三是普及性的原则。四是以人为本原则。

开展艺术、体育特色学校创建活动,坚持以育人为主,以学生的发展为本,在创建活动中注意加强相关艺体知识和艺体文化建设,营造良好的艺体文化氛围。

(1) 竞技体育

竞技体育是指在全面发展身体,最大限度地挖掘和发挥人(个人或群体)在体力、心理、智力等方面潜力的基础上,以攀登运动技术高峰和创造优异运动成绩为主要目的的一种运动活动过程。竞技体育是一种制度化、体系化的竞争性体育活动,具有正式的历史记载和传说,以打败竞争对手来获取有形或无形的价值利益为目标,在正式组织起来的体育群体成员或代表之间进行,强调通过竞赛来显示体力和智力,在对参加者的职责和位置做出明确界定的正式规则所设立的限度之内进行。

为了战胜对手,取得优异运动成绩,最大限度地发挥和提高个人、集体在体格、体能、心理及运动能力等方面的潜力所进行的科学的、系统的训练和竞赛,含运动训练和运动竞赛两种形式。

第二章 "生根、生长、生存"教育的育人理念

（2）播音主持

播音与主持艺术在我国是一个新兴专业,随着文化产业的飞速发展,播音主持人职业将成为未来就业领域的热点和亮点。目前,全国播音主持专业院校达到600所以上,以中国传媒大学、浙江传媒学院、上海戏剧学院、山西传媒学院、中央戏剧学院、南京传媒学院等为代表,以南京师范大学、陕西师范大学、天津师范大学为特色的全国播音主持专业院校每年培养数千名播音主持人才。播音专业目标是培养具备广播电视新闻传播、语言文学等能力,能担任广播电视播音与节目主持工作的复合型应用语言学高级专门人才。

（3）版画雕刻

中国版画的兴起,远在世界诸国之先。它集绘画、雕刻和印刷为一体,兼具艺术性与可复制的特点,能镂像于木,印之素纸,以行远而及众,既具有鲜明的民族文化特征,也具备国际化的艺术交流语境,在文化传播上发挥着不可替代的作用。

以学生认识并制作版画为学习基础,以培养学生的实践动手能力、提升学生的审美能力为主要目的。通过世界三大画种的对比使学生认识版画特点；观看视频引导学生直观了解版画制作方法；以引导鉴赏优秀版画作品,加深学生对于版画的认知。之后开始画稿、制版、刻制、印刷等一系列实践操作,得到一幅属于自己的版画作品。

目前中国大学共有13个学科,92个专业类,630个大学专业。艺术学为一大学科,美术学类为一大专业类,美术学、绘画、雕塑、摄影为美术学类下设的大学专业。版画属于绘画专业。目前国内专业的艺术院校有中国九大美院,中央美术学院、中国美术学院、清华美院、西安美术学院、四川美术学院、鲁迅美术学院、广州美术学院、湖北美术学院、天津美术学院,此外一些普通大学也下设美术学院。在美术领域学生可以选择的职业多种多样,如职业艺术家、画廊业、美术教师、艺评家以及与美术相关领域职业。

3.社团建设

学生社团是指学生在自愿基础上形成的各种群众性文化、艺术、学术团体。不分年级、系科甚至学校的界限,由兴趣爱好相近的同学组成。在保证学生完成学习任务和不影响学校正常教学秩序的前提下开展各种活动。目的是活跃学校学习氛围,提高学生自治能力,丰富课余生活；

交流思想,切磋技艺,互相启迪,增进友谊。种类很多,如各种学术、社会问题研究会,文艺社、棋艺社、影视评论社、摄影社、美工社、篆刻社、歌咏队、剧团、篮球队、足球队、信息社、动漫社等。

（二）生涯规划教育：智慧的生长

对于尚未正式步入社会且正在接受教育的高中学生来说,在人生道路的各种选择上,往往会遇到各种各样超过自身与家长想象的问题,其中,职业的选择便是人的生存过程中最基本、最现实的问题。一个人要在现代社会中生存,首先需要从事某一职业,并且一般高中学生都希望从事能实现自己的志向抱负、能不断地发展自己的职业。然而,成功的选择不仅要个人的勇气、意志,同时还需要把握实际的能力与技术。

1. 职业规划

每个人一生中都要面临众多选择,一个正确的选择可能会让人受益一生。对每一位高中生来说,高考毕业后的去向,无疑是人生中的一次重大抉择。如何选择职业、选择高校、选择心仪的专业是牵动高三学子和家长的一大难题。高中生的职业选择需要两个必不可少的条件：

一是了解自己,对自己的兴趣、能力和个人风格能够正确地认知。我是怎样的一个人？我擅长什么？什么对我来说很重要？我是谁？我在哪里？我拥有什么条件？

二是了解外部环境所能提供的机会。我们所处的时代特点、社会环境特点、行业环境、组织环境等。当今时代显著特点就是世界经济一体化和以计算机为代表的信息技术的快速发展。社会环境主要是指社会经济、法制建设和发展水平,人口环境,社会科技、文化环境等。行业环境主要是指行业的发展现状、国际国内重大事件对行业的影响及行业发展前景的预测等。组织环境主要是指组织特征,组织发展战略、人力资源需求等。只有对"我喜欢干什么""我能干什么"以及"环境允许我干什么"这三点有了清醒的认识,并找到三者的最佳结合点,才能走向成功。

2. 学业规划

高中是基础教育的最后阶段,也是人生打基础的重要阶段。面对崭新的学习生活环境,同学们既会充满好奇和兴奋,也容易遇到不适和困难。向往的职业追求,准确的大学定位,科学的学业规划,是当代高中生乘风破浪、搏击沧海的灯塔和动力之源。

高中首先要确立一个理想目标——我的大学(职业、专业)。学业规划既要针对高中学习的主要任务,也要考虑高中生的具体特点。高一年级计划的制订中一定要考虑初、高中的衔接,考虑到自我能力的培养和提升,要注意全面、具体和可操作性。高二年级的计划中一定要考虑个人发展的倾向性,特别是选科走班后的方向和安排。高三年级的计划中一定要考虑高考的要求和毕业的去向。

(三)礼仪法治教育:精神的生长

1. 礼仪教育

礼仪是人类文明的标尺;礼仪是美好心灵的展现。人生活在社会里,注重仪表形象,养成文明习惯,掌握交往礼仪,融洽人际关系,这是我们每一个人人生旅途中必修的一门课程。作为一个有理想、有追求的现代人,注重礼仪的自我修养,即在学习礼仪、运用礼仪中,对仪容、举止、表情、服饰、谈吐和待人接物六个方面,都能展现出一个人的教养。在社会交往中,有所为,有所不为,自觉地运用礼仪规范,方算知书达礼,方称得上是一个有教养的人。只有严格要求自己,才能做到"举止文明,处世得体",方可"有礼走遍天下"。八大文明礼仪的内容是:

(1)仪表之礼:教育引导未成年人在表情状态、身体姿态、面容发型、穿着打扮等方面讲究文明礼仪,做到面容整洁、衣着得体、发型自然、仪态大方。

(2)餐饮之礼:教育引导未成年人在家庭日常就餐、公共场所用餐、社会交往聚餐等方面讲究文明礼仪,做到讲究卫生、爱惜粮食、节俭用餐、食相文雅。

(3)言谈之礼:教育引导未成年人在日常言语交谈、正式场合交流等方面讲究文明礼仪,做到用语文明、心平气和、耐心倾听、诚恳友善。

(4)待人之礼:教育引导未成年人在日常生活、特定场合交往等方面讲究文明礼仪,做到尊敬师长、友爱伙伴、宽容礼让、诚信待人。

(5)行走之礼:教育引导未成年人在徒步行走、乘用交通工具等方面讲究文明礼仪,做到遵守交规、礼让三先、扶老助弱、主动让座。

(6)观赏之礼:教育引导未成年人在观看文艺表演或体育比赛等场

合讲究文明礼仪,做到遵守秩序、爱护环境、专心欣赏、礼貌喝彩。

（7）游览之礼：教育引导未成年人在外出旅游、参观时讲究文明礼仪,做到善待景观、爱护文物、尊重民俗、恪守公德。

（8）仪式之礼：教育引导未成年人在参加升国旗、入队、入团、毕业、传统民俗等仪式活动时讲究文明礼仪,做到按规行礼、心存敬畏、严肃庄重、尊重礼俗。

2. 法治教育

从2010年至2018年,我国的教育立法为青少年健康成长创造了较好的法治环境。我国制定了《教育法》《义务教育法》两部教育法律,国务院制定了5项教育行政法规。另外,青少年加强保护和预防犯罪也有《未成年人保护法》和《预防未成年人犯罪法》两部姊妹法可依,这就充分说明国家非常重视青少年的法制教育工作。

用社会主义民主和法制的基础知识来教育年轻后代,使他们从小就受到民主的训练和守法的教育,懂得和善于履行社会主义公民的权利和义务,增强法制观念,养成自觉遵守法律的行为习惯,是德育的内容之一。

社会主义国家根据社会主义民主的原则,建立人与人之间的平等关系和个人与社会之间的正确关系；而社会主义民主的建设,又必须同社会主义法制建设相结合。对学生,通过小学的思想品德课、中学和大学的法律常识课和宪法讲座、少先队和共青团的班级活动,以及课外、校外活动等进行民主与法制的教育。

青少年犯罪现象有逐渐增加的趋势,并呈现出低龄化和犯罪手段成人化的倾向,必须引起全社会的关注。分析青少年犯罪的主要原因,从主体因素上看,一是自我控制能力脆弱；二是头脑简单,解决问题的方法偏激粗暴；三是贪图享受。从客观因素上看,一是家庭教育的误区；二是学校教育的失当；三是社会文化氛围消极方面的误导；四是缺乏社会救济措施；五是法制教育相对滞后；六是受社会经济负面效应的影响。

3. 志愿活动

2017年10月18日,习近平总书记在十九大报告中指出,推进诚信建设和志愿服务制度化,强化社会责任意识、规则意识、奉献意识。自

第二章 "生根、生长、生存"教育的育人理念

2017年12月1日起,国务院颁布的《志愿服务条例》(简称《条例》)正式施行。

志愿服务是指在不求回报的情况下,为改善社会,促进社会进步而自愿付出个人的时间及精力所做出的服务工作。

奉献精神是高尚的,是志愿服务精神的精髓。志愿者通过参与志愿服务,促进了社会的进步,同时自身也得到了很大提升。

珠海市田家炳中学组建志愿者团队,积极参与社会公益活动;加强校企间合作,如与斗门旭日陶瓷有限公司建立校企合作关系,组织学生参加陶瓷生产的志愿体验活动;组织校际常规社团之间的交流,增强社团联谊交流能力,促进志愿工作和活动开展,如与吉林大学珠海学院、北京理工大学珠海学院交流合作,与斗一学生会、市二中学生会联谊,与邻近小学、初中相互探访等。

三、生存教育(幸福):幸福状态、生活能力

生活教育是幸福教育思想的核心观点、完备体系和实践路径。通过开展自我生活教育(自理能力的提升——劳动教育,包括生活劳动、理财系列、自护教育等)、他我生活教育(交往能力的提升——学生自我管理、集体生活教育)、群我生活教育(利他能力的提升——慈善事业、回馈社会)等系列的教育活动和社会实践活动,适时帮助学生学习生活知识,了解生活常识,掌握生活技能,实践生活过程,获得生活体验,树立正确生活观念,确立正确的生活目标,养成良好生活习惯,成就幸福学子。

在人的生活过程中,必须融入与自然的互动、社会生产劳动以及人与人之间结成的各种各样群体、社会、国家或者政治、经济、文化、教育等复杂的社会关系之中。正如马克思所说:"人的本质并不是单个人所固有的抽象物,实际上,它是一切社会关系的总和。"人的这种社会存在方式,决定了人的本质,决定了人只有从自然存在转化为社会存在。把人置于复杂的社会关系之中,这就是人的生活。

生活不仅是个人的生活,还是家庭的生活、社会的生活、国家的生活,或者说是经验生活、政治生活、教育生活、文化生活等与人类社会息息相关的领域。人生活的世界是历史的、文化的、经济的、社会的、精神的世界,由此,充实了人的生命内容,实现了人生的价值。

（一）自我生活教育：自理能力的提升

只有会自理的人，才能真正自立，才能真正独立地生活，从而成长为一个对家庭、对社会都有用的人。

有一个英国人，他的名字叫做鲁滨孙。在一次航海中，他不幸迷失了方向，漂流到一个荒岛上。那里除了残忍的野人外，再也没有其他人了。吃的、穿的、用的、住的，什么东西都没有。可是，鲁滨孙竟然在那里独自生活了28年，靠的就是自己极强的自理能力。

在漫长的28年时间里，鲁滨孙把3个山洞改造为自己的家，靠捕杀野兽来进食，然后用野兽的皮毛做成衣服。他还种植了谷物，用这些谷物的面粉做成面包。鲁滨孙之所以能活下去，靠的是一种坚强的毅力，靠的是在困难中独立生存的能力。独立生存的能力不就是从生活的自理能力开始的吗？如果鲁滨孙没有自理能力，或者自理能力很差，恐怕他早就成了那些野人的盘中餐了，哪还有回到英国的那一天呀。

学会自理，会使我们终身受益，它不仅是通向幸福生活的必修课，同时也是一把开启成功人生大门的金钥匙。学会自理，学会生活，这是我们每个人在人生课堂中不可或缺的必修课。

1. 劳动教育

以习近平新时代中国特色社会主义思想为指导，全面贯彻党的教育方针，落实全国教育大会精神，坚持立德树人，坚持培育和践行社会主义核心价值观，把劳动教育纳入人才培养全过程，贯通大中小学各学段，贯穿家庭、学校、社会各方面，与德育、智育、体育、美育相融合，紧密结合经济社会发展变化和学生生活实际，积极探索具有中国特色的劳动教育模式，创新体制机制，注重教育实效，实现知行合一，促进学生形成正确的世界观、人生观、价值观。

劳动教育，使学生树立正确的劳动观点和劳动态度，热爱劳动和劳动人民，养成劳动习惯的教育，是人德、智、体、美、劳全面发展的主要内容之一。

一是树立学生正确的劳动观点，使他们懂得劳动的伟大意义。了解人类的历史首先是生产发展的历史，是劳动人民创造的历史；懂得辛勤的劳动是建设社会主义和共产主义的根本保证；劳动是公民的神圣义务和权利；懂得轻视体力劳动和体力劳动者，是数千年来剥削阶级思想

第二章 "生根、生长、生存"教育的育人理念

残余;懂得把脑力劳动同体力劳动相结合的重要意义。

二是培养学生热爱劳动和劳动人民的情感。养成劳动的习惯,形成以劳动为荣,以懒惰为耻的品质。抵制好逸恶劳、贪图享受、不劳而获、奢侈浪费等恶习的影响。

三是学习为学生的主要劳动,教育学生从小勤奋学习,将来才能担负起艰巨的建设任务,并教育学生正确对待升学、就业和分配。

劳动教育,还要通过生产劳动和公益劳动等来实施。学生在校期间,要按照教学计划的规定,适当参加劳动。珠海市田家炳中学开展的劳动教育系列方面有以下几点。

(1)投资理财,增强学生的自理能力

随着社会的发展,我们在掌握丰富知识的同时,也要不断地提升自理能力,实现个人生活独立性、自主性和自我管理意识的提升,进而为将来的学习和生活奠定良好而又坚实的基础,但是在实际学习的过程中,我们会发现,身边很多同学的自我管理能力都比较差,最明显就是普遍表现出缺乏理财意识、缺乏合理的理财计划、消费习惯不正确等现象。

若想实现自我理财能力的培养和提升,应该做的就是建立正确的理财意识,为自己制订出符合自己实际情况的、真实的、有效的理财计划书,实现良好理财习惯的培养和消费习惯的养成。

(2)厨艺美食,提升学生的自理水平

中共中央国务院《关于全面加强新时代大中小学劳动教育的意见》指出,家庭要发挥在劳动教育中的基础作用,鼓励孩子自觉参与、自己动手,每年有针对性地学会1—2项生活技能。

珠海市田家炳中学组织开展烹饪大赛系列活动、开发厨艺课程体系,加强家校社联系,促进劳动教育在学校落地生根。

学校拟定厨艺课程体系的总体目标,编制厨艺课程开发方案,要求高中三年学会十二道菜,包括水果类、点心类、凉菜类、蒸菜类、汤菜类、炒菜类等。这一课程的有效开设需要家庭的全方位参与,学校邀请家长共同参与厨艺课堂,让学生与家长一起在课程学习中将劳动实践观念培养这一系统过程落实,让每一个学生在实践中学习、在体验中学习、在探究中学习。

学校立足于斗门水乡风情,最大限度地挖掘和利用校内外课程资源,为厨艺课程的体验探究创造条件。白蕉鲈鱼、上横黄沙蚬、横山赵氏

鸭脚包、艾糍、虾米糍、濑糍水、客家咸茶、大赤坎叉烧排骨……让人回味无穷。学校讨论采用"请进来,走出去"的方式,邀请特色佳肴传承人到学校教授相关课程,同时让学生到专业作坊观摩学习、实践操作,并参与当地美食节活动。食材如何经过烹饪成为美味佳肴,只有学生亲身参与之后,才能体会到其中的乐趣,感受到劳动的光荣,并促进斗门特色美食的传承。

传统节日食品是一个国家或民族历史文化积淀的产物,凝聚着中华民族的智慧,具有独特的文化内涵。元宵节的汤圆、端午的粽子、中秋的月饼……无不体现着中华文明的特点。传承传统文化和开展劳动教育需要家校社密切配合,形成合力,才能收到最好的教育效果。例如,在传统节日,邀请家长和学生一起到学校过节,并由家长亲自指导学生动手包汤圆、做粽子等。自己动手、享用美食、回味过程,学生动手能力得到提高,传统文化价值得以凸显。

（3）创新科技,提高学生的自理素养

珠海市田家炳中学航模社：

航模社团是为了喜爱模型的学生发挥科技特长,让学生的知识和技能得到拓展,分析问题和解决问题的能力、自主实践能力得到锻炼提高,创新探索、勇于拼搏、不断进取、团队合作的精神得到激发和养成,这正是推进素质教育,培养社会有用之才所最需要的。

通过社团活动使学生学会制作、操作航空模型,并掌握相关的科学知识,如平衡、气流等,并学习相关的比赛规则,制作等水平也大大提高,掌握了相当的知识,提高了动手、动脑能力,而且在参加市级的比赛中获得了好成绩。收获了成功,赢得了自信,大大提高了学生自理素养的水平。

珠海市田家炳中学机器人社：

机器人社团活动旨在激发同学们无穷想象力和创造力,让学生充分运用课堂所学的知识和技能于社团活动中,社员通过社团活动能够学习到许多平时学不到的经验于知识,使得两者得到很好的结合,既发展了自己的兴趣,又促进了课内学习,学生能够体验到项目成功后的无比自豪感、喜悦感,以自信和热忱面对困难和挑战。

机器人社培养了学生创新精神和拓展了学生综合能力。

2. 自护教育

意大利教育家蒙台梭利说："教育的目的在于帮助生命力的正常发展,教育就是助长生命力发展的一切作为。"自护、安全教育也是一种生命教育。可是,在目前那种"唯分数论"的应试体制中,不但没有专门的安全知识教程,也几乎很少有人告诉小孩什么是生命,即便在某些课程中稍有渗透,也是说教太多,那些空洞的大道理,丝毫没有考虑到青少年特殊的心智,根本就是"纸上谈兵"。对安全、生命的模糊、消解乃至漠视,不仅是现在未成年人意外伤害事件频发的原因,也是青少年犯罪现象高发的重要因素之一。

中国青少年研究中心孙云晓认为,成人社会有责任保护未成年人,就像警察有责任保护公民的生命财产安全一样,但正如每个公民必须学会自我防范,任何保护措施也都离不开自护。确实,仅有他护,在实践中不仅会陷入"鞭长莫及"的窘境,还将埋下延缓孩子社会化进程的隐患。

珠海市田家炳中学开展自护安全常规教育活动：

一是每月组织开展一次疏散演练。演练活动做到事前有计划、有预案,事后有点评、有总结,通过演练活动使中小学生熟悉疏散路线,掌握基本的自救自护技能。

二是每月开展一次安全知识讲座。举行"牢记安全 从我做起"安全知识讲座,聘请交警、派出所警官、市红十字会、属地卫生院走进校园作主题报告,引导学生对讲座内容进行交流讨论,撰写心得体会。

三是每月开展一次安全知识竞赛。普及安全知识,规范安全行为,提高自护能力。

四是每学期举行一次安全教育征文比赛。通过征文比赛,提高学生对安全工作的认识,掌握安全知识和技能,将优秀习作张贴于学校宣传栏,并通过校园广播站等形式定期播放,创造安全教育良好氛围。

五是每学期组织学生观看一次《安全预防教育》电视片。通过观看安全教育片,切实增强广大中小学生的安全意识,提高应急避险能力。

六是寒暑假各布置一份安全隐患排查作业。各中小学要给学生布置一份安全隐患排查方面的作业,组织学生开展"学校安全隐患我发现,家庭安全隐患我排查"活动,通过这一活动使学生认识到安全工作与其自身息息相关,把安全意识融入学生思想行动之中。

(二)他我生活教育:交往能力的提升

人际交往能力是衡量一个公共关系人员能否适应现代社会需求的标准之一,看他是否具备善于与他人交往的能力。公共关系人员必须懂得各种场合的礼仪、礼节,善于待人接物,善于处理各类复杂的人际关系。公共关系人员在平时要注意培养自己的良好性格、儒雅风度、学识修养,在社交活动中要热情、自信;注意仪表、举止;面带微笑、运用温和、幽默的语言处理公共关系事务。在社交活动中应对领导、同事、合作者和其他公众表示关心和尊重。注意交往的技巧、方法,并努力使自己留给对方良好的印象。公共关系人员只有具备迅速与他人交往沟通,"打成一片"的能力,才能及时地了解公众的心理,知晓组织形象的缺陷,完成双向沟通和实施公共关系宣传的任务。

1. 学生自主管理

学生自主管理是学生在教师积极引导下自行发现自我价值、发掘自身潜力、确立自我发展目标、形成适应社会发展和推动个体与社会发展的意识和能力的一种教育管理模式。学生自主管理,也是一个比较好的教育过程,是一个社会实践过程,也是学校励志教育的一种体现。

自主管理是对班级各种活动以及每个学生充分授权,让其产生责任感,从而激励班级组织和个人学习的自主性和创造性的管理方式,准确地说是一种管理思想。班级自主管理全过程充分注重人性要素,充分注重学生潜能的发挥。注重学生的个人目标与班级、学校目标的内在统一,在实现整体目标的同时实现学生的个人追求。

珠海市田家炳中学实行年级自管小组管理制度、珠海市田家炳中学校长助理团制度、珠海市田家炳中学学生膳食管理委员会、珠海市田家炳中学宿舍管理委员会、珠海市田家炳中学学生会等学生自主管理组织制度。

学生自主管理是学生自主发展教育的一个重要的有机组成部分,需要外在的良好环境和氛围,需要以多样化的健康活动为载体,需要以人性化的制度来约束,需要以全面、客观的评价机制作保障。它是当前学校教育中一种较为可行的教育管理模式,有利于学生的终身发展,有利于国民素质的整体提高。这种教育管理的结果是,学生会从自律前提下的自信走向自主,从自主走向自立,从自立走向自强,最终从自强走向自如,即能够灵活自如地适应社会的发展并推动个体和社会的不断发展。

实施学生自主管理教育,并非任学生自由发展,教师的引导作用也不可忽视。也就是说,教师的监控要与学生的自主管理和谐统一。在不超出学生当前心理承受能力、自我调节能力的范围内,凡事教师都要敢于"放",在学生误入迷途难以自拔的边缘教师要及时"收"。教师只有收放得体,学生才能具备积极性和创造力,才能闯出一片既有益于自己又造福社会的天空。

2. 集体生活教育

在集体中,每个人都有自己的角色,承担着不同的责任。你可能是班干部,要协助老师进行班级管理;可能是组长,要收集每天的作业;可能是普通成员,要和同学友好相处,保护班级荣誉,注意集体卫生……

每天我们都要和同学打交道,培养了我们人际交往的能力,互相尊重、互相接纳;承担着不同的责任,锻炼我们的责任感和担当能力。在建立和谐班集体的同时,也培养了自己的良好品格和修养。

在集体中张扬个性:一方面自觉遵守集体纪律,服从集体要求,保护集体利益;另一方面主动提出建议,发挥自己特长,坚持自己兴趣,张扬自己的个性。

各人的优点、特长越能够充分发挥,集体就越坚强、团结和优秀。

集体生活是锻炼学生的最好时机,是学生建立自信心的基础,在集体中给他们提供表现自己、展示特长和优点的机会,有利于进一步强化自信意识,提高他们人际关系的能力。

(三)群我生活教育:利他能力的提升

世界著名企业家稻盛和夫在《活法》一书中说过:求利之心是人开展事业和各种活动的原动力。因此,大家都想赚钱,这种"欲望"无可厚非。但这种欲望不可停留在单纯的利己范围之内,也要考虑别人,要把单纯的私欲提升到追求公益的"大欲"层次上。这种利他的精神最终仍会惠及自己,扩大自己的利益。稻盛和夫的这种理念始终贯穿他的一生,也为他事业的成功奠定了基础。

一个人想要成长得快，发展得好，一是不要伤害别人，二是要学会刻意地做利他的事。弱者互相伤害，而强者互相扶持，做彼此的成长杠杆，共生共赢。利他，本身也是一种自信。

1. 慈善起舞，大爱飞翔

慈善事业是一种有益于社会与人群的社会公益事业，是政府主导下的社会保障体系的一种必要补充。是在政府的倡导或帮助、扶持下，由民间的团体和个人自愿组织与开展活动的、对社会中遇到灾难或不幸的人，不求回报地实施救助的一种无私支持与奉献的事业。慈善事业实质上也是一种社会再分配的实现形式。

珠海市田家炳中学成立爱心基金，引导学生汇集众人利是钱资助学生中贫困学子完成学业。

珠海市田家炳中学爱心基金设立以来，让贫困学生感受到来自周围同学的爱心和关怀，进一步激励他们努力进取，回报社会。另外，通过学生自主管理基金，在培养学生奉献爱心，积极参与公益活动意识的同时，也让他们的组织、协调和管理能力得到了很好的锻炼。

2. 用爱奉献，用心回馈

随着改革开放的进一步深入，社会上一些腐朽落后的思潮和不良信息的传播，正逐步腐蚀着人们的心灵，一味索取不知回报使得一些年轻人变得自私冷漠，道德水准滑坡。现在的孩子都是家庭的中心，他们心中只有自己，没有别人。学会"感恩"，对于现在的孩子来说尤其重要。

感恩是一种生活态度，是一种美德。感恩应该是社会上每个人应该有的基本道德准则。因此，珠海市田家炳中学经常开展形式多样的感恩教育，如国旗下的讲话，主题班会，邀请专业演讲人士来校作专场演讲等。通过开展感恩教育活动，引导学生回馈社会。

感恩不仅仅是一种口号，感恩应该发自内心，来自内心对生活的无限热爱，珠海市田家炳中学开展了资助贫困生活动。但是，为了使受资助学生树立"自信、自立、自强"的意志，培养其健全的人格修养和道德情操，学校在资助贫困生的同时，也为他们提供了一系列感恩回馈社会的平台，使学生通过自己的切身行动，以公益和爱心来换取资助，让学生更深入地理解奉献与索取的意义，个人价值及社会价值的关系。

通过为受资助生组织一系列的社会公益活动以及校内义务劳动，培

第二章 "生根、生长、生存"教育的育人理念

养学生的社会实践能力与公益意识。在亲身实践过程中,以爱心帮助他人,温暖他人,在整个活动中奉献爱心,感受快乐。

我们要用"感恩脚步"走出属于自己的人生路,回报社会,为构建和谐社会奉献自己的绵薄之力。

人在生根发芽中生长,在生长过程中生活,在生活中实现人的价值。生根、生长和生存的内在联系和不可分割性,构成了人的一生,是人生的全部内容。人的生命在本质上是自然的、社会的、完整的生命系统,是生根、生长和生存所构成的社会关系的总和。基于幸福教育理念的"生根、生长、生存"有机统一,构成整体的学生教育的成长过程,是贯穿了人一生的基础教育,构成了珠海市田家炳中学幸福教育的基本过程。正如一棵参天大树,由生根发芽(生根)——幸福起航,发展成长(生长)——幸福巡航,最后开枝散叶(生活)——幸福远航。

第三章 "生根、生长、生存"教育的育人机制:协同教育

生根教育、生长教育和生存教育的实现,不仅是学校的事情,也是家庭的事情,也是社会的事情。只有学校、家庭、社会教育协调一致,相向而行,才能形成教育合力,促进学生健康成长。本章共分四节,前三节分别对学校教育、家庭教育、社会教育进行了相关概述,在第四节重点阐述了协同教育,从家校合作、校社合作的角度对相关的基本理论和实践进行了阐释。

第一节 学校教育的相关概述

一、基本内涵

在现代教育学上,教育有广义与狭义两种理解。狭义教育通常就是指学校教育。浙江师范大学杭州幼儿师范学院教授、院长、博士生导师朱宗顺提出:"狭义的教育是指专门的教育,即根据一定社会(或阶级)的要求和受教育者的发展需要,有目的、有计划、有组织地引导受教育者获得知识、技能、陶冶思想品德、发展智力和体力,以培养一定社会(或阶级)所需要的人的活动。狭义教育主要指学校教育。"作为学校教育,它有固定的场所、专门的教师和一定数量的学生,有一定的培养目标、管理制度和规定的教学内容。本书所指的学校教育是普通高中阶段的学校教育。

二、理论基础

关于学校教育的理论从古至今,不胜枚举。完全列举,既不现实,也无必要。本章所选取的几个理论主要侧重于德育方向,与本书的研究主题和研究内容是相吻合的。

(一)马克思关于人的全面发展的思想

马克思在论述人的全面发展的时候,将落脚点定位在"人"上面,他认为现实中的个人是研究的基础,人的发展应该起始于"个体"的发展,终结于"群体"的全面发展。正如马克思所说"只有在共同体中,个人才能获得全面发展其才能的手段,也就是说,只有在共同体中才可能有个人自由"。关于人的全面发展的内容,马克思认为"全面发展中的'发展'是'人以一种全面的方式,就是说,作为一个完整的人,占有自己的全面的本质'。"人的全面发展是包括人的需要(自然需要、精神需要、社会需要)、能力(劳动能力、社会能力、智力体力等)、个性(主体性和独特性)和社会关系(人际交往关系)等多方面的发展进而实现的一种发展。当然马克思也论述了要想实现人的全面发展理论必不可少的几个条件。首先是社会生产力的高度发展,其次是社会关系的纵深丰富,最后还需要人的"主体意识和主体能力"的不断提高才能实现。

人的全面发展是为了人的本质的自我实现,这一理论揭示了学校教育的根本目的,即培养什么样的人和怎样培养人的问题,它既是一切教育活动的出发点,也是一切教育活动的归宿。马克思主义认为学校教育的根本目的就是培养德、智、体、美、劳全面发展的人。

(二)苏霍姆林斯基的德育思想

苏霍姆林斯基是苏联最伟大的教育家之一。他的德育思想和德育理论博大精深,本书选取了他其中的几个德育思想。第一,他明确承认和主张教育的社会政治目的性,公开主张政治信仰与道德教育的统一。第二,他特别强调要营造好德育环境,处理好学校德育与社会环境的辩证关系;第三,他特别强调通过德育活动开展教育,他提出了许多有效的活动模式,包括观察、阅读、劳动、奉献等。苏霍姆林斯基的这些德育思想为本书所阐述的政治认同教育、协同教育、活动教育等提供了理论支撑。

（三）价值澄清理论

价值澄清理论是由美国纽约大学教育学院教授路易斯·拉思斯等人创立的。价值澄清理论的倡导者们认为，社会的急剧变化、社会价值观的多元化使现在的学生面对太多的价值选择和冲突而比以往任何时候都感到难以确定自己的价值观，该理论要求我们鼓励人们花更多的时间和精力思考与价值有关的问题，因此，学校德育的主要任务就是要帮助学生在混乱的价值观中澄清自己的价值观。如何帮助学生树立自己的价值观，拉思斯认为要经过选择、珍视和行动三个阶段，具体又分为七个步骤，包括：自由地选择；从各种可能的选择中选择；认真思考每一种选择的后果再进行选择；赞同与珍视；确认；根据选择而行动；重复。只有这七个步骤完全被经历之后，才算真正澄清并获得价值观。这一理论为本书中所提到的价值引领教育提供理论基础。

（四）关怀理论

关怀理论是当代德育理论中的重要流派之一，代表人物是美国当代著名教育哲学家诺丁斯。她以关怀为核心，根据对自我、对他人、对动植物、对器具以及对思想等各个不同的关怀，组织了一整套课程体系（包括六个方面，对自我的关怀；对亲密的人的关怀；对远方的人和陌生人的关怀；对动物、植物和地球的关怀；对人造世界的关怀；对思想的关怀），并提出了四种道德教育应对特别关注的元素（榜样、对话、实践和认可）。关怀理论要求我们在教育实践中要坚持立德树人的根本目的，以学生的发展作为教育的归宿。

三、主要功能

学校是教育的圣地，人才的摇篮，时代的晴雨表。学校教育的功能主要是三个主要方面：社会性功能、个体性功能、教育性功能。

第三章 "生根、生长、生存"教育的育人机制：协同教育

（一）社会性功能

1. 学校教育对经济发展的功能

生产力包括劳动者、劳动对象和劳动工具三个因素，而劳动者是生产力中最重要、最活跃的决定性因素。通过教育发展人的智力，使之获得文化科学知识、生产知识和技能；通过教育发展人的体力，使之获得适应生产需要的精力和体魄，从而把可能的劳动力转化为现实的劳动力。劳动工具的改进需要科技的进步，科技的进步离不开教育。学校生产出新的科学技术，将潜在生产力转化为直接的生产力。通过这种转化，产生出巨大的物质力量，形成新的生产力，提高劳动生产率，促进经济的发展。

2. 学校教育对政治发展的功能

学校教育的政治功能，就是习近平总书记在2016年提出的"四个服务"，即教育要为人民服务，为中国共产党治国理政服务，为巩固和发展中国特色社会主义制度服务，为改革开放和社会主义现代化建设服务。作为高中生而言，既要有对现有政治体制的理解、认同的能力，也应具备理性思考和批判的能力，以期具有未来参与政治生活的智慧。

3. 学校教育对文化发展的功能

（1）发挥学校文化的创新功能，实现文化繁荣。学校不仅要传承文化、批判文化，更应创造文化，实现文化的创新。创造是人类本质力量的最高表现。列宁认为"正是人类永不停息的创造活动推动着历史不断进步，使人类站在历史文明的光辉之巅"。文化创新是学校文化的活力所在，也是学校文化的魅力所在。这种创新表现在学校不仅能够产生新的思想、观点，提供新的文化活动规范，也能创造出一定的物质文化成果。

（2）发挥学校文化的辐射功能，引领社会进步。学校文化不仅对学校内部具有强烈的感染力和号召力，而且对社会具有扩散作用，它会通过学校成员、宣传媒介、社区服务等方式将自己具有先进性、前瞻性的思想输送给社会，对社会文化的建设起着推进、示范和导向的作用。学校文化所包含的科学精神、创新意识、人文传统会对社会文化产生辐射

和影响,引领社会文化向更高的层次发展,并对社会产生影响和教化作用,有时甚至会对社会发展产生划时代的巨大作用。

(二)个体性功能

1. 生存功能

普通高中学校的一部分毕业生会走上工作岗位,对他们而言,在高中阶段所接受的教育,所学到的知识和技能,为他们今后的工作、生活奠定了一定的基础,从这个意义而言,学校教育对于个体而言,具有生存的意义。即使高中毕业生不直接走上工作岗位,而是选择继续求学深造,但他在高中阶段所接受的学校教育,无论是德育方面的,还是智育方面,或是体育方面的,客观上、总概率上,是有利于个体的生存和生活质量提高的。

2. 发展功能

学校教育能促进学生在德、智、体、美、劳等方面的发展。在德育方面,塑造学生健全的人格;在智育方面,提升学生的文化水平;在体育方面,增强学生的身体素质;在美育方面,培养学生的审美能力;在劳育方面,提升学生的劳动技能。体育方面,主要是学生身体的生长;智育方面,主要是学生智慧的生长;德育、美育、劳育,主要是学生精神的生长。

3. 享用功能

享用功能就是教育对学生个体"苦—乐"关系的体现。如在智育教育方面,学生通过努力,体验学习成功的乐趣,将学习当作一种乐事,其实就是教育对个体的享用性功能了;再如,在德育教育方面,个体在道德学习与生活中领会、体验道德人生的幸福、崇高、人格尊严与优越,因而具有审美的性质;同时从践行道德这一角度看,亦可谓道德人生的立美创造。无论是审美,还是创美,都是教育产生的享用功能。

(三)教育性功能

1. 规范功能

学校教育对师生员工的思想和行为起着规范和约束作用。学校教育的规范功能主要是通过学校的规章制度和校园舆论来实现的。一方面,规章制度可以抑制人们的错误行为,促其转化为正确的行为,正确的行为形成习惯后,外在的规范作用就可以内化为师生的自觉要求。另一方面,校园舆论(主要通过校报校刊、玻璃橱窗、电子屏幕、校园广播、校园网等媒介来传播)对师生进行有针对性的宣传、教育,可以帮助人们分辨是非、扬善抑恶,成为规范师生行为的无形力量。

2. 价值引领

教学主要是传授具体的知识和技能,着眼点在于帮助学生完成一定的学业;教育则主要对于学生价值追求进行引导。赫尔巴赫指出:"我不承认有任何无教育的教学""教学如果没有进行道德教育,只是一种没有目的的手段"。在赫尔巴赫看来,知识、技能固然重要,但是与做人的方向、价值观相比,显然具有工具的性质。因此,教育很重要的一个功能就是对学生进行价值引领教育。

四、存在问题

(一)培养目标上的单一趋同

在普通高中学校,对高考升学率的追求是绕不开的话题,为了追求高升学率,必然要将智育教育放在学校办学的优先位置。德、智、体、美、劳五育并举的培养目标,实质上最后都变为了分数的比拼。如何学会学习,学会做题,学会拿高分,考取好的大学,成为高中学校不约而同的首选。不少省份在高考中将学生的综合素质评价作为高考录取的参考依据,但在实践中,综合素质评价基本流于形式,并未真正达到制度设计的初衷。智育优先,分数至上,导致学校教育指向了一个标准化的培养模式。在这种模式下培养出来的学生,创新能力、发展能力是不足的,这才有了钱学森之问——"为什么我们的学校培养不出杰出人才?"整个社会缺少一种鼓励创新、鼓励怀疑、敢为人先的文化氛围,在学校也是如此,学生没有问题,没有怀疑,一切答案都是现成的,只要多记多背多练,就可以得高分。

(二)教育内容上脱离生活

在高考的指挥棒下,学生们接受着老师讲授的考试各种方法、考试秘籍和考试理论,以求考一个理想的分数,将来能进一个好的大学读书,读完书能进一个好的单位工作。这原本也无可厚非,但学生学习的很多内容是脱离学生生活实际的,当学生走出校门,发现所学习的知识在工作中基本没有什么用。部分老师在讲授知识时,也是从教材到教材,从教辅到教辅,很少关注社会生活的实际,很少关注学生的实际需求。而杜威认为,教育既然是一种社会过程,学校便是社会生活的一种形式。他认为教育是生活的过程,而不是将来生活的预备。因此,学校教育内容就一定要与社会生活、学生生活相一致,这才符合教育的目的。

（三）教育方式上的被动灌输

目前学校教育中的教学模式主要是以教师为主导,以教师为中心,忽视学生的主体作用,学生被动地接受知识。能顺利地记住老师讲的内容成了判断学生好坏的标准。苏联教育家波隆斯基曾说过:"记忆力负担沉重,受着知识的重压,而思想却无人照管,饥饿难忍,于是它东奔西跑,哀怨狂叫……怎样诱导它怎样治疗情感上的维生素缺乏呢？这种疾病在青少年时代是绝不能得的。我们甚至不晓得,只能带着恐惧的心情猜想,它将在一个人的一生中造成多么严重的并发症,造成怎样的个性变态"。

（四）德育工作上的低效乏力

1. 多元社会困扰德育管理

当今世界处于大变革之中,经济、生活、文化呈现多元并存的态势,这种现状必然对学校德育工作造成困扰。中小学生道德认知、行为举止、情感体验等方面的表现,必然受到来自学生家庭、社会环境中道德认同、价值取向等因素的影响,它不仅影响学校德育实施主体（教师）对学生的道德评价与情感行为,还影响着学校德育工作的开展与实施。教师需要花费大量时间与精力设计德育活动,进行德育管理。在当前的教育生态环境下,教师的学科教学工作有些可量化评估,而在学生的道德认知、情感、行为等价值观生成方面的投入却不可见、不可测,难以量化、评价。加之校园内外各种不同舆论氛围的干扰,导致教师开展德育工作的积极性受挫。

2. 环境因素影响德育效果

首先是学生所处"实体"环境——家庭对德育效果的影响。"4+2+1"的家庭结构模式、二胎放开后的复杂亲子关系、巨大的代际差异等因素的叠加影响,极易引发不当的家庭教育,干扰着学校德育工作的实效。其次是学生成长的"虚拟"环境对德育效果的影响。信息化、智能化时代环境下,中小学生的生活、学习被手机、平板等电子产品裹挟,虚拟世界的沉浸式体验,让他们对现实生活的认知、态度及行为受到了极大的影响,学校德育工作效果大打折扣。

3. 任务重叠干扰德育活动

当下,"从娃娃抓起"俨然成为教育流行的新时尚。国防、消防、人防、禁毒、防疫、环保等各种各样的教育活动全都走进校园。学校经常面临同时要完成多项德育活动任务的窘境。这些"指挥""指令",给学校德育管理造成极大负担,打乱了学校原定的计划安排,干扰学校德育工作的自主性、针对性,不利于学校德育工作的有组织、有计划、序列化的开展,不利于学校形成独特的德育氛围和德育特色。在学校内部,初中部、小学部也是"各自为政",各项工作少沟通、不合作,同一项工作在不同学部重复开展,甚至具体要求、评价标准等并不一致,致使德育工作杂乱而收效甚微。

4. 事务繁杂妨碍德育实践

校长是一所学校发展的引领者、管理者,也是学校德育工作的研究者、实践者。理论上,学校的一切工作当然也包括德育工作,应该在校长的统一指挥下贯彻实施。但在现实工作中,一所学校的运行系统相当复杂,种种因素制约着校长的"治校方略"。它包括有上级教育主管部门检查评估的"硬指标",有政府部门视察督导的"指挥棒",也有社区、家长舆情舆论的"软需求",有学校中层干部、基层班主任教师的固化模式,方方面面的需求使校长在德育管理中要处处兼顾,无暇顾及。加之德育工作建设周期长、实践操作繁杂、效果成效缓慢而隐性,也容易影响到校长对德育工作的认知和决策。因此,德育工作在学校中往往陷于"说起来重要、干起来次要、忙起来不要"的尴尬境地。长此以往,学校德育建设将会流于形式。

(五)教育评价上的简单划一

教育主管机关提出了"破五唯"的评价标准,但现行学校教育中以考试成绩好坏作为评价标准的做法却大有市场。政府和社会对学校的评价,依然是升学率优先,对好学校看的是清华北大率和重本率,普通学校看的是本科率。学校对班级和教师的评价,基本是以成绩的优劣来评价教师的,包括目标任务的完成情况、学生成绩的平均分、优秀率、合格率、进步率等指标。对学生的评价,基本是以分数作为衡量标准的。

五、改进策略

(一)贯彻立德树人的根本任务

我们在学校要真正落实德、智、体、美、劳的学校教育目的,而不是仅仅停留在口号上;其次,我们的教育体制、学校管理、课程建设、教学实施、德育工作、后勤工作等;在新形势下,要顺应社会发展的要求进行调整,要以实现学生的全面发展为目标。凡是不适应这一理念的,都要进行修改调整。

(二)打造多元发展的课程体系

著名创造心理学者吉尔福特曾指出,创造潜能在不同学生身上的表现是极为不同的,有的擅长艺术,有的擅长操作,有的擅长语言符号,有的擅长抽象思维……因此,学校课程在一定程度上也需要与此相应,变千篇一律为多姿多彩,把学生的潜能更充分、更全面地展现出来。苏霍姆林斯基曾指出:"不是所有的孩子都一样的学习。有的学习差,有的学习好,有的发展得较好,有的发展得较差。应当使他们发展,再发展。如果要求他们都一样,像人们所说的,整齐划一,那就可能使一部分孩子对学校、对学习、对书本产生厌恶的感情。遗憾的是,这种情况有时竟在学校里发生……考虑每个孩子的可能性和能力,这是很重要的。"因此应根据学生的基础、兴趣、爱好,打造多元发展的课程体系,让每个孩子在原有的基础上都能有所成长、有所进步。我校据此构建了以生根教育、生长教育、生活教育为主要内容的幸福课程体系。

（三）构建自觉主动的教育模式

人们接受教育的过程应该是一个精神愉悦的过程，应该是快乐活动的过程，应该是个性张扬的过程。学生的课堂应该是灵活的，我们培养的学生应该是有灵性的，学生随时都可以向老师提出自己的问题，甚至和老师展开辩论，而老师则会认真倾听学生的想法。"未来的学校必须把教育的对象变成自己教育自己的主体。受教育的人必须成为教育他自己的人""我们今天把重点放在教育与学习过程的自学原则上，而不是放在传统教育学的教学原则上。"这样的教育才能真正激发学生的创新意识和思维，使其在思想、知识、能力、情感等诸方面全面发展。因此，要构建学生自觉主动的教育模式，学习上要自觉，生活上能自理，纪律上能自律，活动上自主，发展上自强。

（四）提升德育实践的实际效能

要破除德育工作存在的假大空现象，存在的形式主义现象，存在的敷衍应付现象，就必须要以讲究实际效能为德育工作旨规。德育目标要明确，任何活动的开展都应该带有一定的目的性，不能为了活动而活动。德育内容要具体，要给学生传递什么样的价值观，要通过什么活动来实现，内容一定要具体明确。德育形式要多样，要提升德育的魅力，提升吸引力。

（五）构建科学合理的评价体系

我们应建立科学合理的学生评价体系。对学生的评价要全面，要进行综合性评价，既要评价其对知识的掌握情况，更要评价人全面发展的能力，不仅要评价学生的智慧和能力，还要评价学生的思想状况、创新精神、交际能力以及人文综合素养等方面。对学生的评价，不仅要对学生进行终结性评价，更要对学生进行过程性评价。在对学生进行终结性评价的时候，重点要关注增值评价，主要是看学生的进步和增值，从入口看出口，而不是简单的分数。

第二节 家庭教育的相关概述

一、基本内涵

目前,有关家庭教育的定义有很多种,研究者从不同角度来描述家庭教育,力求呈现家庭教育本质。能够达成普遍共识的是:家庭教育是指父母针对子女人生发展各个年龄段中的身心发展需要所开展的教育内容多样的双向互动、持续性的教育过程。本书所讲的家庭教育是指家庭内部父母对未成年人所实施的教育和影响活动。

二、理论基础

(一)人格发展八阶段理论

埃里克森认为,个体人格的发展具有阶段性的特征,并且分为八个阶段,且每个发展阶段都有其特定的发展任务,每一个阶段个体人格发展任务能否顺利完成,与其所处的环境有密切的联系。根据人格发展阶段论理论可知,高中学习阶段的学生,正处于青少年时期,这一阶段的个体需要处理的危机是"自我同一性"对"角色混乱",人格发展目标就是获得自我同一性,形成积极品质,因此根据高中生的人格发展特征以及任务,教育尤其是家庭教育的任务也就有了阶段性、发展性的特征,这对于家庭教育的教育内容、教育侧重点都具有理论指导意义。

(二)家庭生命周期理论

家庭生命周期理论认为,犹如人的一生需要经历从幼年到老年的发展历程,家庭也会经历从成立到消亡的过程,不同的发展阶段伴随着不同的发展任务,不同的阶段中,家庭的表现特征、所面临的问题以及家庭任务都各不相同。高中生家庭的发展任务,包括青少年在自由以及责任之间取得平衡、发展中年父母的兴趣和工作等,因此为完成特定阶段的任务要求,家庭环境(尤其是家庭教育)、家庭问题、家庭关系系统等对小孩的成长起着十分重要的作用。

(三)家庭系统理论

该理论认为,家庭是一个系统,由若干个子系统组成,它们之间相互联系、制约,任何一个子系统或者成员发生改变,便会影响其他子系统或者整个家庭系统以及成员。此外家庭系统也是社会系统中的一个子系统,社会与家庭之间也是相互影响以及作用,这一理论对于研究家庭教育问题具有非常重要的理论指导意义。

(四)角色互动理论

该理论认为,角色是按照一定的社会规范以及期待所表现出来的权利、义务以及行为模式,是个体参与社会互动的依据以及标准。子女在家庭互动的过程中接受角色期待,进行角色领悟以及角色实践,但是在角色扮演过程中,由于诸多因素的影响,会面临着角色期待过高或者过多的问题,与他们的自我期待、人格发展特征、能力等产生冲突与矛盾,因而显得家庭教育更为重要。

三、主要功能

(一)对个体发展的功能

就个体而言,家庭是个体成长的摇篮,社会化的第一个场所,也是个体获得情感关怀、经济支持的重要来源。

传授文化知识:在小学、初中阶段,家长陪孩子写作业,是很普遍的现象。到了高中,家长在学业方面对学生的影响明显减弱。但不乏一些高级知识分子的家长,对小孩的文化知识方面还是具有较强影响力的。总体而言,家长对孩子文化知识方面的影响,书本知识的在弱化,但社会的一些文化知识、一些知识观点,依然是可以进行传递的。

培养道德品质:从学生的世界观与价值观的形成来看,父母是他们模仿的对象,家庭是他们重要的生长环境,良好的门第与家风才能熏陶出优良的品格与高尚情操。

指导行为规范:社会心理学家班杜拉认为,观察学习是儿童学习的重要途径,要养成好的行为习惯,家长必须以身作则,儿童才能在长期的耳濡目染中建立起自己好的行为模式。

帮助营生自立:学生在经济方面,依然离不开家庭的支持和帮助。

包括学生的自理能力、自立能力以及社会适应能力等方面,家长的教育方式不同,产生的结果完全会不同。

(二)对社会发展的功能

就社会来说,家庭是构成社会的重要单元,它承担着人口生产和社会生产的双重职能,是稳定社会秩序的重要力量,也是传承社会文化的重要载体。因此,家庭具有经济功能(家庭教育对社会经济发展所起的作用)、政治功能(家庭教育对社会政治所起的作用)、文化功能(家庭教育对社会文化的作用)等社会性功能。

四、存在问题

(一)教育观念较为陈旧

1. 人才观方面

对于什么样的小孩是优秀小孩,什么样的小孩是成功的小孩,绝大多数家长认为:学习成绩优异,能够考上好的大学,就是成功的。其实,这种观点完全是片面的。家庭教育思想影响孩子思想的形成,不当的家庭教育方式对孩子的成长有更大的负面影响。只注重孩子的学习成绩,而不注重孩子德性和德行的养成,这样不利于孩子正确世界观、价值观和人生观的形成,也不利于孩子形成健全的人格,使孩子容易形成自私自利、缺乏责任感的性格,出现精神空虚甚至出现有暴力倾向的行为。

2. 发展观方面

唯物辩证法认为,事物都是变化发展的,我们要用变化发展的眼光看问题。所谓"士别三日当刮目相看",但有些家长只看到孩子的现在,孩子成绩不理想,便完全放弃。孩子是一个变化发展的过程,现在不够优秀,并不代表以后不优秀;现在成绩不好,并不代表其他方面也发展不好。家长一定要用辩证的、发展的、增值的眼光看待孩子。

(二)教育范畴狭窄单一

目前,家长对小孩教育最多的方面,就是如何提高成绩。围绕成绩的提高,家长想尽办法让小孩在学习态度、学习习惯、学习投入、学习方法等方面进行调整和改善,为此不惜花费重金进行课外补习。只要是有利于成绩提高的,家长会不惜代价,乐此不疲。学生周末回到家里,家长最关注的自然是成绩的进步、退步等方面,而对于人际交往、心理变化、自理能力等,往往关注较少。

(三)教育方式包办代替

只要孩子能够专心学习,家长可以尽一切可能将其他事务全部包揽了。如学生的各类资料的填报、健康打卡、志愿活动、家务劳动等,甚至小孩在学校与同学发生了矛盾,有些家长也会深度介入,替小孩出面解决。于是,一些学生一周的衣服、袜子、内裤都不洗,留到周六拿回家让父母洗。一些小孩除了学习,各种生活自理能力、人际交往能力都非常差。

(四)子女教育各唱各调

在不同家庭中,由于父亲和母亲的教育观念存在差异,因此在教育小孩方面,会出现配合失调、各唱各调的情况。有时父亲说东,母亲却说西,让小孩无所适从。更多的时候,是家庭环境不和睦,严重影响对小孩的教育。一旦父母关系紧张,家庭氛围冰冷或是暴力,对孩子性格的形成会产生影响,也会使孩子的童年产生阴影,成年之后可能会更加孤僻或是更加暴力,受到刺激,极易做极端的事情。未成年人需要情感依恋,给予未成年人足够的爱与安全感,让未成年人有家的归属感,为其提供情感归宿,可以更好地提高未成年人的自信感。

五、改进策略

(一)营造积极向上的家庭精神环境

1. 建立正确的治家目标

正确的治家目标就是要把家庭建设成文明、健康、积极向上的家庭。家庭成员们具有崇高的理想、勤奋的精神、乐观的态度,大家心往一处想,力往一处使,同舟共济,苦乐同享。家庭建设的目标是家庭精神环境的基础、家庭教育的动力和方向。家长对自己的家庭应当建成一个什么样的家庭有明确的认识。目前有许多家长,组建家庭时不知道也未曾考虑过治家的目标问题,有的虽有所考虑,但更多考虑的是家庭的物质建设,结果物质充裕,精神空虚,组建家庭不久就同床异梦、矛盾丛生、"内战"不息,给孩子造成巨大的威胁和压力,严重者甚至造成家庭破裂。所以,在一个家庭里,应当注重每个家庭成员的道德理想、政治态度和生活追求的一致性,求大同存小异,让家庭中的每个成员明确家庭的目标,并为实现家庭治家目标做出自己的努力。

2. 营造温馨的家庭氛围

教育家和心理学家都认为,人的心理和行为活动都必须在心理空间中进行,心理空间反映人的心理需要,包括生存的需要、安全的需要、归属和爱的需要、受到认可和尊重的需要以及自我实现的需要。和谐温馨的家庭气氛,有利于个体心理需要的满足,心理和行为活动能得到正常的发展;反之,家庭成员间、亲子间关系紧张,孩子面对的总是冷冰冰的面孔和无情的指责,就很容易导致孩子心理空间狭窄、心理承受能力低下,难以形成健康的心理和行为。家庭成员间的相互尊重、理解、信任和关心是家庭精神环境的重要条件,而家长在营造和优化家庭和谐温馨的气氛中又起决定性作用。家长首先要学会尊重家庭中的每一个人,注重家庭民主风气的形成,追求和维护真理;要带头尊老爱幼,为孩子树立良好的榜样;夫妻之间要坦诚相待、互相理解、互相支持。

3. 培育良好的亲子关系

亲子关系是一种互爱的关系、平等的关系。父母和儿女之间要有共同语言、相互沟通,父母要注意和孩子进行情感上的交流,取得孩子的尊重和信任。父母应当主动地了解孩子,例如了解孩子的兴趣爱好、孩子的性格特点、孩子的优势和孩子的不足,还要能善意地对孩子进行引导、批评。目前有许多家长,难以平等的态度对待孩子,或者把孩子当成宝贝过分溺爱,处处包办代替,任其为所欲为;或者对孩子寄予过高的希望,巴不得在孩子身上实现自己的所有理想和追求,丝毫不顾及孩子的水平和能力;把孩子当成自己的私有财产,把自己的喜怒哀乐都发泄在孩子身上,高兴时抱着孩子又亲又爱,情绪低落时对孩子不理不管,使活生生的孩子变成一台"小机器",在父母的拨弄下运动。也许家长都多少懂得一些家庭人际关系和亲子关系的知识,但要优化家庭教育的精神环境,仅靠一知半解是不能解决问题的。家长应当比较完整地学习

第三章 "生根、生长、生存"教育的育人机制：协同教育

一些正确处理人际和亲子关系的理论，在实际行动中逐渐端正自己的思想观念和行为方式，抛弃自以为是、父母说了算的封建家长作风。家长要学会如何正确对待孩子和进行亲子沟通，不断营造和优化自己的家庭人际关系和亲子关系。

4. 家长能够以身示范

孩子有很强的模仿能力，他们长期生活在父母的身边，就会自觉不自觉地模仿父母的一言一行。所以，要营造和优化家庭的精神氛围，父母应当首先端正和净化自身的精神境界。要想让孩子讲文明礼貌，家长就不可口出污言秽语和举止粗俗；要让孩子爱学习好读书，家长就不能不看书读报，更不能在麻将和扑克桌上通宵达旦；要想让孩子身心健康成长，家长首先要从自我做起，自尊、自重、自爱，不断提高自己为人父母的本领和素质，要有远见、识时务、严以律己、身体力行，努力使自己成为孩子的榜样。

（二）创设和谐温馨的家庭物质环境

1. 家庭教育的投入要合理

目前由于家庭经济状况不同、家长对给子女进行教育投资的认识不同，家庭对孩子的教育投资存在着相当大的差异。建构家庭教育的物质环境，应当以有利于孩子的身心发展为出发点，过分地苛刻和过分投入都不好。家庭经济比较困难的家庭，对孩子的教育投入少是可以理解的，但有一些家庭本来经济就困难，父母还要讲究抽烟、喝酒、烧香拜佛，把孩子学习看成是政府的事、学校的事，这就不对了。现代家庭教育，父母不仅要关心孩子的生活，更重要的还要关心孩子的学习和良好行为的形成。那么，是否对孩子的投入越多就越好呢？也不是。过分的投入给孩子带来的坏处更多，为所欲为、不劳而获、贪婪、浪费、自私、懒惰等不良习惯都与高消费、贪享受息息相关。所以作为家长，无论家庭经济状况如何，在教育投入上都应当保持科学和合理方式，对孩子的学习、兴趣、游戏的情况有所了解，真正必需而又对孩子发展有利的应当投资，但绝非越多越好，要注意培养孩子节俭朴实的生活习惯。

2. 给孩子留下学习空间

家长除了应当给孩子提供必要的学习用品外,还应当为孩子留一小块活动空间,给孩子提供游戏、学习的地方。孩子小的时候,可以利用这块小天地游戏玩耍,孩子逐渐长大,这块地方就成为孩子的学习场所,可为其布置合适的书桌、书柜和各类与学习有关的设施。家长千万不要小看留给孩子的这一席之地,在这里孩子可以发挥自己的管理和创造能力,学会自己管理自己,学会独立地安排自己的学习和其他活动。随着孩子逐渐长大,这块小天地的活动内容将越来越丰富,孩子的独立性和自主能力也随之得到提高。

3. 居室要布置清洁整齐

心理学家认为,杂乱无章、污浊的家庭环境会导致孩子心理上的烦躁、压抑,容易养成孩子松懈、懒散的生活习惯;花哨的装修和摆设会引起孩子心情浮躁。清洁有条理的环境不仅会使孩子感到心情舒畅,而且还有利于他们从小养成爱整洁讲卫生的好习惯。家长应当充分注意家室的清洁整齐,一切摆饰井井有条。特别是孩子自己的活动场地更要严格要求,学习用品、玩具、书籍应该收拾在固定的位置,生活用品也应放置有序,并定期清理。家庭居室不必时髦豪华,但要清洁整齐。居室还应尽量减少噪音、污浊空气等的环境污染,有条件的家庭可栽培室内植物,以给人增加清新和美的感觉。

4. 合理利用家庭文化媒介

现代文化特征的物质载体是文化媒体,书籍、报刊、收录音机、电视机、计算机、各类美术音乐器具等都属于文化媒体。因为各个家庭经济状况不同,不可能对家庭文化媒体有统一的要求,但家长应该有建构家庭现代文化特征的意识。当经济条件允许时,为家庭购置一些有利于孩子身心发展的文化媒体。不能说有了家庭文化媒体就一定对家庭教育有利,这还要看家长是怎样利用这些媒体为教育服务。有的家庭购买家电只是提供娱乐;有的家庭只供父母享受;有的家庭任凭孩子使用而不加引导,这都不能有效发挥文化媒体的教育作用。家长应当在了解孩子情况的基础上,合理地、恰当地利用这些媒介,引导孩子从这些文化媒体中获取有用的知识,进行特长的培养和能力的锻炼。

第三章 "生根、生长、生存"教育的育人机制：协同教育

第三节 社会教育的相关概述

一、基本内涵

社会教育有广义和狭义之分，广义的社会教育等同于广义的教育本身，狭义的社会教育则指学校之外的教育事态或家庭与学校之外的教育事态。一般是指国家政府、社会组织、民间团体等为促进人们知识技能提升、思想情感升华，为扩展教育视域范围、解决教育领域难题而有目的、有组织、有计划地对社会不同阶层、不同群体的公民采取的一种教育活动。

由于社会教育主体日益多元化，故社会教育的载体可分为五个方面：一是组织载体，宣传、民政、文化、综治、公安、共青团、妇联、关工委、社区机构等，在学生的成长过程中起着重要的教育宣传和舆论引导等作用；二是活动载体，在社会生活中有组织的精神文明创建活动、文化学习活动、社会互助活动等都能发挥社会教育的作用；三是媒介载体，书籍、报刊、广播、电视等传统媒体，以及网络时代的电脑、手机等诸多新的终端，都能成为社会学习的工具；四是设施载体，博物馆、文化馆、纪念馆、科技馆、体育馆、俱乐部等各种场馆设施是社会教育的重要平台；五是文艺载体，各种文学作品、影视作品、绘画雕塑、音乐舞蹈、舞台艺术形象等都是生活中富有教育意义的重要源泉。

二、理论基础

（一）社会共同努力理论

社会共同努力，是指社会中的个体、团体或集体与社会整体共时共在的共同意愿及行动，是社会个体、社会团体与社会整体实践的有机合力。社会共同努力不仅包括行动层面的努力，而且包括意志、观念层面的努力，是基于社会共同利益的意愿与行动。社会共同努力的生成与存在是由人的社会性与社会的有机性决定的。马克思认为"社会不是由个人构成，而是表示这些个人彼此发生的那些联系和关系的总和"，社会

是彼此处于相互联系中的个人的彼此交往与共同实践构成的,是"人们交互活动的产物",是"一个能够变化并且经常处于变化过程中的有机体"。而人的本质是"一切社会关系的总和",社会的有机性与人的社会性是相互规定与相辅相成的。基于社会的关联性、互动性、生成性与构成社会的人本身的有机性,我们可以将社会视为一种复杂的有机体,即社会有机体。

(二)终身教育理论

"终身教育"这一术语于1965年在联合国教科文组织主持召开的成人教育促进国际会议期间,由联合国教科文组织成人教育局局长法国的保罗·朗格朗正式提出。它的提出及发展是与社会及人对教育要求的变化紧密相连的。终身教育具有三大特点,一是终身性。它突破了正规学校的框架,把教育看成是个人一生中连续不断的学习过程,是人们在一生中所受到的各种培养的总和,实现了从学前期到老年期的整个教育过程的统一。既包括正规教育,又包括非正规教育。它包括了教育体系的各个阶段和各种形式。二是全民性。是指接受终身教育的人包括所有的人,无论男女老幼、贫富差别、种族性别。"过去终身教育只限于拥有权利者、英雄、天才、圣人、君子等一部分人才能实践,不为一般人所用。"三是广泛性。终身教育既包括家庭教育、学校教育,也包括社会教育。可以这么说,它包括人的各个阶段,是一切时间、一切地点、一切场合和一切方面的教育。

(三)社会组织理论

20世纪60年代,美国著名的管理学家卡斯特和罗森茨威克从系统理论的角度对组织进行了大量研究,认为组织是社会系统的一部分,组织与社会环境之间有着相互依赖和相互影响的作用。社会环境的变化会对组织产生影响,为此组织结构必须作适当调整,以保持组织与社会环境之间的适应与平衡组织的发展必须与社会发展同方向,必须得到社会的支持,适应社会要求,满足社会期望,利用社会资源。社会组织理论揭示了学校与社会环境之间的联系。社区作为一个小社会,必然与学校有着密切的关系。鉴于各自发展的需要,学校与社区之间必然要进行物质、能量、信息等多方面的交流。在交流的过程中,双方需根据环境的变化而相应地变化,因地制宜地做出选择,唯有此二者才能达成共同的目标。此外,从宏观角度看,学校还应顺应社会发展的趋势,与社会发展目标相一致,满足社会期望,得到社会的支持,充分利用社会各种资源,方可更好地生存与发展。

三、主要功能

(一)提供学生成长的基地

社会环境是多元的、丰富的,社会环境会通过自己的各种载体,如组织载体、活动载体、设施载体、媒介载体、文艺载体等,对学生产生各种各样的影响。从这个角度而言,社会环境就是一种资源,一种课程,就是学生成长的一个基地。社会环境对学生成长的影响可能是正面的、积极的,也可能是反面的、消极的。我们要尽量避免出现"5+2=0"的现象。

(二)参与塑造学校德育对象

1. 参与作用

社会环境在德育目标、德育内容和手段、形式等方面对学校德育施加影响。一种是政府的行为。政府对学校的德育目标、课程、教材、教学实施等方面都有统一的规定。一种是院校机构。高中学校可以借助高等院校的资源,开展广泛的合作。一种是社会机构。学校可以借助博物馆、文化馆、纪念馆、科技馆、体育馆、俱乐部等各种场馆设施的资源,为学生的德育工作提供帮助。

2. 补充作用

在校外,社会环境无论是整个社会文化、社会风气,还是某一社区、大众传媒等,都对学校教育的效果起着强化或弱化的作用,也是一种"修正"作用。另外,大量校外机构的存在,对学校教育起着一种补充作用,无论对于学生智育的提高,还是素质的提升,都有一些补充作用。在校内,学校可以通过一定的形式,将社区、家庭的影响引入学校,成为学校教育的一部分,通过合作,将一些资源有选择性地吸收到学校的课程中。

3. 导向作用

以电视为代表的大众传媒构成了儿童社会化的巨大影响。从传媒影响的构成来看，各种媒体对儿童、青少年均有不同程度的影响，这种影响是多元的、辐射的。网络，尤其是手机技术的发展，对青少年的价值观产生了巨大的影响。一方面，让学生有更开阔的视野，知识面更广；另一方面，传媒带来的心理创伤、负面文化等消极作用，不容忽视。

四、存在问题

（一）教育主体比较缺乏

作为公益性的未成年人校外专门活动场所的功能建设与发展，需要政府的投入，需要财力的支持，而我国在这方面的投入明显不足，导致一些公益性教育主体积极性不高，因而使我国社会教育的力量不足。通过调查发现，与中小学校合作较多的校外机构依次是实践基地，科普馆、爱国主义教育馆。与文化馆、博物馆、企业公司、高校资源等进行合作的情况，一般都较少，这也成为影响学生接受校外教育的重要因素。

（二）教育能力有待提升

队伍素质及其结构是决定场所功能发挥成效的关键因素。一些盈利性的校外培训机构，由于生源能够得到保证，收入较好，就能吸收一批优秀的人才加入其中。而一些公益性的社会机构，如果财政支持力度不够，就会影响师资队伍的整体素质。在一些事业单位，如果人员数量、人员结构没有办法优化，而在内部管理、持证上岗、职称评聘、奖优罚劣等方面存在一些不足的话，就会影响这些机构人员的教育水平。

（三）保障机制不够健全

由于很多地方政府与社会组织之间缺乏科学的统筹规划，校外教育机构与学校教育缺少必要沟通与有效衔接，使得原本可以有效开展的校外教育与学校教育之间的紧密合作因缺少合理规划而无法形成教育合力，从而导致了校外教育的创新意识有待完善、创新机制也相对缺失。对于那些尚未开展与校外教育合作的学校教育，其综合素养与能力提升计划往往会受制于规划与计划设计不合理之处。

五、改进策略

（一）学校角色的正确定位

社会教育，绝不单单是社会机构的事情。学校要成为营造社会环境的主体力量，发挥自身的作用。一是学校要积极主动参与社会环境的建设。如学校的社会实践活动、社会志愿活动等，可以通过小手拉大手的方式，在社区形成正面的价值导向。二是学校要主动连接其他社会环境系统，如教育行政部门、社区机构、社会机构，形成教育合力。

（二）政府功能的正确发挥

各级政府要把公益性未成年人校外专门活动场所的基础设施建设、功能建设与发挥所需的建设经费、设备添置经费、运行与维护经费及开展群众性公益活动的经费纳入同级财政预算，并予以保证。各级党委、政府及有关主管部门，要制定相应的政策并通过媒体的宣传，为未成年人校外专门活动场所功能建设与发展创造良好的支持环境。

（三）社会精神实体的重构

1. 加强队伍建设

未成年人校外专门活动场所的管理要深化内部改革，完善管理制度，建立有利于场所功能发挥的激励机制，增强自身活力，打造场所文化，提高服务水平。队伍素质及其结构是决定场所功能发挥成效的关键因素。要在充实人员数量的基础上，优化人员结构；要通过教师资格认证、持证上岗、职称评聘、奖优罚劣等多种措施，建设好场所的管理者队伍和师资队伍；要通过各种培训，使管理者、教师的整体素质和工作能力进一步提升；要通过场所的文化建设，建立起为校外教育事业终身服务的核心价值观和团队精神。

2. 重构价值取向

基于我国当前社会转型需求的实际，秩序旨归将是我国社会教育实践发展的未来取向。这就要求：一方面要通过助力伦理秩序的重构、融入基层社会治理来继续发挥社会教育实践的秩序性价值；另一方面，社会教育实践本身也要实现其动态有序的秩序性发展。具体而言,有三个方面。一是文化规定性:社会教育实践是我国伦理秩序重构的必然选择。需要我们在继承和发扬中华传统文化的前提下,努力建构符合新时代要求的社会主义新型伦理秩序。社会或群体生活中会逐渐形成"维持内部秩序而建立或形成的调节成员行为与活动的规范系统"。二是客观现实性:社会教育实践是我国基层社会治理的重要载体。重建信任的伦理基础与制度基础才是将个人与社会连接起来的关键环节。"群体必须以整体的形式接受某些共同准则在先,才能将信任贯彻到所有成员当中",诸如忠诚、诚信、可信赖等社会美德的普及。三是发展一贯性:秩序性推进是我国社会教育实践的发展方向。社会教育实践发展"遵循其'秩序'的方向……也就意味着从其自身尺度出发批判性地澄清它——并且在其'后果'中掌握它"。我们要坚持社会教育实践的组织化、制度化发展,警惕将"社会教育"和平演变为"学习权利"的倾向,实现社会教育实践动态、稳定、有序的发展。只有这样,社会教育实践才能更大限度地为社会发展贡献力量。

第四节　协同教育的相关概述

一、基本内涵

协同教育就是在现代教育思想和协同理论的指导下,家庭、学校、社会互通教育信息,使教育系统有序运行,提高教育效果、效益和效率的教育方式。协同教育的本质是家庭、学校、社会交流和共享信息,对学生进行全面关怀,改善亲子、师生和社群关系,促进学生的发展。

二、理论基础

(一)社会资本理论

社会资本理论最早由皮埃尔·布迪厄进行初步的研究和分析。他指出,所谓社会资本就是"实际的或潜在的资源的集合体"。要获取社会资本,个人必须处于一定的社会网络中,在这种社会网络中,社会资本体现为一种凭证,这种凭证为个体提供必要的实践性的、实质性的或象征性的信誉,从而为个体在更大的团体里进一步提升自己创造条件。科尔曼认为,人力资本影响人的发展,它由社会资本和金融资本构成。对于儿童来说,社会资本是其监护人在家庭和社区中对于他们生活中的参与,金融资本是监护人为促进儿童更好发展而投入常规教育机构的资金。加强学校、家庭和社区的联系,可以增加学生的社会资本,提高整体的教育效果,从而促进学生的学业发展和社会发展,最终促进教育公平。因此,科尔曼的社会资本理论从儿童自身发展的角度和发展环境的角度论证了建立学校、家庭和社区合作的重要性和必要性,为家校社合作提供了有力的价值支撑。事实上,社会资本理论刺激了家校合作进一步趋向更广泛的"家庭学校社区联盟"。

(二)重叠影响阈理论

该理论由美国著名的家校社合作专家、约翰霍普金斯大学的爱泼斯坦教授提出,该理论将影响儿童发展的因素分为外部结构和内部结构。其中,外部结构包括学校、家庭和社区三个部分。一方面,可以将这三个部分看成是独立的影响阈,它们在促进儿童发展过程中各自发挥着不同的作用。另一方面,它们对儿童的影响并不是孤立的,在某些方面也有重叠。根据对重叠影响阈的内外部结构进行分析,爱泼斯坦提出了家校社合作六种参与类型作为指导实践的行动框架,这六种参与类型分别为:养育、沟通、志愿活动、在家学习、参与决策、与社区合作。

(三)系统论

系统论的核心思想是系统的整体观念。任何系统都是一个有机的整体,系统是由要素构成的,各个要素之间相互关联,构成了一个不可分割的整体。系统的观点可以让我们重新认识个体与世界之间的联系,可以改变看待事物问题的方式,从追寻外界的影响到寻找内在的联系。系统论对于学校、家庭、社区联动助推学生基础教育的启示在于:将社区也置于学生教育的整个过程中,学生在成长和受教育的过程中,学校和家庭、社区之间会有工作或者资源上的交集,单单将学生教育安置给学校或者家庭、社区,都是不完整的,学校、家庭、社区是一个完整的系统,将学生置于完整的系统、环境中更有利于学生的全面发展。

（四）交换理论

交换理论的代表人物是 20 世纪五六十年代美国社会学家霍曼斯，他最初是针对结构功能主义提出的，它强调对人和人的心理动机的研究，认为人类的相互交往和社会联合是一种相互的交换过程。根据交换理论，如果两个经济体在稀缺资源的分配过程中存在互补性，那么主体就会产生交换的动机。同样地，对于学校和社区而言，二者之间进行互动的前提条件必须是双方均具有稀缺资源，即存在资源的互补性，在这种情况下二者之间能够进行交换。实践中，学校具有教育资源优势，可以为社区提供智力支持，而社区具有群体优势，拥有众多组织机构、社会团体，其中蕴含的丰富资源是学校所不能媲比的。因此，交换所带来的价值远远大于各自的故步自封，也正是因为如此，学校、社区各自具有交换的内驱力。两者之间通过有序有偿的交换，不仅可以促进学校、社区的共同发展，还可以促进整个社会的和谐与均衡。

三、主要功能

（一）促进学生的健康成长

当前，家长对孩子的教育理念往往是以成绩为主，用学习成绩检验一切，在家庭教育中往往忽视孩子的兴趣与爱好，而学校在我国素质教育的总体方针下，更注重孩子的全面成才。儿童无法自己独立地生活与成长，需要家长的细心呵护与教师的耐心指导，除了学习成绩，还应该培养学生独立的思想，乐观向上的态度，善于思考的学习习惯。因此，加强家校合作，有利于促使家庭与学校的培养目标一致，促进学生的健康成长。

（二）更新家校双方教育观念

教师和家长在家校合作认知方面还存在不一致的情况。教师在家校合作的开展过程中经常会将自己的定位由"引导者"变为"主宰者"。而在许多家长的教育理念中，往往是将教育工作全部寄托给学校，自己只需做好后勤保障工作，这样的观念完全无视家庭教育的关键作用，实则并不可取。通过家校合作，能够优化双方的教育理念，促使教师和家长不断地学习，寻找自己的优势与不足，充分沟通，形成教育合力。

第三章 "生根、生长、生存"教育的育人机制：协同教育

（三）促进社会教育良性发展

通过有效的学校、家庭、社会协同教育，形成良好的协同教育机制，可以倒逼社会教育承担应有的责任和义务，各社会教育的相关主体提升自己在青少年成长的参与度和贡献率，促进社会教育良性发展，为学生的成长营造良好的社会环境。

四、存在问题

（一）家校合作存在的问题

1. 认知定位存在偏差

在家校合作中，教师和家长的价值观不同，会导致家校合作出现问题。教师对自己的角色定位却是"我主宰，你崇拜"，在家长面前常常表现出权威性，将学生的很多问题归结为家长，学校无法教好，不利于双方开展良好的沟通，家校合作也会因此而受阻。大多数家长认为在教育孩子的过程中，教师具有绝对的专业性，高中学生一周有五六天时间在学校，学校也应该担负起教育学生的全部责任，过多的家庭教育反而会弄巧成拙。另外，部分家长受父辈和社会不良因素的影响，认为成绩决定一切，给学生报考各种各样的补习、学习班，对学生其他方面关注不够，家长重智育轻德育的观念根深蒂固，这种带有强烈功利化取向的成才观直接影响到家庭教育内容的选择、精力投入的重点等，也严重影响到学校德育工作。

2. 合作内容较为片面

家校合作内容应该是多方面、立体化的全方位合作。但大部分家长与教师的沟通较为局限，将学习成绩作为沟通交流的主要着力点。大部分家长在育儿过程中遇到疑惑很少主动向教师请教，直接采用粗暴的解决方式，效果不尽如人意。家长的意见和建议经常被学校遮蔽和湮没，家长委员会成员也并不能完全履行自己的职责，不能全面地参与到家校合作中。教师在家校合作方面也会向家长推荐相关的教育方法，但这种教育方法的指导基本上采用的都是灌输式的传递，对于家长而言，不具备实用性和针对性，教师缺乏针对每个学生个体进行合作的能力。另

外,教师应通过组织开展班级的一系列活动补充合作内容,但在活动之前和活动之后,与家长基本没有交流沟通,导致活动质量不能得到有效提升。

3. 合作介体带来挑战

在当前开展协同德育的介体上,许多学校依靠手机等途径来进行学校与家庭之间的德育资源共享。但是随着全媒体时代的到来,学校和家庭的德育地位在青少年学生成长环境中受到严重冲击。虽然新媒体技术的发展为学生带来了更多方便、快捷的学习资源,但同时也带来了一些负面影响,比如,有些学生一回到家中就沉溺于网络游戏,或利用移动网络观看和下载一些不健康的图片、视频,还有学生运用网络途径来解决一些课程作业中遇到的问题等,这些现象的频频发生无论是对于学校老师的品德教育工作,还是对于家长在日常生活中的监督管教方面都带来了不小的挑战,也直接导致学校德育和家庭德育的地位在青少年学生的成长过程中受到严重冲击。

4. 环境资源利用不足

学校作为青少年学生德育的主阵地,普遍重视发挥课堂的主渠道作用,但是往往出于学生的学业压力和开展实践活动条件以及安全的考虑,鲜于学生直接参与的德育实践活动的设计,没有把家庭作为德育实践活动不可或缺的组成部分纳入学校德育实践活动的范畴之中。而作为家长方面,鉴于自身的知识结构和教育理念所限,忽视了家庭是孩子道德品质形成的最重要场域,往往简单地把德育责任归于学校的品德课和教师的教育。因此,学校和家庭两个最重要的开展思想品德教育的资源要素各自为政,形成"孤岛"效应,资源要素要么闲置,要么低效,造成德育环境资源利用不到位。

(二)校社合作存在的问题

1. 合作意识缺乏

人们多受传统的教育观念与体制的束缚和影响,校外教育与学校教育的合作意识欠缺。政府、家长,甚至是部分学校的校长关注点还是学校教育中的应试教育,而不是从大教育概念上正视校外教育在素质教育、提升学生综合素养等方面的重要作用,他们认为社会教育对学生的升学没有直接帮助。而不少社会教育的机构也认为,学生如果有需求,会主动到校外机构寻求资源支持,各类机构各自为政,"各扫门前雪",他们也没有主动与学校进行合作的意愿。

2. 合作质量不高

通过调查发现,与中小学校合作较多的校外机构依次是实践基地、科普馆、爱国主义教育馆。与文化馆、博物馆、企业、高校资源等进行合作的情况,一般都较少,这也成为影响学生接受校外教育的重要因素。同时,学校发展的不平衡制约了合作均衡性。资源利用能力较强、校际发展速度较快、发展程度较高的学校,在与社会教育力量进行合作的时候就占有绝对的优势,而一些薄弱学校与校外教育合作的机会就非常少。

3. 合作动力不足

在学校教育与校外教育合作过程中,往往存在着学校教育占据主导地位,校外教育位于从属地位的现象,导致了其推进合作的动力不足。不可否认的一点就是,不同类型机构的着眼点是不一样的,企业更多地是关注在合作中是不是可以盈利;高等院校,由于自身教育教学和科研的压力也很大,没有时间和精力去考虑和学校合作的事情;某些公益实践基地,学校能通过社会关系去参观一次已经实属难得。另外,由于支持机制缺失,校外教育与学校教育持续合作无法得到保障,导致校外机构动力不足。

五、改进策略

(一)目标整合

学校教育目标、家庭教育目标、社会教育目标都要统一,要相向而行。这三者的根本目标都是立德树人,培养德、智、体、美、劳全面发展的社会主义建设者和接班人。从学校教育的角度而言,落实立德树人的根本目标,既是国家的要求,也是现实的选择。从家庭教育的角度而言,小孩的成人成才也是家庭的普遍愿望。从社会教育的角度而言,需要对立德树人的价值取向更加明确、更加坚定。价值取向是指引社会活动有序进行的指导思想,价值取向决定着后续社会教育活动的实践取向和功能取向,而社会教育价值取向的多变性自然而然导致社会教育活动"朝令夕改",还没发挥自身的作用就已经自乱阵脚。因此,将各级各类社会教育从国家理性的角度出发,求同存异,分门别类地整合起来是当务之急。当然,目标整合不是将教育整齐划一,以同样的标准和模式去培养所有的学生,而是要依托社会发展的趋势、国际社会的背景以及人类自身发展的规律整合各级各类、各式各样的教育思想。尤其是三大类教育目标,即学校教育目标、家庭教育目标和社会教育目标要相统一,类似于学校"减负"家长"增负",重知识培养,偏能力培养等相背而行的行为应该有所反思有所调整。终身学习提出的学会求知,学会做事,学会共处,学会做人应该是未来教育目标整合的一个方向。

(二)组织融通

就社会教育本身而言,需要进行组织和场所的整合。社会教育因其教育的特殊性,可以说没有一个完完全全属于自己的教育场所。但教育不能没有教育环境,而社会教育在有些时候更需要优质的教育场所,因此这就需要社会各级各类组织"奉献"出自己的领地为社会教育提供方便。例如,研究所可以向对科学研究感兴趣的公众开放,军营可以招收短期的夏令营学员,动物园可以举办动物知识讲座等。从学校与社会融通的角度而言,更需要建立统一协调的组织和平台。这个组织不仅仅包括人力、物力、财力、技能等物质要素,还包括价值目标及行为规范、联动信息、权责关系和团体意识等精神要素,只有形成统一协调的组织机构,才能提供学校与社会协作互动、达成目标的基本环境条件。

(三)机制联动

教育的最终目的都是人的发展,学校教育、家庭教育、社会教育应当构建决策机制、执行机制、监督机制、协调机制及服务机制等要素之间的联动机制。在多方联动机制构建方面,学校要主动联系宣传、民政、文化、综合治理、公安等部门,加强社会资源共享共建,进行正面宣传和舆论引导;要主动联系共青团、妇联、关工委等部门,通过组织丰富多彩的社会实践活动,净化学生成长环境,助力学生健康成长。学校要与本地宣传、文化、广播影视和出版等部门通力合作,充分利用媒体资源宣传学校育人理念和社会实践育人成果,积极创作、播放和出版有益于中小学生健康成长的作品。学校要加强与社区机构的交流与合作,充分发挥社区教育资源的特殊作用,形成统筹协调、密切协作的社区教育工作机制,共同为中小学生提供健康的实践活动场所。学校要与周边的图书馆、博物馆、科技馆、体育馆(场)、文化馆等社会公共文化体育场所以及历史文化古迹、革命纪念馆等场所建立密切联系,共同做好学生社会实践活动的规划和建设工作。学校要重视发挥党政机关和企事业单位领导干部、专家学者以及老干部、老战士、老专家、老教师、老模范的作用,共同搭建育人平台,做好学生成长的引路人,助力中小学生健康成长。在安全管理机制构建方面,学校要积极配合公安、司法和综合治理等相关部门建立应对机制,对于损害学生身心健康的不良行为甚至不法行为,依照法律法规严肃惩处。保证学生所处的社会活动场所安全健康,社会氛围积极向上。学校要与文化、公安部门合作,建立出版、文学艺术、影视作品的评价和监督机制。严禁出版、销售和播放渲染欺凌、暴力、色情等不健康内容的文化作品,坚决清除各种危害青少年健康成长的文化产品。

(四)具体举措

1. 转变教育观念

学校、家庭和社会的教育观念要转变,不能唯分数、唯升学,知识本位、分数至上,要牢固树立并落实德、智、体、美、劳全面发展的理念。"智育突出的是知识、技能的传授和能力的培养等理论层面的'知',而德育最根本的目的是'育人',即教育学生'成人'",强调的是实践层面上的"行"。学生的成人成才,仅仅靠一方的力量,是不行的,学校、家庭和社会都要统一教育理念。

2. 丰富教育内容

一是进行价值引领。在当前的学校和家庭、社会的德育教育中,人格教育应该摆在首位。作为家长、社会也要加强对孩子的责任教育,允许子女有正常的挫折和痛苦经历的体验,提升其对责任感的理性认识,在成长成才的过程中对自己选择的行为负责。二是开展生命教育。"教育的最高境界就是培植每一个人对生命的敏感,对生命的珍视,包括对生命的敬畏感。"这句话既诠释了生命教育的内涵,也解读了教育的人文关怀宗旨。三是突出成长教育。素质教育旨在培养学生的综合素质和核心素养,教会学生"学会如何学习""学会怎样关心他人""学会怎样生存"。当代美国学者诺丁斯也提出:学生应该"学会如何关心自我,如何关心他人、如何关心自然界,如何关心社会,如何关心物质世界及精神世界"。

3. 构建合力机制

要拓展新媒体技术条件下的家校社合作教育平台,包括管理、沟通、组织、协调等事宜的处理;探索家校社协同主题活动实践模式,如家校合作的实践模式,校社合作的实践模式;要强化家校协同德育实施的制度保障,包括人力保障、经费保障、激励机制等。

4. 优化外部资源

一是注重学校引导,推动家庭德育环境的优化。引导家长首先要建立良好的家教与门风,一旦家庭规矩建立,就会代代相传,渐渐形成风气,家庭成员自觉遵守和维护家风,如有违反者,便会受到其他成员的批评。二是强化"家长参与",促进学校德育环境的优化。在教育活动中,家庭和学校互相支持、共同努力,使学校能在教育学生方面得到更多来自家庭的支持,使家长能在教育子女方面得到更多来自学校的指导,并对学校教育管理献计献策。三是整合社会资源,促进学校社会环境的优化。利用一切可以利用的资源,为学生的健康成长助力。

第四章 基于幸福教育理念的教育实践——生根教育

珠海市田家炳中学在德育工作中,认真贯彻落实党的教育方针,始终牢记"为谁培养人、培养什么样的人、怎样培养人"这一根本任务,"为党育人,为国育才"。培养学生树立为国家、为社会服务的志向,学校将社会主义核心价值观深深植入学生心中,爱国思想在学生心中扎根;让田家炳先生的"信善爱"精神扎根于学生心中,让中华传统的"礼善文化"深深扎根学生心中。在学校幸福教育理念的指引下,"幸福田中学子"在不断成长。

学校犹如一片沃土,学生如同一粒种子,教师好比优秀园丁。经过播种、培土、浇水、施肥、修枝、裁叶、矫形,让每一粒种子发芽生根,破土而出,根深叶茂,参天耸立。学生的成长由生根发芽(生根)开始,这一章,我们就深入了解珠海市田家炳中学在学生生根教育方面的研究实践。

第一节 学校教育中的生根教育

一、学校幸福教育理念下的生根教育

(一)践行社会主义核心价值观的爱国教育

爱国教育是通过国家观念教育、情感教育、国情教育、奉献教育、国防教育等,培养学生爱国的思想和感情,并形成和具备相应的爱国行为。高中生的爱国教育,与世界观、人生观、价值观教育密不可分,与高中生的自我建构紧密相连。爱国教育着力培养健全的人格，让学生更善于感受当下的幸福以及清楚幸福生活来之不易。

珠海市田家炳中学将社会主义核心价值观教育作为学校德育工作的第一大事，通过德育实践活动使学生深刻领会"富强、民主、文明、和谐、自由、平等、公正、法治、爱国、敬业、诚信、友善"这24个字的真正含义。

（二）田家炳先生"信、善、爱"精神教育

田家炳先生是大企业家，源自诚信立业，是香港化工大王；田家炳先生是大慈善家，源自行善积德，所以能名满天下；田家炳先生是大教育家，源自大爱无疆，所以尊称"百校之父"。田家炳先生"信、善、爱"精神是我校文化精神的新内涵，经过几年的探索，不断开拓，我校树立"习礼崇文，幸福成长"的办学理念，以"尚礼崇德，守正创新"为校训，确立了"重礼明德，知行合一"的德育管理理念，提出了"让学生在实践中感悟，在生活中成长"的育人观念。

（三）传统"礼善"文化教育

我校从1964年建校开始，就注重以礼立德，塑造学生健康的人格，2002年更名田家炳学校后，更是每年都以田家炳敦厚为人的品德，胸怀家国的大爱情怀来熏陶影响学生，逐渐形成了以"礼善"为核心的校园主题文化——以心怀礼爱感恩，行善书香筑梦。充分利用环境、礼仪、活动育人，引导学生健康成长。

二、学校生根教育实践路径

（一）学习践行社会主义核心价值观的爱国教育实践

以"富强、民主、文明、和谐、自由、平等、公正、法治、爱国、敬业、诚信、友善"24字社会主义核心价值观为教育重点，从道德成长、习惯培养、人格发展、社会适应、创新精神、实践能力等方面多维展开，以思想引领、情感陶冶、实践体验、活动养成等形式多维推进，致力于培育爱国的优秀"田中学子"。

第四章 基于幸福教育理念的教育实践——生根教育

(二)加强爱国教育和党史教育,爱党、爱国扎根心中

1. 爱国教育活动实践

珠海市田家炳中学通过升旗仪式、主题班会、板报比赛、演讲比赛、国防实践教育、国庆合唱比赛等活动开展爱国主义教育实践。

实践案例1:2020年庆祝国庆节系列活动——国家意识扎根心中

田中校门口挂满了国旗

(1)黑板报比赛

岁月不居,时节如流。忆往昔七十多年峥嵘岁月,风雨兼程见证中华之崛起!在这个喜气洋洋的日子里田中学子用文字表达爱国心,用黑板谱写家国情,用画笔描绘中国梦,用最诚挚的情感像祖国献礼。

庆国庆黑板报

这是每一位同学对祖国最美好的祝愿。从一张张丰富的画面中表达着同学们同一个心愿：祝祖国母亲生日快乐！倾诉着同学们同一种情感：我爱你，中国！同学们借这小小的黑板抒发自己对祖国山川的热爱，表达自己对祖国悠久历史灿烂文化的赞美，描绘自己对祖国未来建设的美好蓝图，一字一句，一笔一画，都凝聚着自己对脚下这片土地的热爱！

（2）"我和我的祖国"主题教育活动——"红心筑梦新时代　青春放歌颂祖国"合唱比赛

2020年9月29日晚上，迎国庆合唱比赛如期举行。全体师生唱响高昂奋进的歌曲，用诚挚的热情共祝祖国71岁华诞，为美丽的祖国献上最衷心的祝福！绿色的草坪，红色的幕布，闪耀的红星，使得整个舞台充满了喜庆和吉祥。

纯真的歌声在校园回荡，奋进的旋律在心中奏响。这歌声，这旋律，赞颂了中华民族自强不息的伟大精神，展现了新时代少年昂扬向上的精神风貌和拳拳爱国之心。

庆国庆合唱比赛

71年风雨岁月峥嵘，71年奋斗谱写华章。在这普天同庆的时刻，13亿多中国人民意气风发，豪情满怀。960多万平方公里的祖国大地生机勃发，春意盎然。5000多年的中华文明光彩夺目，魅力永恒，党的领导

第四章 基于幸福教育理念的教育实践——生根教育

和社会主义制度坚强牢固,充满活力!愿祖国山川锦绣,风光无限,华章盛世,繁荣永昌!

实践案例 2:学习英雄精神,争做优秀学子——爱国意识扎根心中

为增强师生的国防意识,激发爱国爱党情怀,践行社会主义核心价值观,2020 年 10 月 21 日下午我校邀请珠海市国防教育促进会会长吴冬生先生为高一、高二全体同学作了"学习英雄精神,争做优秀学子"的国防教育专题讲座。

吴冬生会长首先从"铭记伟大胜利捍卫和平正义——纪念中国人民志愿军抗美援朝出国作战 70 周年"说起,在场师生为我国军人的英雄气概所赞叹,为我国军人不怕牺牲排除万难的精神所感动。

吴会长授课

吴冬生会长在讲座中与同学们分享了自己的参军、参战经历,讲述了对越自卫反击战中可歌可泣的英雄故事。他告诫同学们,我们今天取得的幸福生活,是无数的革命先烈抛头颅洒热血换来的。

他谈到了当今全球的抗疫热题,对比了中美两国的抗疫成效,事实证明,只有坚持中国共产党的领导,人民至上,生命至上,全国一心,共同抗疫,才能取得胜利。同时,吴会长也揭露香港暴徒明目张胆、祸港乱港的无耻行径,希望全体同学堂堂正正做中国人,热爱我们伟大的社会主义祖国。

随后吴会长组织进行了国防安全知识竞答活动,同学们积极参与,

认真回答。梁洪波副校长为竞答成功的学生颁发国防教育纪念徽章。

师生合影

我校师生必将铭记历史、不忘初心,必将坚守爱国主义这一精神内核,学习英雄精神,争做优秀学子!

实践案例3:军纪如铁,意志如钢,勇往直前,争创一流——纪律意识、吃苦意识扎根心中

2021年9月30日下午,珠海市田家炳中学升旗广场前是一片绿色的海洋,300余名学生身着整齐的军装,精神饱满,斗志昂扬。2021级新生军训会操暨结营仪式隆重举行。

军训会操

第四章 基于幸福教育理念的教育实践——生根教育

大会在庄严的升旗仪式中开始,由2021级旗队出旗,升国旗,向在场的领导老师和新生们展示旗队军训期间的训练成果。紧接着,各班依次进行军事会操和军体拳表演。表演结束后,大会邀请王勇军和梁洪波副校长及在场领导颁发各类奖项,对会操优秀班级、军训优秀班主任、优秀教官、优秀学员、优秀心得、军训精神文明班级和军训文明宿舍进行了表彰。梁洪波副校长做最后总结讲话,他说:这次军训不仅使同学们增强了体质,而且增强了爱党爱国爱军的意识,强化了国防观念和责任感,培养了集体主义思想和吃苦耐劳、团结友爱的精神。他勉励全体同学在今后的学习生活中继续发扬吃苦耐劳的精神,积极面对磨炼和困难,用心学习,努力成长为栋梁之材。

学校领导向教官赠送锦旗

2.党史教育系列活动实践

2021年恰逢中国共产党成立100周年,学校积极组织开展学党史系列活动,提升同学们政治思想觉悟,提升爱党爱国热情。党史教育活动地点包括白蕉镇月坑村的斗门革命斗争纪念馆、苏兆征纪念馆、杨匏安纪念馆,让学生在参观实践中"学史明理、学史增信、学史崇德、学史力行"。

实践案例1:"学党史 感党恩 跟党走"扎根心中

为了缅怀革命先烈的革命历史功绩,学习革命先烈坚定的理想信念、英勇无畏的牺牲精神和公忠不可忘的高尚家国情怀,让学生铭记作为社会主义的接班人,更应该铭记这些先驱,铭记他们的精神,铭记今天幸福生活的来之不易,激励学生团结、拼搏,践行社会主义核心价值观,努力成长为中华民族的参天大树。我校开展了党史教育系列主题活动。

(1)校长讲党史教育思政课

2021年3月9日下午,珠海田中的礼贤楼阶梯室座无虚席,校党总支书记、校长徐汝成同志为全体入团积极分子讲授主题为《永远跟党走建功新时代》的思想政治课。

徐汝成校长讲党课

(2)召开党史学习教育动员大会

3月22日下午,我校召开党史学习教育动员大会,深入学习贯彻习近平总书记在党史学习教育动员大会上的重要讲话精神,认真落实上级关于党史学习教育的工作要求,对开展党史学习教育工作进行具体部署。学校领导班子成员、全体党员干部参加会议,校党总支书记徐汝成同志作动员讲话。

(3)党史知识竞赛

3月23日下午全校学生进行"知党史、感党恩、跟党走"党史知识竞赛,选出总分前30名的优秀学生参加此次红色之旅。

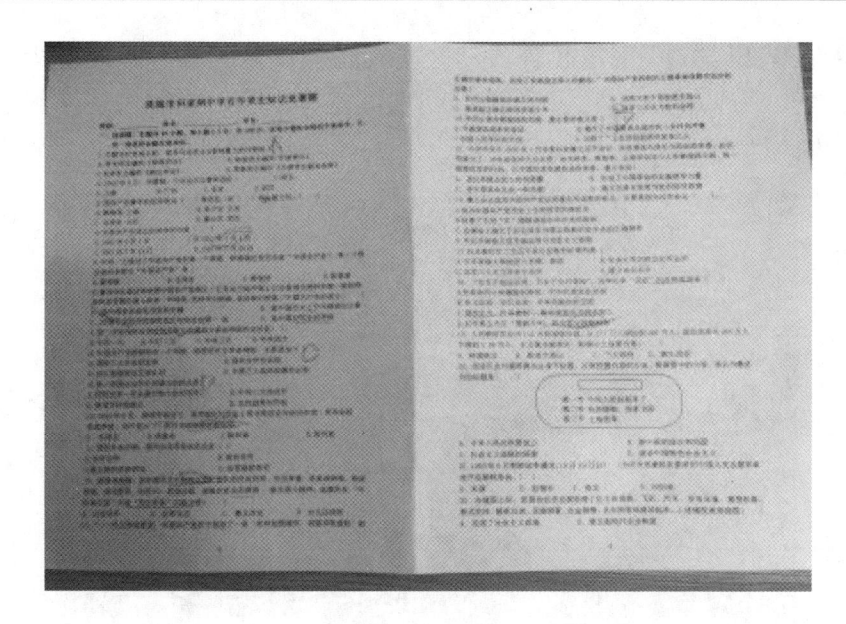

第四章 基于幸福教育理念的教育实践——生根教育

党史知识竞赛

(4) 观看红色电影

3月24日晚上,组织全校师生聚集在升旗广场观看露天电影《建党伟业》,学生撰写观后感。

红色电影

(5) 红色之旅

3月31日,我校师生在梁洪波副校长的带领下,开展以"学党史、感党恩、跟党走"主题教育活动之参观杨匏安陈列馆。瞻仰聆听革命先烈事迹,重温入党誓词,追寻红色足迹,感受红色情怀,传承红色基因。

杨匏安故居

①重温入党誓词。

重温入党誓词

②参观杨匏安陈列馆。听取讲解员讲述杨匏安少年时期的成长经历和优秀品质、传播马克思主义的突出贡献、投身革命斗争的感人事迹、杨匏安良好的红色家风等故事。

第四章 基于幸福教育理念的教育实践——生根教育

③聆听新时代红色文化讲堂。

红色大讲堂

④认真观看历史图片等珍贵文献资料。详细了解了杨匏安的革命历史,共同追忆革命先烈舍生忘死、共赴国难的艰苦奋斗历程,切身感受革命前辈始终不渝的理想信念和为中华民族解放奋斗一生的革命精神。

观看党史资料

⑤现场思政课。结合珠海党史,梁洪波副校长、政治科组长刘玲玲,现场对师生上了一节党课。

⑥党史知识现场竞赛。历史科组余珍仲老师主持党史知识现场有奖问答。

党史知识竞赛

⑦学生观看感。学生谈红色之旅心得体会。

本次"学党史 感党恩 跟党走"主题教育系列活动,为参观的每位党员教师、学生上了一堂生动的党课、接受了一次深刻的革命传统教育和思想洗礼,从思想深处又一次认识了中国共产党人的初心和使命。

实践案例2:学党史、强信念、跟党走——爱党意识扎根心中

为了更好地开展对中学生的党史教育,贯彻落实习近平总书记在党史学习教育动员大会上强调的"抓好青少年学习教育,让红色基因、革命薪火代代传承"的讲话精神,4月1日下午,珠海市田家炳中学校团委

第四章 基于幸福教育理念的教育实践——生根教育

组织师生赴斗门区白蕉镇月坑村老区革命斗争纪念亭开展祭英烈活动。

学生心得体会

清明节祭奠先烈

学生代表顾大慧介绍了抗日游击队长陈中坚的生平事迹，深切悼念陈中坚这位为共产主义事业、为人民解放和幸福而英勇献身的英雄，正是这无数先烈对共产主义的执着追求、英勇牺牲，才换来了我们幸福美好的今天。她勉励同学们要懂得珍惜来之不易的幸福生活，继承先烈遗志,用实际行动告慰烈士,好好学习,认真工作,成为栋梁之材,为家乡的建设、为祖国的富强而奉献青春年华。

随后,师生们向革命英雄墓默哀、献花,全体人员肃立在墓碑前低头默哀、鞠躬并献上亲手制作的朵朵白花寄托对烈士的哀思,表达对革命先烈的深切缅怀和无限敬仰。

学生代表献花

团员代表罗晴发表个人感言,她号召同学们,继承先烈的遗志,为校园的建设、为祖国的繁荣富强而努力学习,共创美好明天。

最后,团员们参观了抗日根据地"五圣宫革命斗争纪念馆",追忆陈中坚领导的"月坑村10人武装小组"为斗门抗战胜利作出的贡献。1940年,日军进攻月坑,八区游击队以10人游击队抗击敌军,打响斗门抗日第一枪。月坑五圣宫一直是游击队的指挥部和部队驻地。

参观五圣宫革命斗争纪念馆

第四章 基于幸福教育理念的教育实践——生根教育

作为当代中学生,在祭奠先烈的同时,更应敢于接过先辈的接力棒,勇于担当起自己所肩负的历史责任和使命,铭记英雄先烈的事迹,传承他们的精神,继承先烈们的遗志,珍惜今天的幸福生活,勤奋学习,苦练本领,自强不息,努力成为祖国建设的栋梁之材。

(三)党员代表助班教育实践案例——政治思想启蒙扎根心中

珠海市田家炳中学党委向改革要生产力,向党员要战斗力,向历史汲取智慧,在全校优选先进党员作为校党委的代表,派驻到每个班级当中,加强班级的党建、团建和思想政治工作。由此,珠海市田家炳中学党员代表驻班制度应运而生。党员代表驻班助学生知党,促学生爱党,引学生向党。

1. 作为学校党组织的代表,当好班级"政治委员"

作为党组织的代表,驻班党员要在班级宣传党的指导思想,宣传贯彻党的方针、政策和决定,确保班级增强"四个意识"、坚定"四个自信",坚决做到"两个维护",带领班级和学生自觉在政治立场、政治方向、政治原则、政治道路上同党中央保持高度一致。作为"政治委员",驻班党员要加强班级的思想政治工作。

驻班党员代表讲团课

2. 围绕政治启蒙和价值引领两大任务做文章,当好"领航员"

驻班党员对学生进行政治启蒙主要侧重于政治实践意识和实践能力的培养,如家国情怀、政治参与意识和参与能力的培育和引导。重点对他们进行入团、入党启蒙,加强党史学习教育,引导他们知党、信党、爱党、真心拥护党、渴望加入党。对高中学生价值引领的内容主要是用集体主义的价值观和社会主义核心价值体系引领学生。重点是培育和践行社会主义核心价值观,增强党在意识形态领域主导权和话语权。

学校将这两大任务的内容具体化,并努力使之系列化和序列化。这就使得驻班党员工作有了具体的内容和抓手,任务更为清晰、明确。

按照"规定动作"和"自选动作"相结合的原则,驻班党员可以充分发挥主动性和创造性,创新工作形式,如开设党课(团课)、座谈会、辩论赛、沙龙、论坛、讲坛、讲座等。

组织开展党团志愿服务

3. 职责独特——积极引导青年学生向党组织靠拢,做好"连队指导员"

引导高中学生向党组织靠拢,先引导他们向团组织靠拢。中国共产主义青年团是中国共产党的助手和后备军。党章和团章都规定,党的各级委员会要加强对共青团的领导。作为学校党组织派驻班级的代表,驻班党员肩负着落实"党建带团建"的任务。驻班党员要联系和指导班级团支部的建设,加强对班级共青团工作的指导。特别要重视指导团员发展工作,通过团课等形式,引导学生弄清楚入团条件、入团流程,帮助他们端正入团动机,指导他们写好入团申请书等,帮助他们提高思想认识和觉悟,积极向团组织靠拢。

第四章 基于幸福教育理念的教育实践——生根教育

开展党史教育

引导高中学生向党组织靠拢,加强高中学生的入党启蒙教育。对高中学生进行入党启蒙教育非常重要,它不但是立德树人的重要内容,而且还是培养与发展党员的源头,可以加强高中与高校党员培养的衔接,为以后党员的培养与发展打下一个良好且坚实的思想基础。对高中学生进行入党启蒙,除了通过"青马工程"加强理论学习外,还可通过多种形式,如党章学习、红色教育基地参观、老党员讲革命故事等,指导高中学生正确认识中国共产党、明确党员的基本条件、树立正确的入党动机、端正入党态度、了解入党程序等,鼓励并帮助他们向党靠拢。

驻班党员代表通过"树立一面旗,联系一个班,指好一条路,影响一批人",学校党建工作和立德树人工作收效显著,教师为党育人使命落到实处,班级思想政治工作得到加强,学校意识形态阵地得到巩固,党员、学生面貌明显改善,班风学风校风焕然一新,社会反响较好。

(四)铭记英雄加强榜样精神教育——英雄扎根心中

珠海市田家炳中学积极开展榜样教育,积极引导学生向戍边英雄、科学家、抗疫医生等先进典型学习,扎下崇尚英雄之根。

实践案例:悼念袁隆平、吴孟超院士活动——崇尚英雄扎根心中

双星陨落,举国同悲。为缅怀两位院士为世界粮食供给和世界医学事业做出的杰出贡献,2021年5月24日上午,珠海市田家炳中学举行悼念袁隆平院士和吴孟超院士活动。

8:20分,因天气原因,悼念活动改在室内进行,停雨片刻,国旗护卫队升起了五星红旗,全校师生面向国旗方向默哀一分钟,向两位院士寄托浓浓哀思。

国旗队默哀

各班同学默哀

随后,学校党总支委员、副校长梁洪波饱含深情地宣读了悼念辞。他追忆了袁隆平院士"禾下乘凉"和"杂交水稻覆盖全球"的两大宏愿,回顾了吴孟超院士"鞠躬尽瘁,死而后已"的不凡人生。袁隆平院士,一生操心着国人的饭碗,没日没夜地坚守在杂交水稻科学研究一线;吴孟超院士一生坚守在中国医学一线,终生致力于肝胆外科的病理研究,被尊称为"中国肝胆外科之父"。他们身上最闪光之处,就是心中时刻装

第四章　基于幸福教育理念的教育实践——生根教育

着国家和人民,让科学家精神熠熠生辉。他们让我们得以看见,这个时代有许多怀揣理想的人,甘愿用自己的一生去点亮世界。他表示继承是最好的缅怀,他号召师生传承薪火,在新征程上,我们应当从杰出科学家身上汲取力量,攻坚克难,锤炼身心,向第二个百年奋斗目标、中华民族伟大复兴的中国梦奋勇前进!

最后,各班班主任组织学生开展《双星陨落　国士无双》缅怀两位院士的主题班会,通过教育让学生认识到今天的幸福生活来之不易,要做到珍惜粮食,珍爱生命。

主题班会纪念英雄

斯人已逝,精神长存。对先辈最好纪念,就是传承他们的爱国奉献、自强不息、治学严谨、淡泊名利的精神,唯有以创新务实的行动,砥砺奋进才能纪念逝者。

(五)弘扬田家炳"信、善、爱"精神

珠海市田家炳中学积极开展田家炳"信、善、爱"精神实践。弘扬"信"文化,明礼诚信,幸福成长;弘扬"善"文化,启智启善,幸福远航。弘扬"爱"文化,互助互爱,幸福一生。三种文化逐层递进,打造珠海田中特有的幸福校园文化,擦亮幸福教育品牌。

实践案例1：情系田中学子，爱心凝聚力量 ——"爱"扎根田中学子心中

2018年11月6日，在党总支的指导下，珠海市田家炳中学团委发起了倡议活动，为田中患病学子捐款筹集手术费用。此次活动得到全校师生及家长的热烈响应，一场温暖的爱心捐款行动在校园内迅速展开。

该资助生父母双亡，无兄弟姐妹，现和年迈的奶奶一起生活。2018年7月28日，因发现"脊椎侧弯6年余"入住广东省中医院珠海医院，随后被中医诊断为"痹症（病）"（气滞血瘀），西医诊断为"青少年特发性脊椎侧弯"。8月25日，进行了骨科纠正手术，该手术危险性大，手术费用高。所幸的是这次手术非常成功，属于全国第5例成功案例，9月27日出院，共住院61天。现在，该生正在康复中，需要专人照顾，生活上还不能自理。学校非常重视困难学子，希望用实际行动关心和帮助困难学生。

学校帮助贫困学生

11月23日上午，由黄柱源副校长带领学生处曹人章主任、团委陈亮斌书记、高二级苏庆保级长、班主任梁买凤一行人到学生家中，把筹集到的捐款33153元交到监护人手中。学生本人及其监护人表达了对全校师生的感谢，师生的关爱让她重拾生活的信心，在困境中看到了生命的曙光。

爱心凝聚力量，真情传递温暖，希望田中师生继续发扬田家炳先生"信、善、爱"精神，让爱永存。

第四章　基于幸福教育理念的教育实践——生根教育

学生写给师生的感谢信

实践案例2：开展爱心捐赠活动——关爱社会扎根田中师生心中

秋意已浓，天气渐寒！为帮扶生活有困难的家庭和孩子度过寒冬，使他们感受到爱心和温暖，我校工会联合心益社会工作服务中心，开展"献爱心，送温暖"捐赠活动。

爱心服务队准备出发

2018年10月16日上午，心益社会工作服务中心工作人员来到我校，收集教师们捐赠的衣物和书籍。工会主席聂栋朝亲自参与活动，带领老师们积极捐赠衣物，献出爱心。

学校工会领导参加志愿活动

此次捐赠活动秉承我校"信、善、爱"的文化精神内涵，让爱心得以传递。我校工会将继续以爱之名，号召和发动更广大的师生参与到捐赠活动中，希望我们的点滴爱心能汇成奔腾的河流，让山区的冬天温暖如春!

实践案例3:大爱无疆,精神永存——举行"纪念田家炳先生百岁诞辰"系列活动

为纪念田家炳先生诞辰100周年,进一步弘扬田家炳先生兴学重教精神,传承光大田家炳先生的"信、善、爱"思想,2019年9月至12月,珠海市田家炳中学开展了多种形式的纪念活动。

开学第一课之秉承田家炳"信善爱"精神

本学期开学,我校开学第一课的主题就是《缅怀田家炳精神,厚植爱国情怀》,通过视频播放、故事分享等形式,重温了田老先生的生平事迹,及其对教育事业的奉献,了解香港田家炳基金会对我校发展的帮助。

高一级学生上台深情朗诵诗歌《赞田家炳星》,以表达对田老先生的敬意和怀念。全体师生合唱歌曲《幸福像阳光一样》,感念田家炳先生一生视慈善为事业,倾注心力于教育,倾其所有,为社会为国家所作出的杰出贡献。

主题班会

新生军训夜师生深情朗诵和歌唱《赞田家炳星》《幸福像阳光一样》

  在这个特殊的日子,师生们通过美术画、书法、手抄报等方式,再一次走近田老,了解田老的生平事迹及田老与田校的故事,学习他爱国爱乡、己立立人、勤俭诚朴、爱人以德的高尚品质。

第四章 基于幸福教育理念的教育实践——生根教育

纪念田家炳诞辰 100 周年美术画展

书法展、手抄报展

以此为契机引导班主任以田老先生"信、善、爱"精神，开展主题班会课评比活动，更好地践行我校"幸福教育"的教育理念。

"信、善、爱"主题班会课优质课评比活动

"大爱无疆"纪念田家炳诞辰100周年诗歌朗诵比赛

（六）传统"礼善"文化教育实践

　　珠海市田家炳中学确立"礼善"校园主题文化。用"礼善"文化统领，潜移默化形成学生的正确世界观、人生观、价值观。用"礼善"文化辐射，合力构建学校、家庭、社会"三位一体"的德育模式。用"礼善"文化实践，引领学生行为，规范学生习惯，关爱学生成长。以"礼善"文化为载体，创建学校的特色德育，推进学校文化建设，促进学校持续发展。让各阶段的具体育人目标和推进的配套措施以及相应的思想、物质、组织、制

第四章 基于幸福教育理念的教育实践——生根教育

度等保障体系深入人心,以"礼善"文化价值理念,来激发全体师生的热情和智慧,形成了"心往一处想,劲往一处使"的强大凝聚力,让"品貌端、品性优、品位高""讲礼貌,懂礼仪,守礼节"成为全校师生发展的共同愿景,让"礼善"文化之花开满校园,芬芳沁人。

实践案例:珠海田中"礼善"校园主题文化走进第五届中国教育创新成果公益博览会——礼善文化扎根学生心中

2019年11月20日,为期四天的第五届中国教育创新成果公益博览会在珠海国际会展中心盛大开幕。本届教博会以"汇聚·碰撞·变革:教育创新提升中国力量"为主题,活动由北京师范大学、中国经济改革研究基金会主办。我校"礼善"校园主题文化,代表市直属学校参加第五届中国教育创新成果公益博览会"珠海市教育暨德育创新成果展"。

珠海市教育暨德育创新成果展
展板目录

区域	参展单位	主题
市直	市教育局	开展"美丽校园、文明有礼"活动,构建"三位一体"美丽校园
	珠海市实验中学	博学博爱 至善至真——珠海市实验中学"善美"校园主题文化
	珠海市田家炳中学	田家炳中学"礼善"校园主题文化
香洲区	香洲区教育局	着力将教育打造成"美丽香洲"第一品牌
	香洲区杨匏安纪念学校	让每一个生命开出自己的花
	香洲区第十九小学	立德固本育君子
	珠海市梅华中学	创新德育 梅华有"戏"
斗门区	斗门区教育局	创建美丽校园 营造良好育人环境
	斗门区第二中学	打造尚美校园主题文化 弘扬中华优秀传统
	斗门区第二实验小学	实施"优教育",让每个声音都被倾听

为适应珠海市教育事业改革和发展的新形势,共同推进珠海教育内涵式发展,助力新时代珠海教育二次创业,基于学校的办学传统和办学特色,以人的终生幸福为目的,在教育中创造、生成丰富的幸福资源,培养出能够创造幸福、享受幸福的人,我校践行以幸福之心,做幸福教育的理念,致力于打造学校德育品牌特色。

我校秉承"尚礼崇德,守正创新"的校训,以培养"尚礼乐学、崇德至善、守正创新"的幸福学子为育人总目标,重视核心素养的培养。学校以创建文明城市、文明校园建设、未成年人思想道德建设为契机,注重学校内涵发展,从校本出发,构建以"礼善"校园主题文化为核心的学校文化价值取向,培育、弘扬社会主义核心价值观,传承田家炳"信、善、

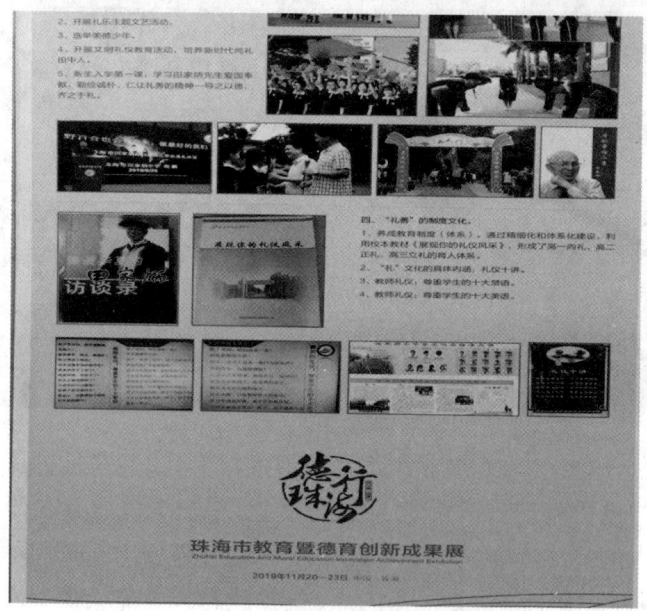

爱"精神,促进学生、教师、学校的发展,实现幸福育人目标。

日常校园"礼善"文化教育活动

通过"礼善"为主题的德育活动进行情感感化、熏陶学生的心灵,从而使学生在田家炳"信、善、爱"精神感召下感受人文幸福。

以校园"礼善"主题文化建设为平台,大力开展日常校园"礼善"文化教育活动。努力把德、智、体、美及其他育人要求有机结合起来,寓教于健康向上的文化活动之中。有目的、有计划地建设好校园"礼善"文

第四章 基于幸福教育理念的教育实践——生根教育

化,创造出具有凝聚力和约束力的校园"礼善"文化氛围,形成珠海田中自己的文化意识和学校个性,并通过它来影响和熏陶学生,促进学生健康成长。

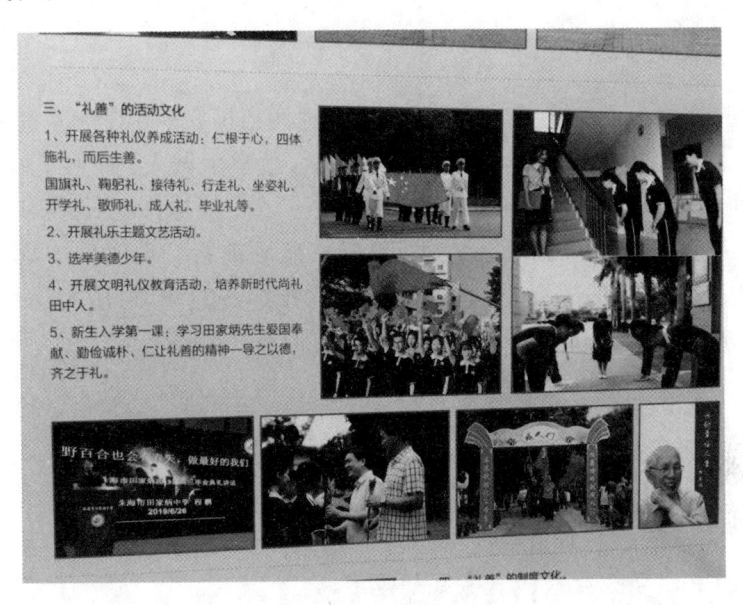

学校"礼善"文化教育活动

此次参观学习让我校教师近距离地接触到了国内外教育创新的前沿成果,也深感作为一线教师的责任与使命,相信以后他们将带着更大的工作热情,回归教学,为教育教研创新献上一份份微薄而坚定的力量。

三、学校生根教育实践的成效和思考

（一）实践社会主义核心价值观下的爱国主义生根教育取得成效

珠海市田家炳中学通过社会主义核心价值观下的爱国主义生根教育实践,学生社会主义核心价值观逐渐内化。

同学们在社会实践中提升社会责任感,明确重任在肩。在一系列活动与项目中培养了组织能力,志存高远;在适应性生存训练与心理教育中形成了良好的心理品质,磨砺了意志;深入体验了社会主义民主与法治,加强了文化认同;培养了学生自强、自信的品质,我努力、我坚持、我能行扎根学生心中;培养学生对党的向往,党员代表驻班工作扎实推

进；培养学生正确的价值观、人生观,崇尚英雄、向英雄学习成为每位同学的必修课;培养学生良好的纪律意识、吃苦意识,学习军人优秀品质,弘扬爱国思想。

(二)田家炳的"信、善、爱"精神深入人心

田家炳先生的"信、善、爱"精神深入珠海市田家炳中学每一位师生的心中。珠海田中教师遵循田老先生的话,教学生做人,做个有文化的人,做个好人。继承和发扬田先生的"信、善、爱"精神,以更加务实的态度投入工作,做学生的领路人,不忘初心,砥砺前行。珠海田中学子在"信、善、爱"精神的感召下,将这种精神化作学习的动力,用实际行动、优异的成绩、良好的品德回报田老先生的善心。

(三)礼善文化生根教育取得成效

①形成"礼善"的精神文化。②形成"礼善"的环境文化。③形成"礼善"的活动文化。④形成"礼善"的制度文化。

(四)关于学校生根教育实践的思考

学生德育工作是一个与日俱进的课题,一个人的品德、修养和习惯需要很长时间才能养成,珠海市田家炳中学的生根教育实践也在不断地完善和提高,如何让学生将根扎牢、扎好,如何将立德树人与创新素养的提升紧密结合起来,还需要我们进一步探索。

第二节　家庭教育中的生根教育

家庭与学校作为社会这个大系统中的组成要素,在教育这个过程中是不能将两者割裂开来的,必须切实重视和加强家庭教育和学校教育的融合与优化。父母应当教给孩子勇敢、自信、自强、正直、无私的品质,学校教育的意义则是在群体生活中进一步强化孩子的上述品质。父母是孩子的第一任启蒙老师,家长的思想言行都会在很大程度上影响着孩子。所谓"润物细无声",只有长久的滋润,小苗才能生根,才能茁壮成长。

第四章　基于幸福教育理念的教育实践——生根教育

一、家庭教育的根——"信、善、爱"

珠海市田家炳中学积极将田家炳先生的"信、善、爱"精神延伸到学生家庭的教育中,学校通过开展成人礼、家长会、家长座谈会、百日誓师、感恩父母一封信、家访等多种活动,让珠海田中学子的家中扎根"信、善、爱"。

二、学校开展家庭生根教育的实践路径

(一)珠海田中成人礼延伸"信、善、爱"

实践案例1:无悔青春　逐梦飞翔——举行高三成人礼暨高考冲刺誓师大会

2019年3月1日,在幽幽的桂花香中,珠海市田家炳中学师生迎来了高三成人礼暨高考冲刺誓师大会。500多名高三学生在老师和家长的共同见证下,正式跨入成人行列。现场温情涌动,场面感人。

本次成人礼在高一高二学生的送祝福活动中拉开帷幕。在学校学生会的组织下,十几名学生代表分别来到高三年级9个班级,为高三学长学姐们送上装满祝福信的盒子。高三学生收到祝福很开心,有些学生还流下感动的泪水。

高三学生展示师弟师妹的祝福

当天下午,伴着五星红旗的冉冉升起,成人礼仪式正式开始。学生们聆听了校长、家长代表、学生代表的发言,鞠躬行礼感恩父母、感谢老师,"奔向未来"亲子活动,老师们还为学生代表颁发了珠海田中自制的"成人证"。在领誓人带领下,各个班级喊出了高考必胜的决心:"我要踏过书山坎坎,我要渡过学海茫茫,我要带着志在必得的决心,去闯过一切屏障。"高三学生铿锵有力的宣誓,以青春的名义,向前冲!

高三学生家长代表发言

程鹏校长首先祝贺家长们,在家长的辛苦培育下,孩子长大成人了;感谢筹办成人礼的所有老师,让我们有机会一起见证孩子生命中重要的仪式。高考冲刺100天,"100"这个数字在中国寓意着吉祥圆满,更意味着无限的可能。100,是自我挑战的100天,是创造奇迹的100天,是奔向美好未来的100天。成人礼上的团队拓展游戏,就是告诉我们在这100天里,需要团队合作,父母、老师的陪伴和个人坚持不懈、勇攀高峰的拼搏精神。努力奔跑吧,勇敢地去做一个圆梦人。

程校长寄语同学们,18岁意味着成年,意味着要树立责任意识。作为子女,要承担报答父母的家庭责任;作为成年人,要树立善待他人、奉献社会的人生理念;作为18岁公民,要履行宪法和法律赋予的神圣权利和义务,并肩负起实现中国梦的神圣职责和任务。

最后,在校长、老师们的见证下,学生和家长紧紧地携手跨过"成人门",走过成人门之后,有的学生和父母、老师紧紧拥抱,那一刻温馨而感动,有的家长们湿润了眼眶,在旁的老师也感触颇深,百感交集。

第四章 基于幸福教育理念的教育实践——生根教育

父母携手子女走过成人门

深入学生内心的仪式教育是德育的良好载体,学校希望借助成人礼这一仪式,强化高三学生的成人意识、感恩意识和责任意识,鼓励学生在高考最后100天树立奋勇拼搏的精神和高考必胜的信念。高三(1)班的学生表示很幸运能来到田中这个大家庭,一路上有很多同学、老师的陪伴,她感觉很温暖;感谢父母的养育之恩,她会用高考的成绩来回报父母。

实践案例2:十八而志 扬帆远航——珠海市田家炳中学举行高三成人礼活动

2020年12月31日下午,珠海市田家炳中学举行高三成人礼活动,400多名高三学生在老师和家长代表的共同见证下,跨过成人门,正式跨入成人行列，为成人礼赞，为成长加油，为梦想助威。现场温情涌动，场面气氛感人。

伴着五星红旗的冉冉升起，成人礼活动正式开始，学校领导、年级主任、家长代表向学生佩戴成人帽和纪念章，向学生赠送宪法小册子。

师生家长为学生代表佩戴成人帽、纪念章

法律顾问杨凯元律师致辞，向学生宣讲成人的义务和责任

第四章 基于幸福教育理念的教育实践——生根教育

学生处曹人章主任带领全体学生进行成人宣誓

学生代表刘念同学发言,感谢默默无闻辛劳付出的父母,感谢悉心教导的老师,感谢陪伴成长的同学。走过这道成人门,意味着将肩负起责任与担当的使命,希望在未来,同学们不畏艰难险阻,在奋斗中留下一抹浓厚的色彩,让我们经受住青春的洗礼,勇往直前做一个敢于造梦的追梦人。

高三刘念同学发言

家长代表罗秋华先生发言,祝孩子们朝阳似锦、前途无量、生如夏花、幸福璀璨。雄关漫道真如铁,而今迈步从头越。几个月后,你们即将走上人生的第一次大考场。青春正当时,希望你们干一场无愧于学校、无愧于恩师、无愧于自己三年高中生涯的战斗,这才是真正的成年人。路漫漫其修远兮,吾将上下而求索。生活中除了甜还有苦,除了被爱还有爱。成长不只是长大,还应该有感悟、有体会、有回馈、有进步。

家长代表发言

徐汝成校长致辞,他代表学校,向学生以自信、成熟、豪迈的姿态进入成人表示最由衷的祝贺!向关注学校发展、关爱同学们成长的家长朋友们表示诚挚的问候!向一直默默付出、倾心陪伴的老师们致以崇高的敬意!

徐汝成校长发言

最后,在学校领导、老师们的见证下,学生和家长代表、老师紧紧地携手跨过"成人门"。

第四章 基于幸福教育理念的教育实践——生根教育

家长代表与学生走过成人门

高三成人礼仪式是珠海田中高三学生成长教育的重要举措,强化高三学生的成人意识、感恩意识和责任意识,以成人仪式的方式为同学们进入成年表示祝福,同时也为即将参加高考的高三同学加油鼓劲。学生表示很幸运能来到田中这个大家庭,一路上有很多同学、老师的陪伴,感觉很温暖;感谢父母的养育之恩,会用高考的成绩来回报父母。

(二)珠海田中家长会延伸"信、善、爱"

家长会是学校传统而又行之有效的家校联系方式,通过家长会可以使得家长和老师得以更全面地了解孩子。珠海市田家炳中学重视家长会,学校通过家长会将田家炳"信、善、爱"精神延伸到学生家庭,将学校办学理念和特色传导到家庭,学校教育和家庭教育取得双赢,家校共建取得非常好的效果。

实践案例3：家校携手　静待花开——高一年级期中考试家长会

辛勤汗水，换来丰硕成果；一分耕耘，定有一份收获。为了家校之间更好地沟通、合作、理解，2020年11月27日下午，我校召开期中考试家长会，家长们纷纷放下了手中繁忙的工作，走进校园，与老师们共同探讨孩子的教育，分享孩子学习和生活的点点滴滴。本次会议主要有如下四个重要议程。

第一，家长委员会代表参加在饭堂进行的学校膳食委员会会议。

食堂负责人和小卖部负责人分别向家长委员会代表们介绍了食堂内部的管理制度和学生的配餐情况，认真倾听了家长的建议。参加活动的家长从食品卫生和餐具、厨具卫生到食堂工作人员、食材原材料、操作的规范、卫生状况、索证都表示了满意。

家长代表小卖部检查货品

第二，在礼贤楼四楼会议室召开家长委员会代表会议。

家长代表向年级提出建议，建议期中考后高一实行周末单休，并希望学校加强对学生的各方面管理，特别是手机管理和安全教育等。温世明主任就下半个学期年级的一些具体教学安排作了详细说明。苏庆保主任对上半个学期高一年级开展的德育活动向家长做了介绍，并希望家长委员会代表今后多与学校沟通，配合好班主任参与年级的管理，加强家校合作联系。梁洪波副校长提出建议：家长要培养孩子们的自信心，关注孩子在学校取得的进步，通过家校合作，让孩子争取早日成才。

第四章　基于幸福教育理念的教育实践——生根教育

家长委员会会议

　　第三,家长们于礼贤楼阶梯室参加以"亲子沟通与习惯培养"为主题的家庭教育公益培训活动。培训活动中,董广生先生从亲子问题的表现、问题的根源及应对方式三方面对亲子关系进行了阐述,指出亲子关系中应做到信任和接纳,他列举了一些家庭教育中常存在的问题,引发了家长的深刻思考,也指出教育归根到底是培养孩子的好习惯。家长在教育孩子的过程中要学会控制自己的情绪,家庭教育要以快乐幸福为原则。做到正确的爱,不宠爱、不溺爱,培养孩子的学习力。家长要树立榜样作用,要陪孩子读书,要营造良好的育人环境等。此次培训活动,不仅教会家长们用积极的心态管理情绪,乐观地对待孩子问题,更教会家长在良好的情绪下与孩子沟通和交流。

　　第四,家长朋友们参加以班级为单位的家长会。家长会上,各班班主任、任课老师就本学期开学以来的学校工作、班级活动及学生在校表现,向与会家长做了详细的汇报,并分析了本次期中考试的成绩、学生在学习中存在的一些问题,给予了家长一些具体的有针对性的家庭教育建议,同时也就家长应如何更好地配合学校做好孩子们的教育工作交流了看法。通过交流,家长们获得了许多先进有效的家庭教育方法,对如何尊重和关爱孩子,培养孩子的好习惯达成了共识,得到了启发,对学校管理、老师工作等方面献言献策,家校携手,共商育人大计。

各班班主任老师和任课老师介绍孩子们的学习情况

党代表到班为学生和家长开展生涯规划课

十年树木,百年树人。孩子们像一棵棵成长中的小树苗,既坚强,又脆弱,需要小心地呵护、细心地照料和温情地陪伴。本次家长会的召开,让家长更加全方位地了解学生,让教育更具针对性,也帮助家长树立了正确的教育观念,望家长配合学校及时有效地开展教育,更好地促进学生的学习进步。

(三)珠海田中家访延伸"信、善、爱"

家访是教师和家长进行沟通的一种最佳方式,是实现学校、家庭教育一致性的必要条件。家访是维系教师、家长、学生的纽带,在学校教育

第四章 基于幸福教育理念的教育实践——生根教育

中起着不可替代的重要作用。家访使得家庭教育与学校教育相得益彰。珠海市田家炳中学积极开展"党员教师家访""万师进万家"等活动,将田家炳先生"信、善、爱"的精神延伸到学生家庭。

实践案例1:关爱贫困生,家访送温暖——开展党员教师家访活动

为落实市委教育工委、市教育局关于家访工作的要求,深入了解部分贫困学生的家庭情况,交流学生在校的学习状况,倾听家长对学校工作的意见和建议,2020年11月9日开始,珠海市田家炳中学党总支组织党员教师开展"关爱贫困生,家访送温暖"的主题活动,切实把党和政府的温暖送到贫困学生家庭,帮助贫困学生解决学习、生活中遇到的困难。

本次家访活动由学校党总支书记、校长徐汝成同志亲自部署。家访前,徐汝成同志组织召开党总支会议,对家访提出政策要求、纪律要求和成效要求,他安排总务部门为每户贫困学生家庭准备了大米、食用油、牛奶等生活物资。

党总支会议部署家访工作

党员教师家访包括金湾小林、三灶、红旗,高栏港平沙,斗门莲州、井岸、白蕉、香洲凤凰北、拱北,高新区金鼎镇等区域,横跨珠海东西部,历时近一个月时间。

11月9日—10日,第一阶段家访走进小林、三灶的3个贫困学生家庭。12月1日—12月2日,第二阶段家访走进高栏港平沙、斗门莲州、香洲拱北、香洲凤凰北的4个贫困学生家庭。其中12月2日党员教

师家访斗门莲州、香洲拱北、香洲凤凰北,当日家访行车里程达到了160余公里。12月4日—12月5日,第三阶段家访走进斗门白蕉灯笼村、金湾红旗镇、高栏港平沙贫困学生家庭。12月7日,第四阶段家访走进金湾区红旗镇、高新区金鼎镇两户高三学生家庭。

党员教师家访途中

家访中,党员教师与家长亲切交流,详细了解学生家庭情况,反馈学生在校的状况,亲切询问孩子在家表现、学习方面的问题和困难,希望家长要增强克服暂时困难的信心,一如既往关心孩子的健康成长和学业。

当得知几个家庭因疫情失业、养殖受灾、家人生病、较多子女读书等原因导致家庭经济困难,校党总支书记徐汝成同志立即召开党总支会议商讨贫困生帮扶措施。

除国家规定的免除学杂费、发放国家助学金等扶助措施外,学校研究决定:12月开始,学校每月给本次家访发现的部分极贫困同学发放一定的餐费补贴。

学校团委成立"手拉手"爱心基金,鼓励师生积极捐款,帮助贫困

第四章 基于幸福教育理念的教育实践——生根教育

学生。

增加饭堂志愿服务岗位，鼓励学生积极参加校内勤工俭学（校内志愿服务）。

年级主任、班主任给予贫困学生更多的关怀，鼓励学生树立学习信心，努力成才，让学生感受到温暖。

校党总支委员、副校长梁洪波同志：在学校党总支书记徐汝成同志的统一部署下，我牵头负责家访贫困学生的具体工作，本次家访活动的主要目的：一是落实市委教育工委和市教育局的家访号召，做好家校沟通交流，听取家长对学校工作的意见和建议，以便更好地开展工作。二是为建档立卡、低保、因病因灾致贫家庭送去温暖，为贫困学生提供帮助，做到扶贫助困"一个都不能少"。三是党员教师走进学生家中，发挥党员的先锋模范作用，提高党员教师对贫困学生的帮扶力度。11月9日—12月7日，我与其他党员同志分别深入斗门、高栏港、金湾、高新、香洲等区域的9户贫困学生家庭家访，一路走来感触很深，2020年因疫情、养殖失败等原因导致的家庭经济贫困直接影响到了学生的情绪，有些孩子因此变得消沉、缺乏自信；有一些虽为单亲家庭，但是能够积极向上，帮助家长做力所能及的事情；几个贫困学生每周只有约100元生活费，节衣缩食，减轻家长负担，非常懂事；有一些家庭虽然贫困，但是家长能够全力以赴支持孩子读书，不容易。我们的到来，家长们非常感动，他们感谢学校对孩子和家庭的关怀和帮助。家访的党员教师向家长们宣讲了国家、省市的一系列帮扶贫困学生政策，同时我们也了解到国家对于贫困家庭的经济、就医等也有相应的补贴。家访的情况，我们及时向徐汝成书记、校党支和全体党员反馈，学校党总支也制订了进一步帮扶的措施，相信在党的政策帮扶下，在全体师生的帮助下，我们的贫困学生和他们的家庭一定可以走出困境，我们的学生一定会更加阳光成长！今后的工作中，学生部门将家访工作列入学期工作的重要内容，发动更多的老师参与家访活动，加强家校合作，加强沟通交流，营造和谐校园。

学生处主任曹人章同志：走访困难学生的家庭，爱心家访暖人心是我这次家访最大的收获：一是通过家访，了解贫困生的家庭状况，与贫困生家长畅谈。贫困生家庭热情欢迎我们。走访过程中，昏暗的灯光、简单的家具，简陋的生活环境让我们感受到贫困生平时生活的不易。其中有两户外来务工人员，都属于单亲家庭，一个是单亲父亲带着儿子，租住房屋供孩子读书,孩子现已上高中,平时住校,最近就把房子退了,直接住到打工的宿舍里去了。另一个是单亲妈妈,带着两个女儿,住在公司租的单间房子,母女三人挤在一张床上,虽然收入不高,却阳光温暖。我家访的几户家庭,生活虽然艰辛,但学生成长得都励志阳光,都对生活信心满满。老师与家长的闲聊中,自然拉近了教师与学生家庭的距离,更让学校走进了学生及其家长的心里。有个家长说,我一直关注田中学校的公众号,田中的发展,让家长放心开心!二是通过与学生、家长交流,教师们还及时了解了学生的家庭状况、学习环境等,也使家长们更加主动地参与到了学校的教育教学管理中来。三是有效地提升了我们党员教师的服务意识,进一步密切了教师与学生、与家庭的关系,让困难家庭感受到党、国家和学校的关怀温暖。总之,家访活动是一次真情的交流,也是一次爱心的延续。与学生及家长零距离接触,面对面交流,倾注真情,了解了困难学生家庭的第一手资料,受到了学生及家长的热烈欢迎,达到了共同教育学生的目的,增进了家校教育合力。

高三年级主任马惠玲同志:12月7日中午,我和梁洪波副校长、曹人章主任、金天主任到学生家家访。对于她在校的情况,我是比较了解的。她是一个勤奋好学的孩子,成绩优良,平时言语不多,但做事情耐心细致,是个情感细腻的孩子。在村中小路转了两个弯后,来到学生家租住的房子。家长特意请了假,在家接待我们。我们刚到门口,家长就热情地迎接我们。一进门,是一间面积狭小的客厅,因为实在太小,没有茶几和餐桌,只有一张破旧的长椅和堆放杂物的小方桌。环顾一周,可以看见两间卧室和昏暗的厨房,没有阳台。家长搬出塑料小方凳让我们坐下,然后轻松地交谈起来。在梁洪波副校长的询问下,家长告知了家庭的收入来源和目前存在的困难。话语中,有些许的无奈,但更多的是乐观的态度。孩子在一旁认真地听着谈话,当梁洪波副校长关心地问起孩子在校一周用多少钱时,孩子的眼眶有点湿润了。我坐着孩子旁边,顿时心生悲悯,伸手轻轻抚摸着她,小声地说道:一切都会好起来的……这时,原先面带笑容的母亲也静默了,心疼地说,我们知道孩子很懂事,平时也一定是省吃俭用的。"孩子,你现在长身体,一定要吃饱。这样,以后吃饭问题学校来解决。高三了,好好吃饭,吃饱饭,才有精力好好备考。"梁洪波副校长的话语掷地有声,像阳光一样照亮了整个客厅……家长笑了,孩子也腼腆地笑了。临走时,梁洪波副校长还一再安慰家长,现在的困难是暂时的,学校会想办法帮助孩子,等孩子考上大学,出来

第四章 基于幸福教育理念的教育实践——生根教育

找一份好的工作,生活会越来越好的。"是的,会越来越好的。"家长也满怀希望,笑脸依旧。回来的途中,我一路思索:生活总是会有困境,但因为有爱,因为有乐观的态度,因为有利好的政策扶持,没有不可逾越的鸿沟,一切美好,都会如愿!

高二班主任刘建新同志:2020年12月2日,我与几位校领导到某贫困同学家进行家访,以了解学生真实的家庭情况。经过与家长预约联系,家长最终带我们一行人来到香洲区晶都花园某栋一楼住宅。这住宅目测应该在20平方米以下,一进门迎面的是几扇较为陈旧的屏风,屏风背后只有一张床,床前也仅有一张简陋茶几摆放点杂物。其余的,也就没什么了,甚至连多一张椅子都没有。家长好不容易地张罗了一番才让我们一行人和她坐下来。据家长介绍,平常她们姐妹两人再加上母亲三人就睡在这张仅有的一米八的床上。而两个孩子写作业,估计要么就在床上完成,要么就在仅有的简陋茶几上完成。梁校长询问家长家庭收入如何,家长说这住宅也是家长打工的酒家老板给她们员工租的。受疫情影响,她每月工资也就两千多点。而她的丈夫,早就因车祸去世,现在剩下的也就靠她的一点工资来抚养这两个正在读书的女儿。据教学中的记忆,某同学在上学期上网课时也表现得尤为积极。通过她的努力,她能把绝大多数学生望而生畏的遗传学内容搞懂,并在课上积极回应老师的问题,表现非常优秀。而上了高二后,她在班上也表现非常认真刻苦。据家长说,某同学回家后也认真读书。当她妹妹对姐姐的成绩有所不满时,某同学也表示会继续努力。估计某同学心里也是看到了家的贫困,而她则想通过努力读书来改变这种现状。一位母亲,两个学生,就这样的一个家。每个人都在为这个家努力着。党和国家正针对这样艰苦并奋斗着的家庭,号召学校的领导和老师给这部分的学生家庭给予关怀。我们一行人也正响应党的号召来到了某同学的家。虽然一点礼物微不足道,每月的生活补助对于这家庭经济来说也是杯水车薪,但至少能让家长和学生从心里感受到党和国家的关怀,从内心上得到了鼓舞。月收入仅两千,在现在的社会中算是极为贫困的。而这母女三人却在努力着。相比之下,我们工作生活中虽然有种种困难、有各样的不如意,但也不至于在贫困线上挣扎,也不至于为了生活而痛苦。那我还有什么理由埋怨生活、还有什么理由懈怠甚至还有什么理由为工作中的失误找各种借口推脱责任呢。因而,在日后的工作生活中一定谨记党的关怀、深刻记忆母女三人的努力,细致分析工作中的每个问题,争取每项工作落实到位、周到。

实践案例2："万师进万家，教育更温暖"——珠海田中开展第一阶段教师全员家访活动

家访是教师与学生家长沟通交流的重要途径，也是学校教育教学工作的重要组成部分。为有效促进家校共育，更好地关注学生的健康成长，我校积极落实市教育局关于家访工作的文件精神。从2021年4月26日开始，在校领导的带领下，全体教师切实开展"万师进万家"系列活动，把温暖送至学生家庭。

4月20日，我校领导及全体班主任参加市教育局"万师进万家"家访活动视频工作会议。

市教育局万师进万家动员会

根据市教育局文件精神，我校制订"万师进万家"的活动方案，成立以徐汝成校长为组长的家访工作小组，学校教师全员参与入户家访工作。

2021年4月26日开始，我校启动第一阶段家访活动，班主任积极做好家校对接的联系工作，全校教师积极参与，至29日，全校已有九成教师参加家访工作。

第四章 基于幸福教育理念的教育实践——生根教育

学生部门编制的教师《家访手册》

徐汝成校长家访

班主任、科任教师合作家访

教师们走进学生的家庭,了解学生的家庭生活,与家长交流孩子的在校情况,积极听取家长对学校工作的意见和建议。

家访老师感慨地说:"我离开学生家后,学生一家人一直目送我们到看不见为止,家访,就算要我走街串巷,丈量全城也值了"。

泥泞路上的家访教师

(四)珠海田中感恩父母延伸"信、善、爱"

感恩是一种美德,是一种历史悠久的精神遗产。它的源泉则是如溪水般长流的爱。回忆历史,我们总被这样的故事感动着:古代孟母,为了儿子能够成大业,不惜三次迁居,为后人留下了"孟母三迁"的佳话。父爱母爱,一个蕴含了无限感动的词汇。田家炳精神中的"信、善、爱"就包括了对父母的"爱",珠海市田家炳中学积极开展感恩教育,努力培养珠海田中学子成为感恩父母的人。

实践案例1:升旗仪式,感恩父母

2019年6月17日上午,浓情六月天,感恩父亲节。高一(4)班张

第四章 基于幸福教育理念的教育实践——生根教育

才燕同学发表父亲节感言：我们歌颂祖国、赞美母爱的同时，千万不要忘记父爱的伟大。感谢父亲深沉而炽热的爱，让我们享受童年的快乐；感谢父亲无私的付出，让我们在优越的条件中生活，在优美的环境中学习；感谢父亲成为我们人生的加油站，成为我们的良师益友，成为我们温暖的避风港。我们应该像鸟儿一样知恩，用同样的爱回报他们。用我们热爱生活、热爱学习的精神面貌消除他们心中的烦恼，给他们快乐。希望我们在以后的生活和学习中，记得父母之恩，用感激的心态对待父母所做的一切。

感恩父母演讲

三、学校开展家庭生根教育的实践成效和思考

（一）学校与家长建立良好的互动关系

珠海市田家炳中学积极将田家炳的"信、善、爱"延伸到家庭教育以来，家校合作交流日益顺畅，家长普遍认同学校的"信、善、爱"教育理念，积极配合学校开展对学生的管理工作。家长们对学校在管理中存在的问题提出积极的意见和建议，取得了良好的教育效果。

（二）家长与孩子建立良好的亲子关系

珠海市田家炳中学的"信、善、爱"在家庭教育中深深扎根，家庭生活中，家长与孩子加强沟通，父母与孩子之间建立良好的亲子关系。家长们通过良好的亲子沟通把家长的期望、爱和教育充分地传递给孩子，也能让家长了解孩子的所思所想，帮他们解决成长中的问题。有时，当家长与孩子沟通不畅时，我们的班主任积极参与到学生与家长的沟通当中，作为使者和桥梁，顺利解决了家长和孩子的一些不愉快，取得了很好的效果。

（三）家庭生根教育实践的思考

珠海市田家炳中学目前开展的家庭"信、善、爱"生根教育实践时间较短，仍在摸索阶段，我们在实践实施的过程中在不断思考和改进方法，除现有的家行会、家访等形式之外，我们期待能够创设出更多的家校合作新方法、新尝试，继续把田家炳先生的"信、善、爱"精神在家庭教育中传播下去，扎下根。

第三节　社会教育中的生根教育

社会教育是一个宏观的概念，包括的内容比较广泛，像法治教育、道德教育、文明礼仪教育等都属于社会教育的范畴。一个人生活的方方面面，都离不开社会教育，可以说，我们的一言一行、待人接物等各个方面都有社会教育的痕迹。

社会就是个大课堂，古人说读万卷书不如行万里路，就是这个道理。社会上的各种法律条文和行为规范，能够让我们更好地了解社会的各项规则，知道遵守法律和规则的重要意义，明白只有"我为人人"，才能有"人人为我"的道理。

第四章 基于幸福教育理念的教育实践——生根教育

一、社会教育的根——"信、善、爱"

珠海市田家炳中学秉承田家炳先生的"信、善、爱"精神,积极将社会教育和学校教育有机结合,积极组织学生参与社会实践活动,积极组织学生参加社会公益志愿活动,学生服务社会意识,社会实践能力都有极大的提高,将田家炳的"信、善、爱"精神延伸到社会。

二、学校开展家—社会根教育的实践路径

（一）学生社会实践延伸"信、善、爱"

珠海市田家炳中学高度重视社会教育与学校教育相结合,特别在学生参加社会实践等方面加强与高校、科技公司、农业公司、社区等的协作联合,积极推动学生参与社会事务,将社会观念扎根于心,延伸田家炳先生的"信、善、爱"精神。

实践案例1：畅游大学　筑梦未来 ——我校学子到珠海科技学院参观学习

为进一步落实党史学习教育,开拓高中生的视野,让"准大学生们"提前感受大学生活环境和人文氛围,5月17日—5月18日,我校团委组织高三年级、高二年级的200名优秀学子,分赴珠海科技学院(原吉林大学珠海学院,简称"吉珠")畅游校园,聆听讲座,近距离感受大学魅力。

全体参观人员合影

基于幸福教育理念的"生根、生长、生存"教育实践研究

在我校赵斌宏、林曼曼、刘玲玲、尚银苗四位老师和吉珠青协志愿者们的带领下，两百名田中学子依次参观了吉林大学珠海学院的图书馆、机器人产业学院实验室、计算机学院IT党建体验馆和音乐舞蹈学院。在吉林大学珠海学院解说员的带领和讲解下，田中学子近距离地感受到了吉珠丰厚的校园底蕴以及大学的教育模式，对大学的学习生活形成了初步的了解。其间，解说员生动地讲解科技发展带来的生活变化，号召同学们要努力学习知识，鼓励同学们为国家建设贡献青春力量。

在即将迎来建党100周年之际，吉珠志愿者开展了一系列党史学习教育活动，让同学们真正走进党史、触摸党史、感悟党史，在党史学习教育中不断感悟思想伟力、汲取精神滋养。

VR党建体会

参观期间，吉林大学珠海学院招生与就业处副处长陈闪荣面向高三学生介绍了新高考背景下志愿的填报要求与注意事项，并就吉珠的发展历程、各个专业的选科要求与发展前景、人才培养等方面做了深入介绍。此外，面向高一、高二学子，结合自身实践经历对吉珠丰富的课余活动进行了详细的介绍，围绕职业生涯规划向同学们对专业学习、大学生活规划等方面进行讲解，给予同学们职业规划方面的建议，加深田中学子对大学课程的认识，同时鼓励同学们积极展示自己的风采、挑战自我，以勇往直前的态度迎接接下来的升学考试。

第四章 基于幸福教育理念的教育实践——生根教育

此外,吉林大学珠海学院的学姐学长们还开设了生涯规划指导课堂,学姐讲述了大学的概况,以及自己的学习、活动经历,学生们听得津津有味,表示听了学姐学长的分享,让自己的努力更加有了方向感。在疲惫的高中生活中注入一股动力,使学生看到了自己清晰的奋斗目标,并给予了为之奋斗的勇气。

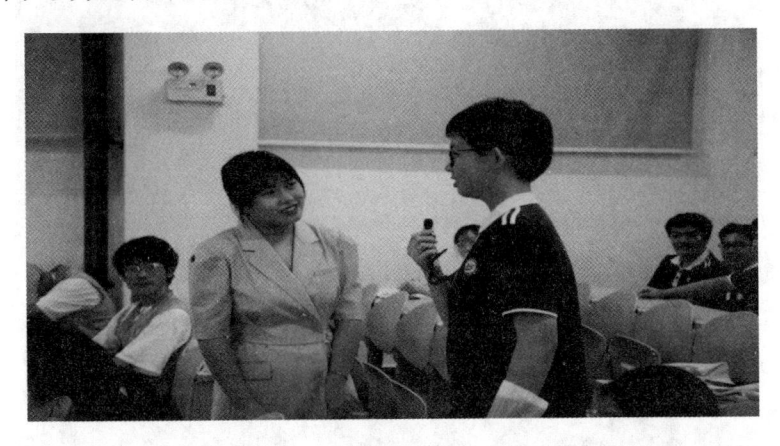

交流互动

活动结束后,我校的梁同学和唐同学表示:"在此次参观活动中深刻地感受到了大学的氛围,也对大学的专业有了初步的了解和认识,对大学的社团活动和学习生活都有了新的向往,进一步激发了自己的学习斗志、增强了学习动力,为未来规划奠定了良好的基础"。

实践案例2:垃圾分类践行时 积极分子当先锋——珠海市田家炳中学团校开展入团积极分子社会实践活动

为响应习近平总书记关于"绿水青山就是金山银山"的号召,进一步实现生活垃圾零填埋。根据《中学共青团改革实施方案》和《中国共产主义青年团发展团员工作细则》文件要求,要严格发展标准,规范入团程序,提升学生团员发展的质量,提倡入团先当志愿者的原则,让学生充分了解垃圾分类的知识。提升学生的政治思想理论和实践水平,我校高一、高二级入团积极分子于12月16日前往珠海信环环保有限公司进行社会实践活动。

基于幸福教育理念的"生根、生长、生存"教育实践研究

垃圾分类实践

聆听讲解

通过参观学习,同学们了解到生活垃圾会给我们带来大气污染、水体污染、生物性污染,侵占大量土地,珠海市每天会产生 3000 吨垃圾,然而每焚烧一吨垃圾可生产 4000 度电。

我们每天所产生的垃圾经过环保工人的清理,将会运到信环环保公司进行处理。垃圾会先通过垃圾卸料系统,这个系统由免压控制,垃圾将在卸料区堆放 6—7 天,然后脱去垃圾中带有的水,再进行焚烧。焚烧可分为一进四出,一为垃圾进厂,四为灰渣气水。灰是飞灰,用于重金属捕捉,其化学性质也比较稳定;渣是炉渣,经过一系列工业手段可变为透水砖,透水砖的最大好处就是吸水;气是臭气,由非压控制;水是渗滤液,进行处理达到工业用水的标准。

为了使我们的环境更加美丽,让我们一起携起手来共建美好校园,进行垃圾分类就从现在开始吧!

参观垃圾处理设备

(二)学生志愿服务社会延伸"信、善、爱"

《普通高中课程方案(2017年版2020年修订)》中,第二节课程设置第四点科目安排明确指出:综合实践活动共8学分,包括研究性学习、党团活动、军训、社会考察等,研究性学习6学分(完成2个课题研究或项目设计,以开展跨学科研究为主)。劳动共6学分,其中志愿服务2学分,在课外时间进行,三年不少于40小时。

珠海市田家炳中学结合课程方案要求,高度重视中学生志愿服务,培养学生们的志愿服务习惯,从小参与志愿服务。积极为同学们创造志愿服务的机会,珠海市田家炳中学组织同学们守护校门口天桥义务清扫、组织到公园绿地场所捡拾垃圾、组织志愿者进社区宣传垃圾分类,还有的同学自发参加公益志愿组织到图书馆、高铁站等场所为人民群众服务等。同学们将田家炳先生的"信、善、爱"精神传导到社会,同时也扎下服务社会的根。

实践案例1：珠海市田家炳中学开展垃圾分类进社区志愿服务活动

为了深入普及垃圾分类知识，广泛发动学生和家长积极参与生活垃圾分类，倡导健康环保的生活方式，2021年10月珠海市田家炳中学开展"垃圾分类进社区，环保理念入人心"宣传活动，广泛动员亲子家庭参与垃圾分类工作，进一步推广垃圾分类理念。

（1）国庆专场——家庭"益"起行动

活动合影

国庆期间，珠海田中在斗门区体育馆附近的小区开展国庆"生活垃圾分类"宣传活动。此次活动共吸引了10多组亲子家庭参加。10月4日上午9点30分，志愿者们来到斗门区文华书城门口集合，向附近的居民们分发垃圾分类宣传册，讲述垃圾分类的意义，动员更多社区居民积极参与垃圾分类工作。

社区发放资料

第四章 基于幸福教育理念的教育实践——生根教育

有的志愿者在人流密集的体育馆、公园守住垃圾桶，耐心地为居民普及宣传垃圾分类相关知识，细致地讲解日常生活中容易混淆的垃圾种类。

活动最后，家长们带着孩子到西堤路徒步，吹着丝丝凉意的秋风，一起徒步健身，一边向路人宣传垃圾分类知识。家庭是孩子形成人生观和世界观的第一所学校，通过亲子志愿服务活动，让孩子在服务中学会承担更多的社会责任，也向身边的人传递更多的正能量。

（2）进图书馆——学垃圾分类知识。10月1日和2日，踏着清晨的日光，珠海田中学子来到金湾区图书馆参加垃圾分类进社区的志愿服务活动，他们每个人都怀着一颗热情奉献的心，积极地投身到志愿服务的行列。在图书馆的大门口拍完照后，兵分两路，一些同学留在图书馆进行服务，学习和了解垃圾分类经济价值；其他的同学到了金湾情侣路开展垃圾清理工作。

在市图书馆的一至五层，你都可以见到田中志愿者的身影。他们或在墨香四溢的书架之间往来穿行，或在书架边整理书籍，或在过道清洁卫生。我们平时到图书馆都会看到工作人员在做这些事情，可能当时我们会觉得这些工作相当简单与轻松，通过这次活动，学子们亲身体尝到其中的辛苦滋味。

短短一天的志愿服务已经结束，图书馆的各项整理工作也已基本完成。在活动过程中，同学们时时刻刻都本着奉献的精神，展现出了田中志愿者的风采。

林家怡同学：天朗气清，披着小红马甲，来到了图书馆前，签到、拍照便进馆了。馆内一片凉意拂来，与外边的燥热形成对比，因路途匆忙而躁动的心，片刻也平静了下来。静谧的图书馆，人人心照不宣地，脚步放轻、音量放小，安静的氛围让人迫不及待地找座位，拿出书，融入其中。书架上有许多没见过的书，帮忙整理归纳，看着书籍归回原处，心中也便舒坦满意了。今日风和日丽、阳光明媚，是个读书的好日子。

志愿者合影

古逸飞同学：图书馆周围帮助打扫卫生，图书馆内帮人们指路。顺便吹着空调，还能一边静静地看书，窗外是和煦的阳光，而我坐在窗前，享受岁月静好。

（3）守护天桥——我在行动。为进一步加强垃圾分类知识宣传，引导学生牢固树立垃圾分类意识，养成垃圾分类的良好习惯，2021年9月至10月期间，珠海市田家炳中学志愿者发起"守护天桥"行动，他们利用放学时间打扫学校附近的天桥，提升天桥环境品质，宣传垃圾分类知识，倡导绿色生态、健康环保的生活方式。

张珊妹：扫天桥不仅是一份对于自己而言的志愿活动，还是对他人献出自己力量的爱心之举，扫走的是尘埃、落叶，留下的却是洁净的风景线。为城市的整洁作出自己的贡献，是每一位青年学子理应肩负的社会责任。那身披红色马甲的背影，需要更多的同学去践行，默默无闻，点亮每一份灰色背后的光。

张禹：顶着大太阳的我们，在天桥下扫地，自愿为社会服务，积累经验，丰富实践活动。我们穿上志愿者服，分工合作，几十分钟后，扫得大致也算干净。通过这次扫天桥活动，让我们更加懂得环卫工人平时在烈日下打扫是多么辛苦，所以我们更应该爱护环境，给环卫工人减轻一份工作量，给我们一个整洁的环境，给地球一个干净的样子！

第四章 基于幸福教育理念的教育实践——生根教育

守护天桥，志愿者清扫垃圾

志愿者们充分发挥先锋模范作用和志愿服务精神，牺牲假期时光，身体力行参与垃圾分类工作，为社区整洁优美的环境助力，为创建全国文明城区助力。

实践案例2：志愿服务进社区，党员团员齐行动——开展学雷锋志愿服务活动

为弘扬雷锋精神，倡导文明风尚，2021年3月10日下午，珠海市田家炳中学组织24名班级党代表教师和58名学生团员一同前往榕益村社区，开展了"志愿服务进社区，党员团员齐行动"的学雷锋主题活动，助力榕益村美化乡村，点亮斗门"善雅"之光。

本次活动参加人数较多，共分为两组进行，在榕益村村委会的协助带领下，前往榕益村水厂东一带和天桥附近开展学雷锋清扫活动。

为了宣传垃圾分类知识，提高人们的环保意识。黄晓婷老师负责垃圾分类知识宣传，他们在志愿服务活动的地点邀请路过的行人参加垃圾分类有奖竞答活动，参加活动的行人将随机抽取垃圾卡片，然后将其放到对应颜色的垃圾桶中，即可完成，回答正确将获得三张珠海市田家炳中学明信片，回答错误也会获得一张明信片。行人积极参与，活动不仅提高了人们的环保意识，他们也收到了我们送出的奖品。

全体志愿者合影

宣传垃圾分类知识

  活动有序进行，校领导、党员教师也积极参加了此次活动，在天桥的每一处，都能看到老师们和同学们勤劳的身影，他们身着鲜红的志愿者服，勤劳的身影为志愿服务活动抹上了一笔青春的色彩。青春不分界线，老师和同学们用实际行动证明，他们正青春！

第四章 基于幸福教育理念的教育实践——生根教育

志愿者清洁栏杆

志愿者帮助阿婆过天桥

"学习雷锋,当看点滴,从我做起、从现在做起、从点滴做起。"活动结束后,身怀六甲的教师梁茵茵告诉记者,"身体力行就是最好的胎教,我希望我的孩子是一个有爱心、有担当、有责任的人"。

准妈妈们分享劳动体验

三、学校开展社会生根教育的实践成效和思考

（一）学生扎下社会实践之根

珠海市田家炳中学积极引导学生开展社会实践，同学们将田家炳先生"信、善、爱"精神传达到社会，经过一系列活动的开展，我们深刻地体会到社会实践是学生走向社会的一个很重要的锻炼环节，也是学校教育与社会实践相结合的具体体现。社会实践有助于提高学生的动手参与能力。同学们通过高校研学、农场学农、制药公司参观、石博园拓展进一步提高了动手能力。社会实践有助于激发学生对社会问题的思考。同学们走进社区宣传垃圾分类，进行志愿者服务等活动进一步加强了同学们对社会问题的思考，特别是2022年，同学们积极参加珠海市疫情防控志愿工作，更加深同学们对疫情防控的了解，体会到疫情下的全民同心抗疫。

（二）学生扎下服务社会之根

珠海市田家炳中学积极鼓励学生开展社区志愿者活动，是弘扬中华民族传统美德和志愿者精神的行动体现，是构建和谐社会、创建文明社区的重要手段。通过志愿活动，培养了同学们热爱劳动、服务社会的意识，展现了珠海市田家炳中学对社会公益、学生综合素质教育的重视。

活动开展以来，珠海田中学子将志愿服务社会作为展现"信、善、

第四章 基于幸福教育理念的教育实践——生根教育

爱"精神的重要方式,社区清扫服务、敬老院探望老人、关爱困难群体、疫情防控志愿者等活动,都极大地提高了同学们对社会的责任感,真正体现了"信、善、爱"的核心理念,取得了很好的效果。

(三)学校开展社会生根教育的思考

珠海市田家炳中学开展的"三生教育"已经成为学校德育工作的品牌,面向社会的扎根教育正在推进当中,学生通过社会实践在不断增加个人面对社会的适应能力、活动能力和拓展能力,增加同学们的实践知识储备,真正让学校教育与社会教育结合起来。同学们在实践中不断发扬和延伸田家炳先生的"信、善、爱"精神,通过服务社会、服务他人的志愿者活动来展现田中学子的风采,珠海田中印着"信、善、爱"的红色小马甲成为学校周边社区、公园、天桥等志愿服务场所一道靓丽的风采,得到周边居民的普遍赞誉,学校的影响力和办学美誉度也在不断提高。在新的教育形式下,我们也在积极思考如何通过多种途径开展学生的社会"信、善、爱"生根教育,争取取得更好的德育工作效果。

第五章 基于幸福教育理念的教育实践——生长教育

在中国近现代社会转型之际,叶圣陶结合生长观,提出"儿童像种子"这一观点,把植物比作小学生,教师就是种植家,教师的责任就在于发现和保护像种子一样的儿童的可能性,并提供适宜的环境。这一主张强调了教育是一个生命过程,是一个生长的过程,而不是加工、制造的过程,凸显了教育的生命色彩,"尊重生命"被置于教育过程的首位,强调关注受教育者的主动性,这是"生长教育"的出发点。

在新时代"立德树人"的思想引领下,珠海市田家炳中学立足生命教育,关注学生每一天的成长,营造学生健康、自主、和谐生长的环境,让学生的品德、智力、体质等自然而然得到培育,使他们的潜能得到最大限度地发挥,能够在动态发展的过程中为自己创造美好幸福的人生打下基础。

第一节 学校教育中的生长教育

对于生长教育工作的开展来说,学校作为教育教学工作开展的摇篮,无论是中小学,还是大中专及大学等院校,都应当重视生长教育理念的融入,在全面推行幸福教育理念的今天,还需切实关注学生学习与其生长发育的实际需求,满足每一个生命成长的内心体验,只有其内心需求得到满足,才能有效激发其自身潜能,进而体现出自己的生命价值,通过教育开展的形式来使其从中获取幸福感,这是幸福教育理念在实践中的核心目标,以提升幸福度的方式,从多个方面促进学生发展,

第五章　基于幸福教育理念的教育实践——生长教育

使其核心素养得到提升，以促进生命成长的方式来不断提升个人能力与个人素质。作为幸福教育理念形态的体现，在探究生长教育实践方面，还需以学校作为导向，本章节首先探究个性发展教育，以体艺特色为基准来探究学校生长教育中身体的生长，分析体育健康与艺术教育，同时，结合智慧生长的角度来分析学业规划与职业规划。除此之外，还从礼仪教育、法治教育及志愿活动三个层面来探究精神的生长，生长教育顾名思义就是以生命为本的教育，也是以学为本的教育，通过将教转化为学的教育，在现代化社会的快速发展中，这种教育理念已在全国各地不同教学阶段的学校教育体系中占据主导地位。

一、个性发展教育：身体的生长

（一）个性发展

"生长教育"主要是以使得学生健康而个性鲜明地成长，其所培养的方向则是以对于生命的认知与感悟、自身人格品质的构建等方面，完善生命的幸福发展；教育的目的是造就一大批富有鲜明个性特征，能适应社会发展需要的各种人才。

在具体行为教育过程当中，珠海市田家炳中学把生命安全教育作为德育的主要部分，这也是生长教育中的首要部分，生命安全教育始终贯穿于学生高中三年的成长学习之中。高一阶段，主要以提高学生的生命安全意识，并掌握基本的生命知识内容为教学重点。高二阶段，引导学生掌握基本的生存技能，教导学生珍惜生命，敬畏生命，并促使学生逐渐形成与大自然、与他人之间和谐相处的意识。

实践案例1：红十字应急救护走进珠海田中新生军训课堂

青少年是祖国的未来，也是最易受损害人群之一。为培养同学们救死扶伤的人道主义思想，增强自救互救能力，在意外伤害和突发事件发生时能够有应对措施和正确处理方法，2019年10月23日下午，我校联合斗门区红十字会给2019届高一新生举办了一次应急救护知识培训。

红十字会志愿者为同学们解释了救护新概念，通过现场讲解和示范的方式讲解了烧烫伤、心肺复苏术、创伤救护（止血、包扎、骨折固定、搬运等）、常见急症如食物、异物卡喉等突发事件的急救知识与应对措施，并让学生进行现场实践操作，加深印象。

新生军训学习急救知识

培训的时间是下午 3 点到 5 点半,虽然烈日炎炎,但是同学们依然认真听讲。通过此次培训,在同学们的意识中已经种下应急自救互救的根。让同学们认识到急救能力是突发事故中唯一能在第一时间发挥作用的技能,是对抗死神,对抗生命流逝的有力武器。

实践案例 2:劳动砺心志,学农促成长——珠海市田家炳中学开展学农社会实践活动

珠海市田家炳中学学农社会实践活动

第五章 基于幸福教育理念的教育实践——生长教育

  2021年4月8日至9日,春光明媚,春意满园,为引导学生体验劳动的喜悦,领会"劳动最光荣、劳动最崇高、劳动最伟大、劳动最美丽"的深刻内涵,帮助学生开阔眼界、增长知识,培养学生的实践能力和创新精神,珠海市田家炳中学开展了"生根 生长 生存""三生主题"教育活动,由党员教师带领高一、高二学生到斗门区"十里莲江"学农实践基地进行学农活动。

  学农实践活动内容丰富多彩,学生们不仅卷起裤腿下田插秧摸鱼,走进种植大棚观看了有机种植、无土栽培,还亲自体验了手工石磨米粉和客家咸茶制作,合作完成了农家柴火灶野炊。对于同学们来说这不仅是一次综合素质的锻炼,更是一次开阔视野、认识世界、深入体会生活的机会。经历了短短一天的学农实践后,同学们对劳动有了更深的理解,收获了成长与快乐。

田家炳学生下田插秧摸鱼

(二)体艺特色

1. 体育教育

  对于学生生长发育来说,体育教育是其健康的重要保障,在学生个性发展教育方面,在如今的社会当中,不光要重视学生的学习成绩,更要促使其能够得到全面发展,做好这项工作不仅能够有助于学生强身健体,体现出生长教育的幸福教育理念,还能实现全面育人的价值,其重要性体现在学生综合素质培养以及终身发展中。但在实际的教育教学当中,大部分学校都不够重视体育教育的问题,普遍认为增强学生体质,就是体育教育的价值体现,从而严重忽略了强身健体、全面育人的整体功能,这就不能实现体育教育的价值。

面对现状,无论是中小学还是大学都应采取有效措施,特别是在学生处于身体机能快速发展的阶段,对于身体机能的培养不仅是最重要的阶段,效果也是最好的时期,教育相关部门要重视体育健康中生长教育理念的融入。体育教育的开展可切实加强学生思想品德教育,其对于思想品德教育的作用非常重要。体育不仅可以培养学生竞争意识和抗挫折能力,还能够不断激励学生具备超越自我的自信心,运动目标能够使学生不断朝着这个方向去努力,在体育竞赛当中也可以明白一些人生的含义,这对于学生的发展来说有着巨大的贡献。

以珠海市田家炳中学为例,在体育教育方面,体育教师明确表示相关运动可以帮助学生提升竞争意识,通过开展阳光体育活动方案,从不同类型的运动教学中让学生体会成功的艰辛,磨砺学生的道德品质,不轻易言弃,这为其今后走向社会道路面对种种困难与挑战,依然保持自信与不断挑战的心理提供了有效保障。学生在体育运动的过程中还能够形成良好的习惯和文明礼仪,使其能够遵守相关规则,懂得无规矩不成方圆的道理,这样在今后的人生道路上,能够更好地遵守社会相关要求,养成文明礼貌的好习惯。体育教育不仅能够强身健体,还能为学生传达正确积极的价值观,在学生的生活当中增添光彩,使其能够更加健康地成长,以实现全面发展,从小就为其树立公平竞争观念,不断培养学生的自信和拼搏进取的精神。

其次,全面实施体育教育,深入贯彻生长教育理念,有助于学生身心素质的健康发展,其主要表现于体质水平和心理品质上。体质水平中有身体基本活动能力、生理机能和身体适应能力等多种方面,对人体健康能够起到关键作用。通过体育教育能够有效提升学生体质水平,其方式在于提升学生的力量和运动速度等体能素质,从而达到增强人体内脏器官的作用,人体心血管系统和呼吸系统与自身的体质水平有着密切联系,体质水平的高低决定其身体状态的健康,在面对疾病时,抵抗力也比较强。心理素质方面则在于人类认知、情感、意志等多个方面,心理素质是否良好与人体自身心理能量有关。目前很多学生因不爱运动从而

第五章 基于幸福教育理念的教育实践——生长教育

导致自身心理素质较差,偶尔运动时就会出现疲惫以及厌倦的现象,这都是影响心理状态的一大原因,长期如此就会造成学生自身心理承受能力差以及缺乏竞争意识等问题。所以在初中的体育教育当中,教师要注重有效提升学生身心素质,以此在体育教育教学中体现生长教育的价值与意义。

实践案例1:珠海市田家炳中学开展皮划艇体验活动

青春同行,幸福成长。为深入开展"三生教育"活动,带领学生走出课堂、学校,通过探索性课程和社会实践,提升社会实践能力,磨炼生存素质,培养生存能力。10月16日,我校团委组织高一学生前往位于横琴的石博园红色培训基地开展皮划艇体验活动。

本次素质拓展分皮划艇操作理论与安全知识学习和海上皮划艇两个环节。在理论学习环节,同学们认真听讲,就救生衣使用方法、海上皮划艇技巧及注意事项进行了学习。在海上皮划艇环节,同学们团结协作、勇于挑战,将体力与智慧结合,通过单人和双人皮划艇运动项目,体验到了合作、超越的乐趣。

2. 艺术教育

音乐和美术作为一种艺术类学科,对于陶冶学生的情操和审美能力的提高能够提供有效帮助,在促进学生个性的同时还能提升学生的综合素养,这两种学科教育教学工作的开展,对于实现学生全面发展至关重要,对于生长教育来说,培养学生养成良好的道德品质与思想理念极为关键。美术与音乐教育不单单是一门艺术学科,更是推动学生德、智、体、美、劳全面发展的助推器之一,能够通过开展艺术教育的形式来培养学生艺术素养。

其次,在艺术类教学活动开展方面,珠海市田家炳中学创设丰富多样的校园活动,以使得学生得以在教学活动中形成良好的艺术熏陶。例如,通过举办"发现生活中的美"摄影大赛,让同学们用相机影射出生活中的美、心灵深处的美。

鲜花吐露芬芳是美,清晨的第一缕阳光撒进窗台是美,烟花在夜空中绚丽地绽放是美,而一个温暖的微笑,一个激励的眼神,一个感动的瞬间也同样是美,同样生活中也不乏有服务他人、奉献自己的绵薄之力的举动,这是更高层次的美——心灵美。

实践案例:"发现生活中的美"摄影大赛活动方案

活动目的:为丰富校园文化生活,展现我校学生蓬勃向上、积极进取的精神风貌,提高学生的审美情趣和艺术素养,为学生搭建展现才华、交流创意的平台,我校举办了首届摄影大赛。

作品:记忆中的田中

作者:赵钰婷

第五章　基于幸福教育理念的教育实践——生长教育

活动事项：①作品内容积极、健康向上，人物、动物、风景均可，围绕"发现生活中的美"主题，针对生活中每一个具有新颖、美丽、幸福、感动的瞬间进行照片采集；②作品形式、风格、黑白、彩色不限，单幅和组照（一组不超过五幅）均可，不对像素作要求。电子版尺寸不限，实物版一律七寸照片；③作品需要配详细图片说明；④参与者投送作品应属于个人作品，不得抄袭，否则取消参赛资格；⑤电子版、照片均可。大赛截止日期 2021 年 2 月 22 日。

（三）社团建设

在生长教育的实践过程当中，相比现代教育中对于学生综合能力以及个性化发展的培养，学校则可创设各种类型的校园社团活动，将各类活动展现其中，以使得学生能够在其中参与各自喜欢的社团活动，从而发挥自身的特长，使得个性得以有效成长与发展。

珠海市田家炳中学的社团主要分五类：一是文学艺术类，活动重在人文性与艺术性的统一，培养学生的人文艺术素养，如文学社、诗社、记者站、励志宣讲团、书画社等；二是实践感悟类，活动重在认知、感悟，培养学生的社会责任感，如同伴社、爱心社、广播社、环保社等；三是科学技术类，活动重在科学实验、科技制作，增强探究和创新意识，如机器人、实验超市、航模、天文社、数码时代等；四是兴趣活动类，活动重在培养学生兴趣，开拓视野，如古风社、摄影社、手语社、吉他社等；五是运动竞技类，活动重在培养学生的竞技水平，如街舞社、武术社、足球社、乒乓球社、羽毛球社、健美操社等。

学校利用社团活动全面构建多姿多彩的校园生活，使得学生的成长教育得以更加完善。

活动案例：珠海市田家炳中学社团手册

（1）国旗班：升旗仪式是对学生进行爱国主义教育的重要形式，是展现当代中学生良好精神风貌的舞台。规范、严谨的升旗仪式，有利于培养学生的爱国意识和团队观念，促使学生养成良好的行为习惯。成立之初，队员们克服"时间紧，任务重"的种种困难，用他们高昂的斗志、飒爽的英姿圆满地完成了学校赋予的光荣使命。当下，我校国旗班已经成为我校学生文化的一道靓丽风景和学校对外宣传的一张闪亮名片。

田家炳中学升旗仪式

（2）漫研社：漫研社是一个属于 ACG 文化圈的社团，部门有：宅舞部、WOTA 艺部、唱见 CV 部、画手部和后勤部。社员之间会经常探讨研究动漫、漫画、游戏等与 ACG 相关的话题。社团也会有一系列的社团活动，主要活动例如逛漫展、打 WOTA 艺、跳宅舞等。每个喜欢 ACG 文化的人都可以加入漫研社来寻找各自的同好！

漫研社作品

（3）吉他社：一个风趣幽默的社团，作为一个优秀的社团当然离不开多方面的发展，所以我们有架子鼓、钢琴、吉他、声乐、尤克里里……我们聚在这里，尽情享受音乐，交流音乐。在繁重的学业之下留出一丝空闲做自己喜欢的事情。

吉他社音乐活动

（4）话剧社：话剧社是一个以语言类为主的社团，话剧社的主要活动是每年一台的大型话剧，话剧题材非常广泛，既包括文学色彩很浓的名篇名著又上演过通俗易懂的生活剧目。

第五章 基于幸福教育理念的教育实践——生长教育

我们在各类活动中积极锻炼新人,尽量做到让每一位社员得到锻炼,话剧社真正成为他们展现自我的一个舞台。

话剧社活动

(5)爵士舞社:爵士舞社在我校已经留下了十余年的足迹,每一年都在不断地发展、进步。这是属于充满活力的舞者们的小聚落,以舞会友是我们独特的交流方式。爵士舞是一种急促又富动感的节奏型舞蹈,是属于一种外放性的舞蹈,不像古典芭蕾舞或现代舞所表现的一种内敛性的舞蹈。

爵士舞社活动

(6)国韵社:国韵社,前古风社。文化多元化的现在,只有前进才能稳定,为了不过于局限,因此改名为"国韵"。作为当代中学生的我们,需要了解并弘扬中华民间艺术,弘扬民族精神,提升民族自豪感。

国韵社活动

（7）摄影社：摄影社团本着"团结、进取、求实、创新"的宗旨，是一个立足于创造性与个性思维相结合的艺术形态，主要以DV、拍照和文字相结合展现文化风采，崇尚艺术与审美。通过一幅幅照片、一段段视频来记录校园的生活，记录学习的点滴。

每个摄影爱好者都喜欢奇幻的光和影，光与影就是你幻化的因子，只要一个相机，就可以让你的生活定格，留住幸福的点点滴滴，留住每一个动人的瞬间，还在等什么？摄影社团为你提供一片天地。

（8）合唱团：为全面实施素质教育，加强学生美育教育，培养德、智、体、美全面发展的社会主义建设者和接班人，进一步推行我校特色立校之宗旨，加强我校艺术教育工作，促进合唱艺术教育事业的发展，构建一个和谐、健康、活力、美丽的校园文化，同时为学生提供一个展示艺术才华和交流学习的舞台，为更高一级学校培养音乐特长人才提供优秀资源，经学校研究决定启动田中合唱团。只要你喜欢唱歌，有集体荣誉精神，能吃苦耐劳，合唱团欢迎你的真诚参与。

田中合唱团活动

（9）古筝社：田中古筝社团的创建，着力于丰富校园文化，培养学生全面发展，发扬民族音乐，陶冶艺术情操，使学生具有初步的感受音乐、表现音乐的能力。通过第二课堂的音乐实践活动，丰富情感体验，培养审美情趣，促进个性的和谐发展。社团是课堂教学的补充和延伸，与课堂教学相比更加具有灵活性和可塑性。

秉持以尊重个性，张扬个性，提倡个性为中心，利用课余时间打造丰富的校园音乐文化环境，实现自我教育、自我管理、自我服务的教育目标，为广大学生提供展示自我的空间和舞台。

田中古筝社活动

（10）体育舞蹈队：本着推动校园文化发展，丰富校园学生文艺舞台，通过组织社团进行体育舞蹈练习，给拉丁舞爱好者提供学习和展示的机会。拉丁舞主要包括伦巴、恰恰、桑巴、牛仔和斗牛舞。社团本着"展示自我，舞动青春"的宗旨，积极开展各种别具一格的舞蹈活动，用兴趣的力量带动身体的锻炼。

体育舞蹈队活动

（11）记者站：记者站的宗旨是引导和推动校园文化的健康发展，培养具有一定写作能力、新闻采访能力、组织能力、协调能力的综合人才，它担负着传播校园文化、记录中学生活、做好宣传舆论工作的职责。主要负责学校各项活动的前期广播宣传和后期网络报道等工作，它创造性地将同学们积极的思想动向、丰富的文化生活展示给全校师生。

记者站部分成员

（12）广播站：广播站是学校进行宣传工作的一个重要窗口，是对学生进行德育教育的一块重要阵地，也是加强校园文化建设的一项重要内容。一个好的校园广播站就是一座联系学校和学生的桥梁，也是一条团结全体同学感情的纽带。

广播站活动

（13）田中舞蹈队：田中舞蹈队的成立丰富了校园文化生活，培养和发展了同学们在舞蹈方面的兴趣爱好，在舞蹈队的训练和演出中同学们找到了乐趣，增强了自信，提高了舞蹈艺术方向的修养。活跃校园气氛，陶冶学生的情操。

田中舞蹈队活动

（14）礼仪队：礼仪队是为学校组织的活动出席礼仪，主要负责学校对内对外各种大小型活动的利益接待和颁奖工作。它作为一场活动的形象，在活动中扮演着极重要的角色，好的礼仪队体现了学校学生的良好形象，提高学校的知名度。通过做礼仪工作，礼仪生也可以提升精神面貌，规范坐姿、站姿、走姿，更好地展现个人魅力，锻炼在社交礼仪中的应变能力和表达能力，从而提高自己的综合水平。

礼仪队排练活动

（15）机器人社：机器人社团活动旨在激发同学们无穷想象力和创造力，让学生充分运用课堂所学的知识和技能于社团活动中，社员通过社团活动能够学习到许多平时学不到的经验与知识，使得两者得到很好的结合，既发展了自己的兴趣，又促进了课内学习，学生能够体验到项目成功后的无比自豪感、喜悦感，以自信和热忱面对困难和挑战。

机器人社活动

（16）航模社：航模社团是为了喜爱模型的学生发挥科技特长，让学生的知识和技能得到拓展，分析问题和解决问题的能力、自主实践能力得到锻炼提高，创新探索、勇于拼搏、不断进取、团队合作的精神得到激发和养成，这正是推进素质教育、培养社会有用之才最需要的。

航模社活动

（17）文学社：本社团的设立，是为了丰富校园文化，激发学生写作兴趣，扩大文学视野，提高阅读和写作水平，进一步推动校园文化建设，展示我校师生的良好精神风貌，更好地采纳学生（社员）的文学作品，开设一些专栏，旨在学习、交流、锻炼、培养能力。文学社侧重学生的兴趣爱好，即对文学的热情。

（18）田中足球队：珠海市田家炳中学足球队建立于2016年，并坚持以"顽强拼搏，超越极限"为原则，奋发向上，并于2018年取得珠海市高中生联赛第八名，2021年斗门区贺岁杯取得校史最好成绩——第三名！

他们持之以恒，艰苦训练，用意志、用汗水、用行动证明了自己，开出了一朵朵最美的花。也正是昔日的坚持和努力，才换来如今的荣誉！

田中足球队部分成员

二、学业规划教育：智慧的生长

（一）学业规划

学业指个人一生的道路或进展途径,包括工作、职业、生活、爱情、家庭、休闲等方面内容,是一个人选择并透过其工作或专业、生命去追求人生价值的课题。学业规划教育是由20世纪70年代美国的西德尼·马兰博士提出的新理念。其核心是促进人生命历程中的事业发展,主张通过社会、学校的共同努力,解决教育与现实生活、工作劳动相脱节的问题。起终点是放在人的全部学业,包括学业认知、学业探索、学业定向、学业准备、学业熟练等步骤逐一实施,帮助学生建立切合实际的职业学业目标,并建立个人的生活形态。

在学校的生长教育中,在关注身体生长的同时,还需重视学生智慧的生长,尤其是在学业规划方面,以学法指导为导向,通过融入生长教育的幸福教育理念,从培养学生养成良好的学习行为习惯出发,不再以传统的教学观念进行教学,更加注重学生的学习,而不是重视教学结果。良好的学习习惯和学习行为不仅能够有效提升学习质量和效率,还能促进学生全面发展,从而能够更好地体现出学法指导对于高中学习的重要作用与意义。良好的学习习惯不仅能够使其学习质量得到提高,更代表着学习方法的形成。除此之外,在开展学法指导的过程中,一定要重视构建起和谐的师生关系。只有在更加融洽的环境当中,才能够体现出学法指导的重要性。

对此,珠海市田家炳中学在学业规划教育方面,生长教育理念的融入具体表现如下:(1)教师应当转变教学思想和理念,一切以服务学生为主,同时,要完全理解并掌握学法指导的核心思想,明确其目的,要以教会学生学习为主,并不是重视学习结果,采取各种手段来逼迫学生学习。(2)构建完善的民主化师生关系,使两者之间的关系进化为亦师亦友般的友情,只有缩短学生与教师之间的距离,才能使学生产生浓厚的主动性、积极性学习动机,从而使其能够充分发挥出自身的主观能动性。(3)构建完善的师生合作关系,教师之间存在着一定的矛盾,这属于正常现象,而这也是教与学之间的矛盾。在开展学法指导时,发现有矛盾及问题的存在,一定要及时采取相关措施进行解决,解决问题千万不能采取压迫学生学习的方式,这样不但不能达到目的,还会使学生对教师造成妨碍，从而使两者的关系更加疏远，这就违背了学法指导的原则，也就无法体现出教育教学的效果。

实践活动：追梦青春，乐享大学——珠海市田家炳中学组织高中生走进高校

12月11日，我校团委组织开展了"50万+"共同成长计划之高中生进高校活动。来自我校的50余名学生、老师走进珠海科技学院参观，浓郁的创新精神，积极进取的文化氛围，为这些学子们提前上了一堂生动的"大学课"。

在大学生志愿者的带领下，学生及老师们参观了汤臣倍健"透明工厂"，通过对企业展厅、研发产房、工厂车间等的参观，对药物生产的基本流程及高标准、严要求的药物生产环境有了初步的了解，对药物领域先进技术有了更加系统、全面、深入的认知。

下午，同学们参观了科技学院的特色产业学院——机器人产业学院和药学与食品科学学院。在老师们的讲解下，同学们在学习的过程中体验科技与药学的魅力，对其专业知识有了更进一步的了解。此外，同学们还参观了学院图书馆，并对图书馆的藏书量感到十分诧异，甚至有同学提出"能否买书"的疑问。最后，志愿者带领同学们观看航空学院风采展示。同学们认真倾听志愿者的讲解，对飞机起飞原理以及飞机的发展史有了更深刻的认识。

第五章 基于幸福教育理念的教育实践——生长教育

紧接着,珠海科技学院的志愿者们为珠海市田家炳中学的学生开展生涯规划指导课堂。十佳大学生陆晶晶与唐玮煜分享了个人大学生活经历,介绍专业与就业的关系,并为同学们答疑解惑。此次课堂令同学们对大学规划有了更清晰的认识,也对大学生活充满了憧憬与期待。同学们也表示今后会更加踏实努力,朝着自己的梦想前进!

参加活动的高中生们在本次短暂的大学之旅中,凝聚了思想、锻炼了队伍,对大学专业与生活有了更进一步的了解,对自己的生涯规划有了更清晰的认识,使他们坚定理想信念,促进各方面综合发展。

(二)职业规划

职业生涯规划教育主要体现在引导学生对自身职业及学科匹配度进行探究,并帮助其选择适合自己的职业,该教育属于内容广泛且延伸性较强的综合性教育。在实际开展中,生涯规划教育不仅能够使学生更加了解并进一步掌握相关学科知识,能够使其意识到学习知识的真正含义,进而能够选择自己想要从事的职业,制订个人发展目标,朝着这一生涯规划的方向去不断努力,有助于学生个人素质的提升,从而树立正确的价值观念,这样的教育方式能够更好地为国家发展及社会建设培养优秀人才。

近年来,珠海市田家炳中学深入推进幸福德育特色品牌建设,成立学生发展指导中心,组建专业的指导教师队伍,构建完善的生涯规划课程体系,坚持以学生全面发展为导向,以生涯规划课程和生涯规划教育为抓手,旨在唤醒学生的生涯规划意识,促进学生全面而有个性地发展,培养幸福田中人。

实践案例:珠海市田家炳中学举行生涯规划教育示范课

高一学生如何直面自己的未来、如何规划自己的高中三年甚至一生的生涯发展?新高考给学生的学业发展带来哪些新思考?基于此,本着"为了学生的终身发展选择"这一目的,9月24日下午,珠海市田家炳中学举行生涯规划教育示范课,邀请广东实验中学学生发展指导中心团队成员蔡柔娜老师为高一(5)班作《探索我的职业兴趣》专题主讲。示范课直播到高一年级所有班级。梁洪波副校长及学校德育队伍等聆听了示范课。

基于幸福教育理念的"生根、生长、生存"教育实践研究

田家炳中学生涯规划教育示范课

蔡柔娜老师从兴趣与职业兴趣的定义与联系、了解自身职业兴趣类型到兴趣金字塔理论、兴趣升级攻略,运用鲜活实例唤醒学生的生涯规划意识,准确定位自身角色,在正确自我认识、自我评价基础上确立目标,在知己知彼的基础上做好决策行动,围绕自己的生涯规划去选择科目、选择大学、选择专业,促进自己全面而有个性地发展。

同学们纷纷表示,一节课下来,收获很大,收获的不仅仅是豁然开朗的心境,更是一种规划人生蓝图的智慧和能力。

三、礼仪法治教育:精神的生长

(一)礼仪教育

对于学生良好精神的培育来说,要想体现出良好道德品质,还需重视礼仪教育的开展,礼仪教育是美育思想理念的体现,意在培养学生认识美、爱好美和创造美的能力的教育,也称美感教育或审美教育,而美育教学则是美育的一种体现,这是一种新形式的教育理念,是将美育融入教师教育教学工作当中,是当下我国推行的素质教育中重要的组成部分。美育教学需要教师引导学生学习相关学科知识的同时,还能采取美育教育的方式来推动学生德、智、体各方面的发展,进而加强其个人思想,培养良好的道德品质和情操,以此来促进学生智力发展,无论

第五章 基于幸福教育理念的教育实践——生长教育

是中小学,还是高职教育阶段的学生,都能够为其健康成长提供有效保障,使其养成良好的道德品质。除此之外,美育教学要重视美感教育的体现,就是以培养学生认识美、体验美、感受美、欣赏美以及创造美的方式,增强其美感方面的能力。

单从形体训练教学的角度来看,相比于主修学科的学习来说,其作用和重要性体现在学生综合素质提升方面,有助于其核心素养的培养与提升,以此来为学生全面发展的实现提供保障。在形体训练课程当中,珠海市田家炳中学融入美育教学思想,促进学生健康体魄的构建,并加强其形态的协调性,提升学生个人气质,满足不同专业学生的职业发展需求,这是高职教育教学体现职业化发展的体现。以美育思想为主导,使学生对美观有一个正确的认识与了解,进而明确自己形体训练及发展的方向,制订出更好的职业发展目标。总的来说,形体训练美育意义是多面性的,能够从多个方面来提升学生气质形象,加强其身体控制力与灵活性等,从而塑造良好的外部形象。

除此之外,在礼仪教育中,不仅体现于形体教学,也能从话语教学方面得以体现,尤其是礼貌用语。礼貌语言的含义就是用言语的方式来表达自身礼貌的品质,通过语言来体现出礼貌的行为。不同的语言体系中,礼貌语言的种类也存在较大差异,在阐述礼貌语言时,一定要与语境相贴合,根据实际情形来叙述相关语言。在人们的日常生活中,此类语言无处不在,其是人类沟通的桥梁,也是增进彼此之间关系的融合剂,能够在礼貌的基础上来构建更加和谐的人际关系,这是人与人之间尊重的体现。结合我国汉语言来看,礼貌语言的意义重大且深远,能够体现出一个国家和民族的气质与文化。

实践案例1:做文明学生,创礼仪校园——珠海市田家炳中学高一级举行演讲比赛

为了更好地推进文明礼仪教育,提高学生做文明学生的意识,加深学生对田家炳中学"信、善、爱"文化的理解,引导同学们注重自己的言行举止,2021年12月2日下午,高一年级在礼贤楼一楼开展了"做文明学生,创礼仪校园"演讲比赛。

比赛场上,选手们意气风发,慷慨激昂,12名选手紧扣"做文明学生,创礼仪校园"这一主题进行演讲,他们以生活中的真实例子、伟人的典型事迹,深情讲述了一个个动人的文明礼仪故事。同学们深受感染和鼓舞,再一次感受到了文明礼仪的重要性。选手们精彩的表现赢得在场同学和老师的阵阵掌声。

(二)法治教育

珠海市田家炳中学通过从法治教育层面入手,以法治教育来引领规范,加强学生的法治意识,使其进一步了解我国《宪法》和《民法典》等基本法律法规,通过普及法治知识来培育学生养成良好的道德品质与行为习惯。使学生在个人思想观念中形成一种以树立遵纪守法为荣、以违法乱纪为耻的价值观念,进而才能引导其形成正确的价值观念,并端正自己的态度,以法治来规范其人生,进而才能将其培育成一名遵纪守法的良好公民。

实践案例2:"学习贯彻未成年人保护法·做新时代守法好学生"主题征文活动

为推动深入学习贯彻新修订的《中华人民共和国未成年人保护法》《中华人民共和国预防未成年人犯罪法》,进一步引导中学生领悟践行习近平法治思想,积极培育和践行社会主义核心价值观,切实把思想和行动统一到党中央、国务院对未成年人保护工作的决策部署和依法保护未

第五章　基于幸福教育理念的教育实践——生长教育

成年人权益上来,动员全社会积极参与、高位推进未成年人保护工作,珠海市田家炳中学开展"学习贯彻未成年人保护法·做新时代守法好学生"的主题征文活动,具体事项如下:

(1)征文主题。征文要紧扣"学习贯彻未成年人保护法·做新时代守法好学生"主题,以如何学习贯彻实施新修订的《中华人民共和国未成年人保护法》《中华人民共和国预防未成年人犯罪法》为主线,以个人与国家、法律、社会和新时代的关系为角度,通过所见所闻、所学所思,抒发个人意见。

(2)征文要求。认真学习新修订的《中华人民共和国未成年人保护法》《中华人民共和国预防未成年人犯罪法》,深刻领会"两法"传递的精神内涵和重大意义;紧扣主题,弘扬主旋律,传递正能量,彰显时代性、创新性;内容真实、情感真挚。题目自拟,体裁不限,可以是记叙文、议论文、日记等,不少于800字;征文均须填写作者真实姓名、班级、指导老师。

(3)征文时间。征文自通知发布之日起至2021年11月18日。

(4)投稿方式。高一年级、高二年级每班不少于3篇。

(5)奖励。设置一等奖10名,二等奖15名,三等奖20名,优秀奖若干名。参赛选手、指导教师均可获得本校颁发的荣誉证书和奖品。

(三)志愿活动

对于精神生长的教育来说,志愿精神的培育极其重要,这一精神品质的形成需通过开展志愿活动来实现。进入新时代之后,青少年要积极参加志愿服务活动,这要求青少年学习并掌握更多本领,便于提升服务效果。为此,培育青少年志愿精神时,还要加强训练专业技能这方面,使青少年能切实感受到运用所学知识为他人提供帮助的重要性,从中还能收获满足感,由此激活青少年参与志愿服务积极性。

珠海市田家炳中学通过借助开展志愿服务活动的方式来进行社会实践教学,有益于提高青少年志愿服务能力。精神和技能都是不可或缺的,这是由于提供志愿服务不能只依靠满腔热情。随着时代的不断发展和进步,志愿服务项目在类型上越发多样化,对应志愿服务对象需求也日益增多,如在看望孤寡老人方面,过去只需陪老人聊天,以及做一些力所能及的事务即可,但在老人心理需求不断提升之后,青少年志愿者还需提供心理疏导等相应服务,这对青少年来说,注重提升志愿服务能力不仅重要且极为有必要。当前志愿服务组织管理越发完善,可从如下几方面来推动青少年志愿者能力实现提升。

其一,在还未正式提供志愿服务时,由志愿服务组织安排相应培训活动,使青少年掌握志愿服务内容,知晓自身应提供哪些服务,尤其是为大型赛事提供志愿服务,更是需要做好准备工作。

其二,进入实践操作环节,这是广大青少年群体把所学知识转化为实际行动的重要表现,同时实践从根本上来说便是要不断提升自己的能力,不管是专业技术的训练和提升,还是突发事件的应急处理能力,均应当在实践中不断总结积累经验。志愿服务能够为青少年各项能力的提升提供契机。

其三,志愿服务还能够让青少年见识更加广阔的世界,通过志愿服务活动认识更多身边优秀的群体,通过学习对标身边榜样和先进典型,找寻自身差距,进而自主产生不断改进优化自身的动力。身边优秀典型的榜样作用对青少年完善自身发展起到积极的作用。故而,志愿精神的内化建立在青少年不断实践的基础之上,通过参与志愿服务达到修炼自我、不断奉献的目的。

随着人们对于社会公共事务的关注度逐渐提升,通过对新时代青少年志愿精神的培育,进而使其能够养成具备一定创新理念的精神力量,是青少年成长过程中必备的一种道德品质,青少年具有公共精神是成长为符合社会发展的时代新人的重要因素。现代社会公共空间的不断拓展要求人与人之间具有平等的关系,在这样的环境下,为实现彼此间和平相处与共同发展,只要具备志愿精神的良好品质,愿意为他人及社会奉献自我,这对于青少年来说,是最好的教育方式,相比于学科知识技能的学习来说,志愿精神的培育对其青少年个人终身发展极为重要,是其能否成为新时代社会主义现代化建设有用人才的关键。所以,开展志愿活动教育,能够以实践教育的形式来体现对学生精神生长的培育,进而贯彻生长教育理念来为其树立正确的价值观念,促进其形成良好的精神品质,以此来加强精神生长教育的精神文明建设。

第五章 基于幸福教育理念的教育实践——生长教育

实践案例3：珠海市田家炳中学开展垃圾分类进社区志愿服务活动

1. 党旗飘扬志愿行，美丽天桥我守护

自党史学习教学开展以来，珠海市田家炳中学坚持知行合一，把"我为群众办实事"实践活动贯穿始终，走进社区为广大居民提供志愿服务。

连接珠海市田家炳中学门口与榕益村村口之间的人行天桥，自建成以来，不仅有效缓解了学生放学后的交通拥堵情况，而且给周边群众的出行带来了便利，但每天经过的人多了，天桥上的垃圾也越积越多。垃圾的堆积不仅影响过路人的心情，更是影响城市的文明形象，为此，珠海市田家炳中学党总支发起"美丽天桥我守护"倡议，号召广大党员和青年学生积极参与清洁天桥卫生志愿服务活动，为群众办实事。

按照党总支"学史力行"的指示，结合珠海市田家炳中学3月雷锋月活动方案，各班团支部迅速响应，进行每周一次的天桥环境卫生扫除活动。在党员教师和班主任的带领下，学生志愿者们自带扫把、簸箕、垃圾篓等工具，把天桥上的灰尘、纸屑、落叶、烟头、食品包装袋清扫干净，用毛巾将扶手和护栏擦洗干净，用手把天桥上粘的广告"牛皮癣"撕下来，清扫完毕后，天桥环境焕然一新。

一位过路小学生说，她每天放学都路过这座天桥，天桥建成两年了都没人打扫,地面上树叶、纸屑很脏,经过这些志愿者的打扫,天桥变得很干净,平时经常能看见学生志愿者穿着红马甲,拿着扫帚清扫天桥,他们真的很辛苦!

学校德育副校长梁洪波说,近年来,学校持续推动志愿服务常态化,"志愿红"已经成为文明校园的底色。田中师生学习雷锋精神,争当文明志愿者,通过走进社区志愿活动,真真正正为群众办点实事,为大家营造干净有序的生活环境。

2. 垃圾分类进社区

为了深入普及垃圾分类知识,广泛发动学生和家长积极参与生活垃圾分类,倡导健康环保的生活方式,2021年10月珠海市田家炳中学开展"垃圾分类进社区,环保理念入人心"宣传活动,广泛动员亲子家庭参与垃圾分类工作,进一步推广垃圾分类理念。

国庆期间,珠海田中在斗门区体育馆附近的小区开展国庆"生活垃圾分类"宣传活动。此次活动共吸引了10多组亲子家庭参加。10月4日上午9点30分,志愿者们来到斗门区文华书城门口集合,向附近的居民们分发垃圾分类宣传册,讲述垃圾分类的意义,动员更多社区居民积极参与垃圾分类工作。

有的志愿者在人流密集的体育馆、公园守住垃圾桶,耐心地为居民普及宣传垃圾分类相关知识,细致地讲解日常生活中容易混淆的垃圾种类。

活动最后,家长们带着孩子到西堤路徒步,吹着带有丝丝凉意的秋风,一起徒步健身,一边向路人宣传垃圾分类知识。家庭是孩子形成人生观和世界观的第一所学校,通过亲子志愿服务活动让孩子在服务中学会承担更多的社会责任,也向身边的人传递更多的正能量。

10月1日和2日,踏着清晨的日光,田中学子来到金湾区图书馆参加垃圾分类进社区的志愿服务活动,他们每个人都怀着一颗热情奉献的心,也积极地投身到志愿服务的行列。在图书馆的大门口拍完照后,兵分两路,一些同学留在图书馆进行服务,学习和了解垃圾分类经济价值;其他的同学到了金湾情侣路开展垃圾清理工作。

在市图书馆的一至五层,你都可以见到田中志愿者的身影。他们或在墨香四溢的书架之间往来穿行,或在书架边整理书籍,或在过道做清洁卫生。我们平时到图书馆都会看到工作人员在做这些事情,可能当时我们会觉得这些工作相当简单与轻松,通过这次活动,学子们亲身体尝到其中的辛苦滋味。

短短一天的志愿服务已经结束,图书馆的各项整理工作也已基本完成。在活动过程中,同学们时时刻刻都本着奉献的精神,展现出了田中志愿者的风采。

志愿者们充分发挥先锋模范作用和志愿服务精神,牺牲假期时光,身体力行参与垃圾分类工作,为社区整洁优美的环境助力,为创建全国文明城区助力。

3. 表彰最美志愿者

一年以来,我校各级团组织和青年志愿者协会指导广大团员青年以学雷锋活动和青年志愿者行动为重要载体,广泛开展了"守护天桥""我为母校做件事""志愿服务进社区"等志愿者服务活动。志愿者们不计个人得失,无私奉献,致力弘扬我校"信善爱"精神,涌现出了一大批优秀的青年志愿者。为鼓励先进,选树典型,鼓励青年学生更多、更好地服务校园、服务社会,积极参加社会公益活动,经校党总支、校团委研究,决定授予林钰婷等12个名同学"最美志愿者"称号。

第二节 家庭教育中的生长教育

在生长教育开展方面,不局限于学校层面,在家庭教育中也极为重要,对于每一个人来说,家庭都是第一个教育场所,而父母是最好的老师,这是亘古不变的真理。家庭相比于学校而言,这是每个人一生中非常重要的组成部分,而结合生长教育的核心理念来看,在终身学习与发展过程中,家庭教育会造成不同程度的影响,是每一个人能否实现健康成长的关键,也是能否成为推动国家发展及社会建设有用人才的要素。

家庭教育不是学校教育的延伸,不是升学教育的基础,而是素质教育、终身教育的基础,它是为人的全面、终身发展奠定基础的教育。这主要体现在以下几点:身体发展的基础——家庭教育阶段是青少年迅速发展的时期,家庭教育应养成青少年良好的爱惜身体意识及锻炼身体习惯;智慧发展的基础——家校合作共育,让青少年学会将知识内化为探索真理的智慧,提高生命的层次;精神发展的基础——家庭教育不只要强调纪律、规范的外在约束价值,更要重视道德形成及生命发展的内在价值,关注青少年的情感体验和道德参与。

一、家庭教育中的个性发展教育——身体发展的基础

基于幸福教育理念下的家庭教育核心理念是"生命教育",旨在完整全面地尊重生命、关怀生命和发展生命。生命的整体性要求家庭教育关注人的完整生命发展,而不仅仅是知识的获得或认知的发展。家长不仅要注重孩子知识与技能的获得,更要培养青少年的个性发展,提升青少年的生命意识和生命价值。

首先,重视家庭教育,培养孩子的主体意识和主体能力。家庭教育的主体建构,就是要在尊重个体生命主体性的基础上,唤醒、激发个体的主体意识,培养和发展个体的主体能力。只有具备主体意识的人,才能在各种活动中实现自身价值,对自身和社会负责。而对于处于受教育阶段的青少年来说,主体意识最直接的一个表现就是"自主学习""主动参与"。好的家庭教育是家长激发孩子自主学习,孩子的主体意识越强,他们的责任感就越强,对自身的要求就越高,在主动学习以获得自身不断发展方面的自觉性就越强,从而也就能更好地调整自己行为和心理状态,获得更好的学习效果。

近几年,为了使学生的家庭教育与学校教育达到目标一致,珠海市田家炳中学大力推动家长学校的建立,定期组织家庭教育指导服务活动,使学生各个方面的教育培养得到家长的相互配合,如学生习惯的教育形成、人际关系的沟通交流、环境资源的节约爱护、家庭劳动教育等。除此之外,学校还可适当地组织亲子社会实践活动,以贯彻生长教育理念,使得学生得以在现实情境下有效地成长并接受成长教育。

其次,重视家庭引领,培养孩子强身健体的好习惯。生命在于运动,体育运动是身体生长的需要,也是精神生命生长的基础,养成良好的体育意识和体育习惯不仅可以强健体魄,还可以促进身心的和谐、个性健康发展。父母要以身作则,将运动融入家庭生活,让孩子爱上运动。在指导孩子运动时,要根据孩子不同年龄特点,结合运动知识,科学地指导孩子锻炼。如7—12岁注重运动多样性和丰富性,培养运动兴趣;

13—17岁可以选择一两项运动进行专项练习。

实践案例1：2022年珠海田中学生寒假德育作业

家庭劳动体验作业

班级：_____ 姓名：_____ 家长签名：_____

劳动教育能培养学生正确劳动的价值观和良好的劳动品质，但是劳动教育非一时一地之功。期待学校、家庭、社会各方齐心同向的持续努力，真正让美好生活靠劳动创造的哲理，融入学生的终身学习和终身发展之中。希望家长们能与学校紧密配合，进行亲子劳动，家长在带领孩子劳动的同时，请做好体验记录，让孩子体会劳动的艰辛。希望大家能认真细致地完成此项寒假作业。以下三道德育作业，可任选一道完成并作好拍照及文字记录，开学后上交班主任。学校会进行评选优秀德育作业，给予表彰。

1.《寒假作业之一道拿手菜》
2.《寒假作业之趣味小点心》
3.《寒假作业之创意水果拼盘》

活动时间	活动内容	活动感想	家长评价

附：最美劳动成果图片（时间地点，电子图片一张）。

二、家庭教育中的生涯规划教育——智慧发展的基础

父母对子女的影响是巨大的，特别是对未成年子女的生涯规划和发展往往起着决定作用。每一个孩子的出生都带着家庭的烙印，父母的言行、兴趣、爱好、习惯、职业都深刻地影响着孩子的一生，因此，生涯规划教育应当成为家庭教育的重要内容。

尽管多数家长缺乏专业教育知识与能力，也缺乏对各种职业的了解，但是家长是陪伴孩子时间最长的成人，对孩子了解相对较深，仍然可以从很多方面对孩子进行生涯教育。

（1）生涯规划教育要从小抓起。我们经常问孩子,你的梦想是什么。梦想就是孩子最天真懵懂的生涯目标,或许,孩子的梦想还很模糊,经常改变,但是,家长有意识地用生涯规划进行引导,可以让孩子埋下心底梦想的种子,有了梦想就有了前进的动力,成功的方向。

（2）将梦想具体化为生涯目标。父母在帮助孩子树立自我追梦意识的基础上,要引导孩子将实现梦想分解成几个小目标,设计自我,规划人生。大部分父母的生涯认知和教育水平有限,因此,家长要通过家长学校、班级家委会、生涯教育专家的讲座等,不断提升自身对生涯教育的认知；积极参加班级主题教育活动,见证孩子的努力和生涯成长；在与孩子的交流中,渗透生涯发展理念,潜移默化地影响孩子。

（3）为孩子提供生涯体验方面的支持与帮助。家长可以创设情境,让孩子体验各种生涯角色。例如,职业角色、家庭生涯角色等。体验家庭生涯角色可以通过让孩子在家庭中承担一定的家庭责任来实现,家长可以让孩子做一定的家务,如洗碗、扫地、做饭等。职业生涯体验可以带孩子近距离接触大学和专业,提供机会让他们体验不同的职业,鼓励、支持他们尝试其兴趣爱好所在的事情,帮助他们在生涯体验中更加多元、全面地认识自我。

（4）家校合作,相互交流,彼此支持,成为孩子生涯发展的合作伙伴。珠海市田家炳中学联合家委会设立了"生涯讲堂",定期邀请家长、优秀校友作为"生涯讲堂"的导师,介绍自己的生涯发展历程,开阔学生们的视野,促进学生对各种职业的认知,建立家长职业资源库,提供学生职业实践的机会。

实践案例2：珠海市田家炳中学暑期职业体验活动方案

在贯彻国家教育体制改革精神的背景下,为帮助高中生更早地直接地接触、体验社会的方方面面,认识自我、发现不足,树立正确的职业目标及科学规划未来的能力,提升他们在职业规划、人生规划、社会实践等各方面的综合素质,为将来步入社会奠定基础。我校决定联合家长学校举办暑期职业体验活动。相关事宜通知如下：

总体目标：

通过组织学生到用人单位进行就业见习,增进学生对用人单位、工作岗位的了解,引导学生对自身进行准确定位,帮助学生进行更好的职业规划。

第五章　基于幸福教育理念的教育实践——生长教育

活动时间：

2019年7月20日—8月14日之间，职业体验具体时间视不同情况而定。

活动对象：

职业体验以高二学生为主，其他年级学生为辅。

走访企业（参考企业）

珠海市斗门区旭日陶瓷有限公司（带队老师：××老师、××家长）

珠海市汤臣倍健透明工厂（带队老师：××老师、××家长）

珠海市格力电器有限公司（带队老师：××老师、××家长）

珠海市双喜电器股份有限公司（带队老师：××老师、××家长）

具体实施：

组织形式：小组合作模式。学生一般由6—10人组成社会实践活动小组，自己推选组长，聘请有一定专长的成年人（如本校教师、学生家长等）为辅导员。研究过程中，活动小组成员要有明确分工，互相协作。

具体过程参考如下：

编组、选题；

聘请辅导员（教师、学生家长等）；

制定活动方案；

小组研究设计具体操作（设计访谈表格、问卷；制订参观、观察、活动计划；准备录音机、录像机等活动工具）；

实践活动（观察、访谈、问卷、实验）；

分析活动资料（定量：用统计图表定量分析自己的调查结果；定性：用比较与分类、归纳与演绎、分析与综合、抽象与具体等方法分析整理后的资料，找出规律特点）。

撰写社会实践调查报告。

注意事项：保障安全，严防意外：各班级要提前认真做好对学生的交通安全知识教育，增强学生自我保护意识，确保学生安全，严防各种意外事故的发生。

参与社会实践的班级和个人，必须注意自身形象，认真参与活动，为学校和个人树立良好的社会形象。

总结评比和表彰：

各位同学要认真填写20××年珠海市田家炳中学生社会实践活动记录表和登记表，并提供事迹材料、实践照片等，开学一周内班主任将评选材料交给年级组初评,年级组根据方案内容、个人上交的材料及在寒假活动中的实际表现进行总结评比,评选出在暑假社会实践活动中的先进个人(占班级总人数的10%),名单于一周内交学生处。

各班集齐本班学生的社会调查报告、研究性学习论文或稿件,班主任将上述材料交给年级组初评,年级组根据方案内容和上交的材料进行总结评比,评选出优秀社会调查报告、研究性学习论文和稿件(占班级总人数的10%),名单于一周内交学生处。

学生处和团委将根据各年级组上报的社会实践登记表、记录表、事迹材料、实践照片、优秀社会调查报告、研究性学习论文和稿件等材料,在10月中旬评定出校级社会实践先进集体,并从各年级组推选出的10%先进个人中评选出校级先进个人,评选结果计入班级考核。

特色成果展示。开学后,各班把优秀社会调查报告、研究性学习论文、照片等材料由年级组汇总后交到政教处,总结形成特色研究成果,丰富校本课程,并进行展示。

三、家庭教育中的礼仪法治教育——精神发展的基础

家庭教育,即家教,可以划分为直接家庭教育和间接家庭教育,直接的家庭教育是通过长辈的情感交流、思维引导等显性教育方式,将世界观、人生观、价值观灌输到家庭成员的思想中;间接的家庭教育是指家庭环境、文化氛围、家庭理念等无形因素对家庭成员间的相互影响。

家长是孩子的第一任教师,父母长辈的言传身教、为人处世决定了其对子女礼仪法治教育的效果。骄纵溺爱、简单粗暴的家教氛围,往往会导致孩子"以自我为中心";正确、理性的家教方式,才能给孩子提供良好全面的礼仪法治教育。

(一)注重优良家风建设

广大家长必须要有清醒认识,树立正确科学的家庭教育观,加强优良家风建设,以正确的方式方法有效开展家庭教育,才能帮助孩子扣好人生的第一粒扣子。在新时代,家风建设既要继承和弘扬中华民族优秀传统家风文化,又要与社会主义核心价值观紧密结合起来,将传统文化中的修身齐家、忠诚爱国、勤俭持家、尊老爱幼、诚实守信、和睦友爱、奉公清廉和社会主义核心价值观中的自由平等、公正法治、权利义务、文

明健康等融入家庭成员的日常生活中,引导孩子树立正确的礼仪道德和法治观念,潜移默化地塑造和完善个体的道德人格。

(二)加强礼仪法治学习

"家家有本难念的经",每个家庭都存在着不同程度的困境和难题,如家庭老年人赡养矛盾纠纷、家庭暴力、财产纠纷、虐待或遗弃儿童、青少年违法犯罪、夫妻离婚纠葛等问题,这些难题的产生不仅是因为家庭伦理道德的滑落,更是因为家庭成员法治观念、法律意识的淡薄。新时代的家长要与时俱进,学好《民法典》,了解婚姻法、老年人权益保护法、未成年人权益保护法等,用法律的武器保障个人和家庭的权益,营造崇尚法治、和谐文明的良好家庭氛围。

第三节 社会教育中的生长教育

2017年,习近平总书记在党的十九大报告中提出"要全面贯彻党的教育方针,落实立德树人根本任务",报告强调"基础教育是立德树人的事业,要旗帜鲜明加强思想政治教育、品德教育,加强社会主义核心价值观教育,引导学生自尊自信自立自强","基础教育是全社会的事业,需要学校、家庭、社会密切配合"。教育是一个复杂的有机整体,学校教育、家庭教育、社会教育之间相互联系、相互影响,对个人的发展和社会的进步产生作用。

一、发挥社会教育的育人职能

在幸福教育的理念下,教育的核心价值在于提高和完善人的生命质量,为了实现这一价值,为改变目前教育中存在的重成绩轻能力、重智育轻德育、重学业轻实践等现象,社会教育要发挥其多样性的教育形式,努力提升社会教育的"强度"和"品质",为中小学生提供可选择的多样化教育环境,并不断通过制度优化和实践改进推动整个教育系统乃至社会的发展。

（一）社会教育是对生长教育的有效补充

社会教育更偏向于技术与动作技能的学习,通过实践体验,有利于学习者对未知的领域进行大胆探索和创新,如少年宫、博物馆、电视台、法院、戒毒所、社区等部门,所组织的社会志愿服务、职业体验、法治教育、劳动体验教育、科技艺术活动等,可以让青少年接触到其他成人,从现实情境中体验一段经历,直面一种历史文化、思考不一样的人生,其所受到的教育冲击力,是学校教育给予不了的,因此,社会教育更有利于中小学生在个性发展、精神情感的熏陶和形成。

（二）广大社会机构应承担起应有的校外教育职责

随着时代和社会教育的发展进步,面向中小学生的社会教育形式也在逐步增加,除了政府主导设立的少年宫、青少年活动中心、博物馆、关工委等部门,各种校外教育活动场馆、校外教育培训机构、校外教育服务机构、社会实践基地已经成为主要的校外教育资源。广大社会机构应承担社会责任,根据中小学生校外活动的具体安排,调整开放时间,并实现免费开放;加强与教育行政部门和学校的联系,了解中小学生的教育需求,积极主动地为学生参加校外活动提供周到优质的服务。

二、社会教育与学校教育形成育人合力

对于中小学生的生长教育来说,学校教育和社会教育是最重要的两种教育形式,如果这两个领域的教育能够有效衔接、加强联系,那么,所产生的教育效果才能 1+1>2。遗憾的是,目前在大部分中小学校里,校外教育活动的开展并未与社会教育资源有效衔接。因此,形成社会教育与学校教育合力就变得尤其重要。

一要建立并健全社会教育与学校教育联合的长效机制,打造以国家干预为主导、社会公益机构积极参与的学校、社会立体网络。教育行政部门进行统筹安排,协助学校开辟服务青年学生成长成才新渠道,建设校内外素质拓展基地,结合推进新一轮课程改革,把校外实践活动排入课程表,切实保证活动时间,并做好具体组织工作。

二要挖掘社区教育资源,使学校发展与社区建设联系起来,与社区共同开发具有地域特色的教育活动。要吸收利用各类社会人才为学校

第五章　基于幸福教育理念的教育实践——生长教育

教育服务,如学生家长、某些具备特别专长的社会人士等,为学生教育活动开展出谋划策。

三要引进社会教育机构,校外活动的设计和实施上对接学校教育的开展,深化和提升教育质量。根据学校课程的设置和进度,利用校外的丰富资源参与学校课程改革;针对不同学校的发展特点,提供适宜的校外活动服务,如科技或艺术项目的扶持、普及型或提高型活动的策划等。

实践案例1:实践促成长　青春勇担当——记珠海市田家炳中学高一年级学生学工实践活动

田家炳中学高一年级学生学工实践活动

2019年3月28日,我校高一年级全体学生带着如春般的蓬勃朝气,到学工基地珠海市斗门区旭日陶瓷有限公司、珠海市白兔陶瓷有限公司,以班级为单位开展半天的学工实践活动。

此次学工活动以"实践促成长,青春勇担当"为主题,通过亲身参与、体验一线生产车间的工作,让学生感受优秀企业文化,体会工人劳动的光荣与艰辛,培养吃苦耐劳的精神和劳动光荣的人生观,同时加深对社会工作的感性认识,端正学习态度,珍惜学校时光。

在陶瓷制造工厂,令学生们眼前一亮的是成品展上琳琅满目、各式各样漂亮的瓷砖。在工作人员简单讲解工厂情况和活动安全注意事项后,学生们排队有序地跟随工作人员进入生产车间,先后参观了原料区、粉碎泥土区、瓷砖制造区、降温区、人工作业区、废气处理排放区等,从中学习到瓷砖生产从原料到成品的整个流程。

  在工作人员的指引下,学生们分组来到不同的生产岗位,配合一线阿姨的工作,正式开始劳动实践——流水线人工排瓷砖。学生们干劲十足,带起手套就麻利地干起来,有些小组还进行生产比赛,看谁做得快。近两个小时的实践体验,学生们收获满满,纷纷表示,经历本次学工活动后,决定珍惜当今在校的学习机会,通过好好学习,争做祖国栋梁。

学生体验流水线人工排瓷砖工作

  从钢筋水泥的教室操场,到满目机器的工厂大车间,学生学习到课堂上学不到的知识,更重要的是通过此次体验式的学工实践活动,让平时"养尊处优"的孩子们在嘈杂、燥热、枯燥、汗水、劳累的生产一线环境里体验社会工作的艰辛,学习劳动人民吃苦耐劳、精益求精、坚守岗位的匠心精神,培养劳动光荣的价值观。这样的体验教育正是现时最缺的教育,扎根生活、贴近情感的教育才是最有效的教育。

第六章 基于幸福教育理念的教育实践——生存教育

苏霍姆林斯基说:"教育的理想就在于使所有的儿童都成为幸福的人,使他们的心灵由于劳动的幸福而充满欢乐。"幸福不仅是教育的终极目标,更是教育过程应有的题中之义。

为人民谋幸福,为民族谋复兴,是中国共产党的初心和使命。忠诚于党和人民的教育事业,扎扎实实落实立德树人的根本任务,是为人民谋幸福的工作,本身也是幸福的工作。

珠海市田家炳中学在幸福教育理念的指导下,实施"生根、生长、生存"教育,力图将幸福的种子根植于学生的内心,让学生在珠海市田家炳中学这块田园沃土幸福地生长,最后让学生达到幸福生活的目标。

生活美好,是最真实的幸福底色。承接生根教育、生长教育,还必须进行更高层次的生活教育。我校的生活教育,按照"立我—礼他—利群"的逻辑,对应"自我生活教育—他我生活教育—群我生活教育"的内容,有目的、有针对性地加以实施不同的教育内容。

自我生活教育,内容主要包括劳动教育、自护教育等,主要目的是促进学生自理能力的提升。他我生活教育,内容主要包括学生自主管理、集体生活教育等,主要目的是促进学生交往能力的提升。群我生活教育,内容主要包括培养学生参与慈善事业、回馈社会的意识等,主要目的是促进学生利他能力的提升。

学校教育、家庭教育和社会教育,是教育三根重要的支柱,也是教育的三个层面。层面不同,教育的目标、内容、方式和特点也不一样。生活教育的目标有三个层次:一是文化的教养,二是自由的灵魂,三是社会的担当。这三个层次对应由学校、家庭、社会去完成,但是三者又不是截然分开的。文化的教养让人优雅地活着,自由的灵魂让人干净地活着,社会的担当让人有尊严地活着。本章主要从学校、家庭、社会三个不同的教育层面论述生活教育,重点论述学校教育中的生活教育。

第一节 学校教育中的生存教育

学校教育中的生存教育,应当引导学生优雅地生活。要做到优雅,先必须做到体面。欲体面,必先自理。所以,学校的生存教育首先应加强学生的自我生存教育,提升学生的自理能力。学会自理,会使学生终身受益,它不仅是通向幸福生活的必修课,同时是一把开启成功大门的金钥匙。学会自理,学会生存,这是每个高中学生在人生课堂中不可或缺的必修课。

一、学校自我生活教育:提升自理能力

按照"生根、生长、生存"教育的设计和构想,珠海市田家炳中学的自我生存教育主要侧重于劳动教育、自护教育两方面的内容,其中劳动教育包括劳动课程、厨艺美食、投资理财、创新科技四个方面的内容。

(一)学校劳动教育

1. 劳动课程,培育学生劳动意识

在课程内容上,珠海市田家炳中学的劳动课程主要包括:专门性课程(必修课)、渗透性课程(融合课)和活动性课程(活动课)三种课程形态。

(1)必修课:专门性课程

在目标上,珠海市田家炳中学的劳动必修课注重围绕丰富职业体验,开展服务性劳动、参加生产劳动,使学生熟练掌握一定劳动技能,理解劳动创造价值,具有劳动自立意识和主动服务他人、服务社会的情怀。

第六章 基于幸福教育理念的教育实践——生存教育

```
                        ┌─ 学农实践   （高一年级）学农实践活动课程，每年5月份进行一次
                        ├─ 学工体验   （高二年级）学工实践活动，每年5月份进行一次
                 必修课 ─┼─ 爱国卫生   （全校学生）爱国卫生课程，隔周一次
                        ├─ 传统教育   （高二、高一年级）按照每月的传统和特殊纪念日而开设的课程，每月2次课
                        └─ 创意展示   （全校学生）社团展示教学、创客课程展示教学、手工作品展示教学，每月一次，在月中进
                                     行，安排在每月的最后一周进行展示。
                        ┌─ 语文
                        ├─ 数学
                        ├─ 英语
                        ├─ 政治
  劳动教育课程           ├─ 历史
                        ├─ 地理
                 渗透课 ─┼─ 化学   不同科目与劳动教育的渗透课程，每一学期进行一个科目的渗透劳动教学（同时可以申请参
                        ├─ 物理   加优质课与展示课例活动，与其他学科具有同等的参赛、评奖机会）
                        ├─ 生物
                        ├─ 体育
                        ├─ 美术
                        ├─ 音乐
                        └─ 通用技术
```

在内容上，根据学校和地方实际，学校制订的劳动必修课内容包括五个方面，分别是：每年5月份，高一年级学生开展学农实践活动；每年5月份，高二年级学生开展学工实践活动；双周的周四，全校学生进行爱国卫生运动；每月根据该月的传统节日（节气）和特殊纪念日等，全校学生进行2次传统劳动教育；每月最后一周，全校学生劳动成果展示。

在要求上，和其他必修课一样，劳动教育课必须按照规定课时、规定学分进行修习。教师上课必须有教案、有作业，课后有教学反思，对学生有评价。学生必须修足课时、修满学分才能毕业。既然是课程，就必须保证其严肃性。

实践案例1：黄晓婷老师的劳动教育必修课：《谷雨节气防蚊"小锦囊"制作》

珠海市田家炳中学劳动教育"必修课"教学设计

课题	谷雨节气防蚊"小锦囊"制作	年级	高一年级	单元总节数	4节
课型	必修课	设计者	黄晓婷	授课时间	2022.4.21
单元主题背景	根据我校劳动教育计划方案，劳动教育必修课每月进行2次传统文化教育。4月20日靠近中华传统文化中的二十四节气中的谷雨，因此围绕谷雨节气开展劳动教育，培养学生对祖国中医药文化的兴趣，增强学生的文化自信					
单元主题框架	① 认识谷雨：1.通过学生寻找资料与教师归纳，认识"谷雨"节气的气候特点以及风俗。2.通过认识"谷雨"节气，了解防蚊"小锦囊"的原因。② 了解原材料：1.了解防蚊"小锦囊"需要的材料。2.认识原材料的中药价值。③ 动手制作：1.观察教师制作防蚊"小锦囊"的过程。2.小组合作动手制作自己的防蚊"小锦囊"。3.分享制作过程中的感悟与收获。④ 销售策划：1.通过"市场"调研制定销售方案。2.设定适合的销售对象。⑤ 劳动周展示：在学校劳动周的摊位上进行展示作品与销售。					
学生情况分析	优势：高中学生具备较好的分析思考能力；通过互联网去收集资料的能力较强；有较好的合作能力以及感知能力；语言表达、交流、分享能力较强。 劣势：高中生对于传统文化的关注度不高，尤其对于二十四节气、中医药了解不多；自己动手进行制作（DIY）的机会并不多					
本课设计理念	将传承中华优秀传统文化与劳动教育相结合； 引导学生了解二十四节气、祖国中医药文化等，传承优秀传统文化，增强文化自信； 强调学生身心参与，注重手脑并重，增强学生劳动观念，弘扬劳动精神，培养劳动能力					

第六章 基于幸福教育理念的教育实践——生存教育

续表

课题	谷雨节气防蚊"小锦囊"制作	年级	高一年级	单元总节数	4节
课型	必修课	设计者	黄晓婷	授课时间	2022.4.21
本课劳动教育目标	能力目标： 培养学生综合思维能力，统筹考虑所需资料、材料，列出清单，做好计划； 培养学生动手能力，亲身参与所需材料的准备及防蚊香包的制作； 培养学生合作能力，在小组合作下分工协作，完成防蚊香包的制作。 习惯和品质目标： （1）培养学生动脑、动手的习惯，教师只布置任务，其他由学生完成； （2）培养学生团队合作意识，主动承担小组中分配的任务和担当的角色。 精神目标： 培养积极的劳动精神，分工协作精神。 观念目标： 帮助学生树立"劳动最光荣、劳动最幸福"观念；"自己动手，丰衣足食"观念；尊重自然，顺应自然，"天人合一"观念。 情感、态度、价值观目标： 增强学生对祖先智慧的折服，增强学生的文化自信和文化自觉，形成正确的世界观、价值观和人生观				
教学重点	制作计划、材料清单、任务分工的制定； 材料购买和准备				
教学难点	手工成品需有特色； 汇报、展示制作过程				
材料准备	工具：天平、磨粉机 材料：藿香、丁香、薄荷、艾叶、陈皮、紫苏等				
劳动教育过程	环节	学生活动	教师活动	设计意图	
	认识谷雨	聆听教师介绍本课的课题"谷雨防蚊小锦囊"，了解教学目标和任务	用PPT展示本课的主题	引导学生了解本课的目标、任务	
		小组展示课前大家所收集到的关于"谷雨"气候特点以及风俗特点	归纳谷雨的气候特点，引导学生了解制作防蚊"小锦囊"的原因	1.加强学生的主动劳动意识，并且加深对"谷雨"传统节气的了解。 2.让学生了解"防蚊小锦囊"中的材料为什么能够防蚊，引发学生对祖国中医药文化的兴趣	

续表

课题	谷雨节气防蚊"小锦囊"制作	年级	高一年级	单元总节数	4节
课型	必修课	设计者	黄晓婷	授课时间	2022.4.21

动手制作	1. 学生代表汇报有防蚊效果的中草药； 2. 观察教师制作防蚊"小锦囊"过程； 3. 小组合作动手制作本小组的防蚊"小锦囊"	1. 教师对可以防蚊的中草药进行补充归纳； 2. 教师展示制作防蚊香包的过程； 3. 观察、指导学生的小组制作	1. 让学生能够主动寻找原材料并了解运用中草药防蚊的优势，增强文化自信； 2. 通过教师现场操作让学生更好地了解防蚊"小锦囊"的制作过程； 3. 让学生真正"动起来"体验劳动过程以及团队的合作、协调的重要性； 4. 制作有特色的防蚊"小锦囊"
展示收获	1. 展示作品； 2. 分享本堂课的收获	引导、概括	展示属于各自组特有的防蚊"小锦囊"。 从动手能力升华到意识层面。让学生通过本堂课不仅掌握了动手制作防蚊香包的技术，还能感受到劳动的喜乐，学会更好地发挥团队的合作精神，增强文化自信，做好传承中华传统文化的接班人
学生劳动成果展示	（略）		

第六章 基于幸福教育理念的教育实践——生存教育

续表

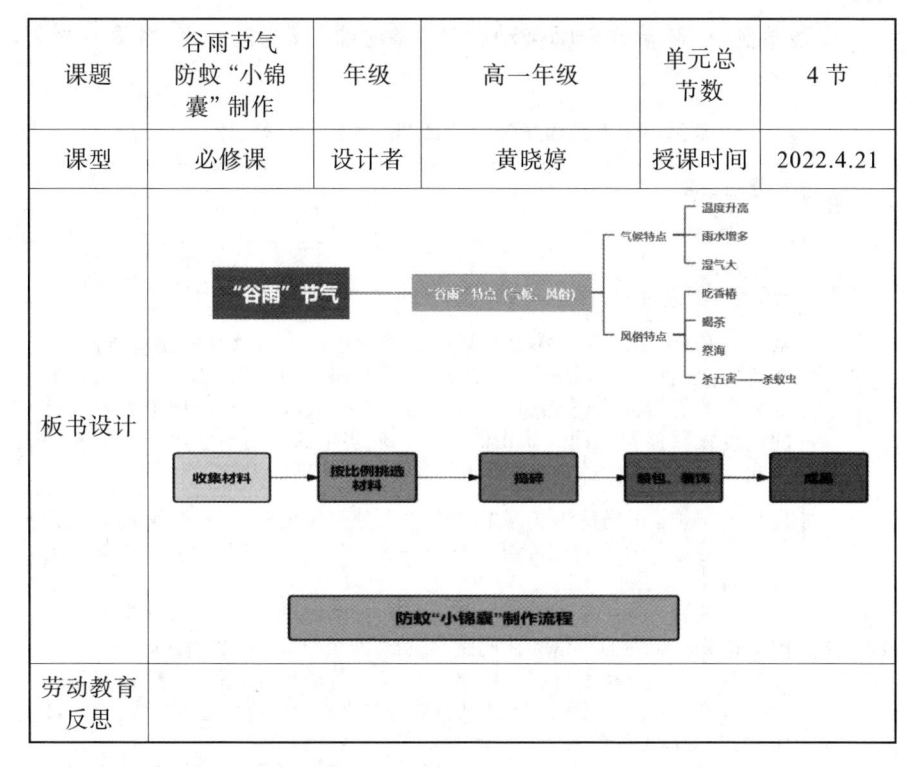

课题	谷雨节气防蚊"小锦囊"制作	年级	高一年级	单元总节数	4节
课型	必修课	设计者	黄晓婷	授课时间	2022.4.21
板书设计	\multicolumn{5}{c}{}
劳动教育反思	\multicolumn{5}{c}{}

（2）融合课：渗透性课程

为了实现"三全育人"（全员育人、全过程育人、全方位育人）的目标，学校在设立劳动教育必修课程的同时，要求其他课程、其他活动也要结合学科特点、活动特征，有机融入劳动教育内容，确保劳动教育全方位融入。学校要求思想政治、语文、历史、艺术等学科，要有重点地纳入劳动创造人本身、劳动创造历史、劳动创造世界、劳动不分贵贱等马克思主义劳动观，纳入歌颂劳模、歌颂普通劳动者的篇目，纳入阐释勤劳、节俭、艰苦奋斗等中华民族传统美德的内容，加强对学生辛勤劳动、诚实劳动、合法劳动等方面的教育。数学、物理、化学、生物、地理、通用技术、体育等学科，要注重培养学生劳动的科学态度、规范意识、效率观念和创新精神。按照学校的年度工作计划，学校每学期举行一次劳动渗透课教学公开课展示，以此促进学校劳动教育质的提升。

实践案例 2：陈倩文老师劳动教育"渗透课"：《劳动致富，共同富裕》

珠海市田家炳中学劳动教育"渗透课"教学设计

课题	《劳动致富，共同富裕》	年级	高一	总课时	1 课时
课型	高中政治课程劳动教育渗透课	设计者	陈倩文	授课时间	40 分钟
学情分析	从理论角度来看，学生在以往初中的学习中已经对这个问题有所涉猎。在现实生活中，高一的学生虽然已经具有相当地比较、鉴别、归纳、发散等方面的思维能力，但他们却还没有获得个人收入，对我国个人收入分配制度仅仅停留在浅表认识的阶段。现实生活中出现层出不同的新的分配方式和收入方式使他们困惑，需要一种正确的引导					
教学目标	1. 科学精神：正确认识我国的个人收入分配制度的内容，理解现阶段为什么坚持这一分配制度才符合我国现实国情，帮助学生树立实事求是的科学精神。 2. 政治认同：通过现阶段我国个人收入分配制度的学习，增强学生对我国现行分配制度的自信和认同感，增强"四个自信"和政治认同。 3. 公共参与：劳动是财富的源泉。每一位劳动者要积极投身劳动实践，理解劳动的价值，正确对待劳动，树立劳动最光荣、劳动最崇高、劳动最伟大、劳动最美丽的观念。 4. 法治意识：树立学生法治意识，树立勤劳致富的观点，产生勤劳致富的内驱力，反对不劳而获甚至不惜铤而走险，走上违法犯罪的道路					
渗透思路分析	本节课采用对分课堂的教学模式，围绕"勤劳致富，共同富裕"这一主题，通过环节一"现实之家"展示家长的工作引起学生共鸣；环节二学生角色扮演"致富之家"寻找致富之路，树立劳动致富的信心；环节三"未来之我"打开致富格局串联一节课，层层递进，让学生在情境中积极思考、主动参与、树立正确的劳动观念					
教学重点	区分按劳分配和按生产要素分配					
教学难点	区分按劳分配和按生产要素分配					
教具准备	常规教具及多媒体等					
教学过程	环节	教师活动		学生活动	设计意图

第六章 基于幸福教育理念的教育实践——生存教育

续表

课题	《劳动致富,共同富裕》	年级	高一	总课时	1课时
课型	高中政治课程劳动教育渗透课	设计者	陈倩文	授课时间	40分钟

新课导入	（现实之家一） 展示来自各行各业家长的劳动照片。 学生思考：当你看到家人们努力工作的样子，最大的感受是什么？ 学生回答： 教师归纳：习近平总书记告诉我们人世间的一切幸福都需要靠辛勤的劳动来创造。从图片中我们看到来自不同行业家长的辛勤付出。他们的付出既是对劳动的热情也是对家庭的责任。这节课就是从学习我国收入分配制度来探寻劳动致富之路		学生观看图片，用心感受。积极回答教师的问题。明确本课主题是分配制度问题	通过观看家长工作图片，拉近学生与家长的距离，进一步理解家长劳动的热情与责任。学生迅速把生活情景与书本理论知识建立联系。激发学生树立参与劳动的意识，顺利导入课题

精讲知识	（现实之家二）
	精讲环节一：
	展示两张图片
	图一：一位家长在国企珠海华发集团有限公司当财务会计。
	图二：一位家长在学校对面时代双生花当财务会计。
	一样的职业，一样是月月拿工资，但是他们获得收入的分配方式一样吗？
	学生回答：
	教师在学生自主思考后，组织提问学生，带领学生一起结合材料进行分析说明后，回到教材，得出结论，生成知识，展示知识：
	一、按劳分配
	（1）是什么？
	（2）为什么？
	二、按生产要素分配
	（1）是什么？
	（2）为什么？
	三、我国居民收入途径
	1.主要途径：劳动性收入
	    财产性收入
	2.其他途径：经营性收入
	    转移性收入
			学生根据教师的指引思考问题，获取知识	通过思考，学生明确现阶段要坚持按劳分配为主体，多种分配方式并存，这是符合我国实际情况的，树立科学精神。树立分配制度自信，形成对分配制度的认同感

续表

课题	《劳动致富,共同富裕》		年级	高一	总课时	1课时
课型	高中政治课程劳动教育渗透课		设计者	陈倩文	授课时间	40分钟
独立内化	致富之路(一) 请同学结合对家长工作的了解和本课知识进行角色扮演"致富之家",寻找致富之路。 | 学生姓名 | 家庭角色 | 职业 | 收入来源1 | 收入来源2 | 收入来源3 | 收入来源4 | |---|---|---|---|---|---|---| | | | | | | | | 请同学们根据小组勾画的美好蓝图完成独立内化的任务: 思考: 1. 家庭成员中哪些收入是按劳分配?哪些收入是按生产要素分配(具体说明哪个要素)? 2. 家庭成员的收入途径有哪些?（劳动性收入、财产性收入、经营性收入、转移性收入）			学生在规定时间合作完成"致富之家"的美好蓝图。独立完成老师发布的问题作业		学生充分肯定我国分配制度,认识我国个人收入分配的多种来源,可以通过按劳分配和按生产要素分配等多种途径勤劳致富,提高公共参与的积极性,增强的获得感。给予学生一定时间,以独立阅读教材、完成任务,以自己的方式深入自查、理解,对知识进行个性化的内化吸收
小组讨论	致富之路(二) "亮考帮" 1. "亮闪闪":小组成员展示扮演的"致富之家"的角色。 2. "考考你":用问题的形式表述出来挑战组内的同学。 3. "帮帮我":自己不懂、不会或想要了解的内容,用问题的形式向人求助			学生分组交流讨论:组内完成讨论任务并形成做好记录		在小组内部,学生围绕"亮考帮"进行讨论,重点在于帮助同学解决低层次问题,凝练高层次问题,增强学生对所学知识的理解

第六章　基于幸福教育理念的教育实践——生存教育

续表

课题	《劳动致富,共同富裕》	年级	高一	总课时	1课时
课型	高中政治课程劳动教育渗透课	设计者	陈倩文	授课时间	40分钟

全班交流	未来之我 教师抽查：随机抽取任意一小组，展示小组的"致富之家"。把组内讨论的精华问题分享出来考考其他小组或者把组内未解决的问题提出来。 自由提问：无论是小组，还是个人，只要有遗留问题的，都可以提出来。 教师组织其他学生回答抽查到学生提出的问题，如没有学生能答，就由自己进行解答。 如果学生都没有问题，可以由教师追问： 1.根据自己的优点谋划自己的未来职业，寻找属于自己的致富密码。 2.结合组内某一位同学的优点，为他（她）的未来职业出谋划策，帮助他（她）打开致富通道。 3.大家认为从事任何职业都应有什么劳动要求？	被抽查到的学生分享小组刚才讨论的精华问题考验其他小组或提出组内尚未解决的；其他学生可以对提出的问题进行解答。 仍有疑问的学生可以举手站起来提问；其他学生可以对提出的问题进行解答。 学生能学以致用，主动发掘同学的优点，为同学的未来职业出谋划策，帮助同学一起寻找致富密码，打开致富通道	通过分享，让学生之间互相学习、互相借鉴、互相促进，共同发展。 通过疑问的提出，引导学生深入理解知识，激励学生深挖教材。 教师的追问激发学生对未来职业的期待，并且从期待中提升对劳动者必备品质的认知

续表

课题	《劳动致富,共同富裕》		年级	高一	总课时	1课时
课型	高中政治课程劳动教育渗透课		设计者	陈倩文	授课时间	40分钟
	情感升华教师总结	教师和学生一起进行课堂总结。带领合唱歌曲《微微》致敬每一位劳动者		学生合唱,情感升华	以歌传情,树立劳动最光荣、劳动最崇高、劳动最伟大、劳动最美丽的观念	
板书设计						
教学反思						

（3）活动性课程

学校定期组织一些劳动活动,通过活动达到育人的目的。这种做法作为课程育人的补充,将劳动教育生动化、活泼化,寓教于乐,更受学生欢迎。

实践案例3：珠海市田家炳中学开展学农社会实践活动

2021年4月8日至9日,春光明媚,春意满园,为引导学生体验劳动的喜悦,领会"劳动最光荣、劳动最崇高、劳动最伟大、劳动最美丽"的深刻内涵,帮助学生开阔眼界、增长知识,培养学生的实践能力和创新精神,珠海市田家炳中学开展了三生主题教育活动,由党员教师带领高一高二学生到斗门区"十里莲江"学农实践基地进行学农活动。

学农实践活动内容丰富多彩,学生们不仅卷起裤腿下田插秧摸鱼,走进种植大棚观看了有机种植、无土栽培,还亲自体验了手工石磨米粉和客家咸茶制作,合作完成了农家柴火灶野炊。对于同学们来说这不仅仅是一次综合素质的锻炼,更是一次开阔视野、认识世界、深入体会生活的机会。经历了短短一天的学农实践后,同学们对劳动有了更深的理解,收获了成长与快乐。

实践案例 4：珠海市田家炳中学劳动教育主题月活动

珠海市田家炳中学劳动教育主题月活动方案

劳动教育是中国特色社会主义教育制度的重要内容，直接决定社会主义建设者和接班人的劳动精神面貌、劳动价值取向和劳动技能水平。为深入贯彻习近平新时代中国特色社会主义思想，进一步贯彻落实中共中央、国务院《关于全面加强新时代大中小学劳动教育的意见》《大中小学劳动教育指导纲要（试行）》文件精神，落实立德树人根本任务，构建德智体美劳全面培养的育人体系，珠海市田家炳中学以"五一"劳动节为契机，通过5月份全校劳动教育主题月活动，在全校营造劳动最光荣、劳动最伟大、劳动最崇高、劳动最美丽的良好风尚。

指导思想：

以习近平新时代中国特色社会主义思想为指导，全面贯彻党的教育方针，落实全国教育大会精神，坚持立德树人，坚持培育和践行社会主义核心价值观，把劳动教育纳入人才培养全过程，贯通高中整个阶段，贯穿家庭、学校、社会各方面，与德育、智育、体育、美育相融合，紧密结合经济社会发展变化和我校学生生活实际，积极探索具有珠海市田家炳中学特色的劳动教育模式，创新体制机制，注重教育实效，实现知行合一，促进学生形成正确的世界观、人生观、价值观。

活动主题：

在劳动中锻造自己，在劳动中学会生活

活动时间：

2022年5月1日——5月31日

活动对象：

全校师生

活动内容：

①观看视频材料《榜样》。共产党员是无产阶级的先锋队，是人民的公仆，是先进的代表。通过让学生观看《榜样》中的先进人物事迹培养学生劳动光荣的精神意识，把劳动融入生活中，融入职业中，融入为社会做贡献中。以优秀党员的劳动模范作用，激发学生向榜样学习、向先进学习的动力。我校的办学特色中关注党员的引导作用，让学生靠近党、了解党、加入党，每一个班级都有一位党员的驻班代表，因此在这个《榜样》的视频活动中，我们积极发挥党员的先进性去引领学生学习榜样的力量。

②讲劳动模范故事。在我国古今以来有很多的劳动模范事迹一直在传颂，让学生寻找心目中的劳动偶像人物，把一个个先进人物通过学生的娓娓道来传播给每一位学生，把我国劳动人民的辛勤、朴实、智慧的劳动精神传送给每一位学生。

③手工体验活动。五月不仅是劳动月，还是母亲节，还是5.25"我爱我"心理活动日，因此我们把相关的节日与劳动结合在一起，开展一次"感恩遇见劳动"手工制作活动，学生可以通过插花、制作"疗愈

心灵"贴、感恩母亲卡以及爱心拼盘来展现自我的劳动能力以及感恩的心。

④手工作品跳蚤市场。把五月里学习到的劳动手工作品与技艺在跳蚤市场当天做一个展示。手工作品可以作为商品销售给同学,技艺可以在跳蚤市场中做才艺展示。

⑤爱国卫生运动。朱柏庐《治家格言》是田家炳先生终生奉行的圭臬。田家炳先生自幼习读朱柏庐《治家格言》,也用它来教育自己的子女。作为田家炳系列学校,我们一直有诵读和学习朱柏庐《治家格言》的传统。文中就提到:黎明即起,洒扫庭除,要内外整洁。因此,进行爱国卫生运动是我校的一个传统项目。另外,干净整洁的环境是学生学习与生活的前提条件。学会打扫身边的卫生、保持环境的整洁,是每一位青少年所需要具备的生活劳动基础。

⑥社会实践活动。学生社会实践活动是为了让学生进一步开阔视野、了解社会、磨炼意志、培养能力、提升劳动感受。我校处于珠海市的一个郊区——斗门区,这里有丰富的农业生产基地以及厂区,如白蕉海鲈养殖基地、十里莲江学习基地、五山油菜花种植基地、五山种植禾苗体验基地等,这些得天独厚的生产环境为我校的学生校外劳动实践提供了很好的教育基地,因此为了让学生能够亲身感受农业与工业劳动,我们会在5月组织高一、高二年级的师生去体验农业种植与工业生产。

⑦职业生涯体验。学校中的学生来自各行各业的家庭,而且高中学生马上要面临的是分科、选课以及大学报专业的问题,为了让学生能够更好地了解每个职业的工作特点,提前做好分科、选择专业的准备,我校会在5月会邀请各行的家长代表到学校中开设职业讲座,学生在讲座中也可以提出自我想要了解的问题。

除了让学生家长参与讲座外,我们还会邀请职业生涯规划的相关专业老师为学生做生涯规划的讲解,消除学生对于生涯规划的迷茫感受。

具体安排：

活动形式	时间	内容	对象	活动目的
观看影视	5月9日	《榜样》	全体师生	引导学生树立正确的劳动观,报效国家,奉献社会
演讲比赛	5月1日—5月19日	学生讲劳动模范故事比赛	高一、高二年级学生	引导学生树立正确的劳动观,奉献社会
手工制作活动	5月23-24日	5月23日科技类劳动手工制作与展示(如魔方教学、机器人对抗展示、积木拼接比赛、记录学校生活摄影比赛) 5月24日文艺类劳动制作与展示(插花、手工锦囊、水果拼盘、斗门特色擂茶、心理疗愈贺卡拼贴)	教师以及高一、高二学生参与。	1.注意手脑并用； 2.理解劳动创造价值； 3.珍惜劳动成果
手工作品跳蚤市场	5月25日	心理减压活动(智能游戏区、自我探索区、作品欣赏区) 跳蚤摊位：心灵治愈手工、擂茶、防蚊香囊、自种蔬菜、自制点心、手工贺卡、学生自作学校宣传品	全校师生参与	1.丰富职业体验； 2.开展服务性劳动； 3.使学生熟练掌握一定劳动技能,理解劳动创造价值,具有劳动自立意识和主动服务他人、服务社会的情怀
爱国卫生运动	5月26日	全校"爱国卫生"运动	全校师生	1.具有劳动自立意识、服务校园； 2.参加劳动活动
社会实践活动	5月27日	学工、学农实践活动	高一、高二师生	1.丰富职业体验； 2.珍惜劳动成果； 3.自主参与生产活动
职业生涯体验	5月30-31日	邀请学生家长进行"职业介绍"讲座	全校师生	丰富职业体验

活动要求：

①广泛参与。确保全员参与,让每一位师生都能从活动中感受劳动最光荣、劳动最伟大、劳动最崇高、劳动最美丽的良好风尚。

②力求实效。以劳动育人,树立学生的劳动精神,奉献精神,让学生

在活动中学会自主劳动,主动劳动,珍惜劳动成果。

③确保安全。在活动中关注师生的安全,确保在安全的情况下有序开展各项活动。

珠海市田家炳中学
2022 年 4 月 20 日

从课程特色上看,珠海市田家炳中学劳动课程具有以下特点。

(1)把握育人导向,将价值引领放在首位

习近平总书记在全国教育大会上的讲话中指出:"要在学生中弘扬劳动精神,教育引导学生崇尚劳动、尊重劳动,懂得劳动最光荣、劳动最崇高、劳动最伟大、劳动最美丽的道理,长大后能够辛勤劳动、诚实劳动、创造性劳动。"另外,他还多次强调要在全社会大力弘扬劳模精神、劳动精神,"让劳动光荣、创造伟大成为铿锵的时代强音,让劳动最光荣、劳动最崇高、劳动最伟大、劳动最美丽蔚然成风"。

《中共中央国务院关于全面加强新时代大中小学劳动教育的意见》关于劳动教育的指导思想是:"以习近平新时代中国特色社会主义思想为指导,全面贯彻党的教育方针,落实全国教育大会精神,坚持立德树人,坚持培育和践行社会主义核心价值观……促进学生形成正确的世界观、人生观、价值观。"将"把准劳动教育价值取向,引导学生树立正确的劳动观,崇尚劳动、尊重劳动,增强对劳动人民的感情,报效国家,奉献社会"作为基本原则之一。

新时代劳动教育的主要使命就是要让学生牢固确立"四个最"的劳动价值观,旗帜鲜明地反对一切不劳而获、贪图享乐、崇尚暴富的错误思想,让中华民族勤俭、奋斗、创造、奉献的劳动精神在一代又一代青少年身上发扬光大。无论是专门性课程、渗透性课程还是活动性课程,珠海市田家炳中学都将贯彻落实习近平总书记关于新时代劳动教育的重要思想和重要论述放在首位,重点引导学生能够理解和形成马克思主义劳动观,牢固树立劳动最光荣、劳动最崇高、劳动最伟大、劳动最美丽的观念;体会劳动创造美好生活,体认劳动不分贵贱,热爱劳动,尊重普通劳动者,培养勤俭、奋斗、创新、奉献的劳动精神;具备满足生存发展需要的基本劳动能力,形成良好劳动习惯。

（2）体现时代特征，注重形成系列化、序列化的体系

学校劳动教育有自己特殊的目标内容、专门的载体和考核评价办法，要与时代相结合，体现新时代的新特征，实施"新劳动教育"。我们坚决按照中央要求，把劳动教育目标树起来，把劳动教育必修课开出来，把学生课外劳动实践时间定下来，把劳动周等实践活动搞起来，把考核评价体系建立起来。

此外，学校充分结合植树节、学雷锋纪念日、五一劳动节、农民丰收节、志愿者日等，开展丰富多彩的劳动主题教育，培育崇尚劳动的校风、教风和学风。在学校劳动科组的教学计划里，结合每个月的传统节日（节气）或特殊的纪念日，专门设计了每个月的劳动主题活动，使之系列化、序列化。

1月，元旦节。组织学生进行手工劳动，制作新年贺卡，表达对新年的祝福。

2月，春节。组织学生在家中学习插花、制作环保春节摆件。

3月，学雷锋、植树节、中国青年志愿者服务日。组织学生到社区或者敬老院、福利院等学雷锋做好事、志愿服务；组织学生进行植树活动，开展增加纸张使用度的创意手工活动，加强环保意识。

4月，端午节、清明节。开展包粽子活动或者龙舟手工作品手工制作活动；结合珠海市春天湿气重的特点，制作一份"祛湿套餐"；组织学生制作手工环圈，到烈士陵园扫墓。

5月，青年节、母亲节、劳动节。举办青春时装秀等活动，展现青春的活力；手制贺卡、制作短视频、为母亲洗脚，感恩母爱如水；劳动主题教育月。

6月，毕业季、父亲节。制作贺卡，为高三学子加油打气；手制贺卡、制作短视频、为父亲洗脚，感恩父爱如山。

7月，建党节。制作党史手抄报、党史手工展、党史微视频展等，增强对党史的认识，知党、信党、爱党、向党。

8月，建军节、暑假。开展慰问活动，邀请军人或者教官教学生整理内务；开展垃圾分类等多种形式的志愿活动。

9月，开学季、教师节、抗战胜利纪念日。加强内务整理；制作贺卡，感恩老师；致敬英雄走进红色基地，传承红色基因。

10月，国庆节、重阳节。爱国主义教育活动、爱国卫生运动、尊老爱幼活动。

11月,立冬。手工制作汤圆,传承中国传统美食文化;整理并捐赠旧衣物、旧书籍,为贫困地区孩子送"温暖"。

12月,冬至、世界残疾人日、国家公祭日、国际志愿者日。做好志愿服务。

(3)坚持因地制宜,突出学校、地方特色

我校作为田家炳系列学校大家庭中的一员,在学校教育中一直秉承田老先生的教育思想。珠海市田家炳中学在幸福教育的理念下,推行"生根、生长、生存"教育。习近平总书记说,劳动创造幸福。学校的劳动教育将幸福理念贯穿其中,不仅教育学生"劳动创造幸福",而且要向学生传递"劳动本身就是一件幸福的事情"的观念。学校对于劳动教育的顶层设计,按照"生根—生长—生存"的逻辑层层递进,围绕幸福教育的目标、方向,引导学生最终走向幸福人生。

学校劳动教育不是让学生去当农民、做工人,而是要通过劳动教育,培养学生正确的劳动价值观,树立正确的劳动观念,培育积极的劳动精神,培养必备的劳动能力,养成良好的劳动习惯和品质,深化对书本知识的认识,锻炼身体,增强体质。所以,学校劳动教育的功能定位上是以劳树德、以劳增智、以劳强体、以劳育美,从而实现五育并举。它不能取代书本知识的学习,不是为"劳"而"劳",更不是"劳民伤财",而是让学生懂得"天将降大任于斯人也,必先苦其心志,劳其筋骨,饿其体肤,空乏其身,行拂乱其所为,所以动心忍性,曾益其所不能"的道理。因此,我校的劳动教育在教学设计上就注重"幸福"二字,寓教于乐。

另外,珠海市田家炳中学位于珠海西区的斗门区白蕉镇。珠海的文化之根在斗门。斗门有许多文化遗产,如乾务飘色、装泥鱼、水上婚嫁、锣鼓柜、醒狮、皇族祭礼等。学校周边也有大量的农业与工业生产基地,其中比较出名的包括:白蕉海鲈生产基地、十里莲江种植基地(袁隆平超级水稻种植基地)、五山油菜花种植基地、白兔陶瓷公司、斗门莲州通用机场等。我校与地方的企业和政府建立了紧密的联系,定期到基地学工、学农,参加社会劳动,因此我校的劳动教育带有浓郁的珠海斗门地方特色。

(4)坚持知行合一,注重劳动与生活相结合

学校的劳动教育课程体系注重知行合一、手脑并用,与学校已有实践活动相整合,依托项目活动、家校社区互动推进课程建设,凸显服务性劳动。

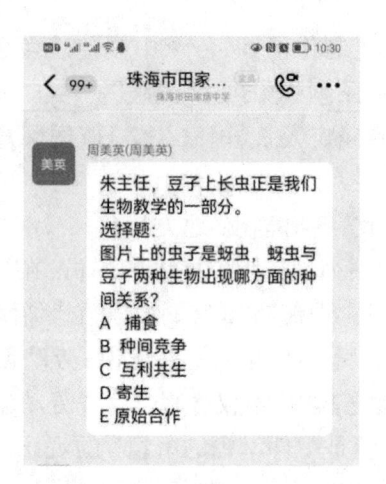

当然，我校的劳动教育也还处于不断地摸索之中。在实施的过程中，我们尽量避免走入一些误区：一是流于形式，形式多过内容。一阵热热闹闹过后，学生什么收获也没有；二是将劳动变成了纯粹放松的活动，忽视了劳动课程的严肃性；三是将劳动作为惩罚学生的一种手段，而不是实现自身幸福的一种快乐的手段；四是将劳动变成一种纯技能的学习，导致学生觉得枯燥无味，失去劳动的兴趣。

2. 厨艺美食，提升学生自理水平

在学校的自我生存教育上，还必须加强饮食方面的教育，以促进学生体面地生活。俗话说得好，开门七件事：柴米油盐酱醋茶，这句话从侧面说明了生活与饮食有着非常紧密的联系。饮食既是一种生活的必需，它关系到生活的基本尊严。同时，它又是一种文化，是一种对生活的基本讲究。从马斯洛的需求层次理论来看，如果学生最基本的吃的生理需求得不到满足，那么其他的都是空谈。珠海市田家炳中学通过开发厨艺课程体系，组织开展厨艺比拼、烹饪比赛系列活动，以此提升学生自理水平。

（1）民以食为天

人间烟火气，最抚凡人心。一日三餐，既关系到学生一天的营养，也关系到学生一天的情绪。高中生正是人生的孕穗拔节期，对于食物的渴望比较强烈。我国已经进入小康社会，随着生产力水平的提高，食物短缺的时代已经一去不复返，学生吃饱饭已经不再是奢求。但是，新的烦恼又随之而来。有的学生营养过剩过于肥胖，有的学生挑食现象严重过于"苗条"。更有甚者，有的学生受到错误观念的影响，过分追求"骨感"，

第六章　基于幸福教育理念的教育实践——生存教育

很多学生不吃主食。体育课、活动课、升旗仪式时由于低血糖而晕倒的学生不在少数。为了帮助学生形成正确、健康的饮食观念，学校开展一系列的活动，帮助学生吃得可口满意、吃得安全放心、吃得营养健康。

学校专门成立学生膳食委员会，负责学生自己的吃饭问题，自己的饮食自己做主。学校责成配餐公司提前公布下周每天的菜谱，每一道菜都要经过食品监督部门严格审核，保证营养搭配合理，并由学校成立的学生膳食委员会成员进行挑选和监督。学校定期开展讲座，向学生广泛宣传健康饮食知识，引导学生自觉抵制油炸、高糖饮料等垃圾食品。学校的食品安全员定期巡查校内的超市，严禁方便面等食品在校内销售。

为了提高学生的品味，学校指导成立了厨艺社、"天台小菜园"种植社等学生社团，组织开展了丰富多彩的社团活动，举行了厨艺大赛等系列活动，培养学生的动手能力，提高学生品鉴能力，帮助学生形成绿色、健康的饮食观念。

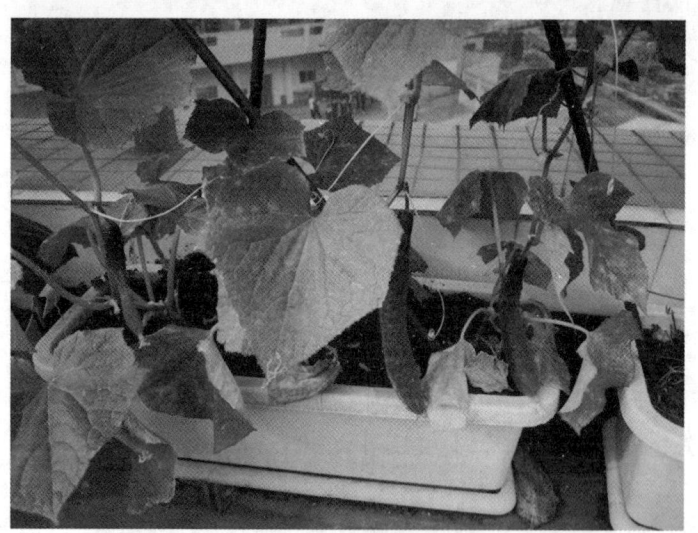

(2)食以安为先

为了保证校园食品安全,学校建立了学校食品安全员制度,聘请专职食品安全员,专门针对食堂的原料采购、成品供应、饭菜加工、留样备查、台账管理等进行严格的监督。学生膳食委员会定期和不定期检查后厨和配餐公司中央厨房,对饭菜质量、操作流程和卫生习惯等提出要求和改进意见,自己的饮食自己监督。食堂实行学校行政领导陪餐制度,每月开展《食堂饭菜质量满意度问卷调查》,定期开展校园食品安全知识讲座,为校园食品安全保驾护航。

第六章 基于幸福教育理念的教育实践——生存教育

（3）盘以光为荣

朱柏庐《治家格言》有言："一粥一饭当思来之不易，半丝半缕恒念物力维艰。"校园餐桌文明是学校教育的缩影，也是个人文明素养的重要标志。学校开展了"节约粮食，光盘行动"主题教育活动，在全校各班开展主题班会，观看粮食安全教育片，举行"节约粮食，光盘行动"主题演讲，倡导全校师生理性消费，厉行节约、科学饮食、健康生活。

3. 投资理财，增强学生自理能力

北宋文学家司马光所言："善治财者，养其所自来，而收其所有余，故用之不竭，而上下交足也。"你不理财，财不理你。随着时代的进步，学校需要对学生开展理财教育。在这方面，珠海市田家炳中学走在前面。为什么珠海市田家炳中学会如此注重对学生进行理财教育？大家先来看一看被誉为"百校之父"的田家炳先生的事迹。

《一双鞋穿10年的亿万富翁》

邱汉章

在香港，有一个人一生把自己的财富奉献给慈善事业，散尽钱财而乐此不疲。也许我不说他的名字你也清楚，他就是当代中国最著名的慈善家田家炳先生。为表彰这位大慈善家，1993年国际小行星中心将中国南京紫金山天文台发现的2886号小行星命名为"田家炳星"。

一个从小山村里走出来的客家人，能够名标星座，以他的姓名命名的小行星在广袤的苍穹中光芒闪耀，照耀着茫茫宇宙，照耀着芬芬神州，照耀着梅河、韩江两岸秀丽的山川，这是多大的荣耀啊！大家想想，如果一个人没有对社会、对人类做出重大的贡献，能获此殊荣吗？答案是否定的。那么，田家炳何以能获此永恒的光彩夺目的荣誉呢？我想，大家心里已有答案了。因为，"田家炳"三字，早就赢得了世人的敬仰和称颂。

大家都知道，田家炳很有钱，是个有钱人。有钱人就能以他的名字命名小行星吗？小学生都知道，这是不可能的，再说田家炳在香港并不是特别有钱的人。

俗话说，一滴水能看到太阳的光辉。我现在讲的"一双鞋穿10年的亿万富翁"的故事，就是从田家炳生活中的小事，看到他的光辉形象。讲到这里，相信大家心中的田家炳先生的形象已骤然清晰起来，而且肯定觉得非常亲切。

这位以节俭著称的亿万富翁,生活在香港,自己每月生活开支仅为3000元(房租是最大的开销)。他,一双鞋,穿了十年,袜子总是补了又补;他,戴的电子表因款式太老,而且很陈旧,不方便示人,只好装在口袋里;他,卖掉豪宅的款用于助学,而租个小房一直住到辞世;他,每次外出,坚持自己带肥皂。他说,在外面只是住一两个晚上,如果用酒店的肥皂,"用不完很浪费"。

亿万富翁而不改平民本色,令人无不敬仰!田老先生素有"吝啬"的美名:田家炳发迹后,不改平民本色,而且节俭得近乎成"怪僻"。他在生意场上从不搞铺张的仪式;儿女婚嫁一切从简;自己80岁大寿也不摆酒。一瓶矿泉水,从机场到宾馆,一直拿在手里,没喝完,他绝不肯丢掉。他不轻易用一张纸,还特地发函给有关单位和人士,要大家过年不要寄贺年卡,因为那样做要用很多高级纸,砍很多树,不环保……他自称"孤寒鬼"(吝啬鬼),对自己刻薄,舍不得花钱。

为何他这样做?是为了教育。田家炳因为"倾囊"办教育的卓越贡献而令人感动。1982年,已是亿万富豪的田家炳捐出八成财产,创办田家炳基金会。1984年,他将化工厂交给几个儿子经营,自己成为职业慈善家。迄今为止,他已累计捐资10多亿港元用于中国的教育、医疗、交通等公益事业,其中教育所占的比例高达90%。田家炳在全国范围内累计捐助了93所大学、166所中学、41所小学、19所专业学校及幼儿园、大约1800间乡村学校图书室。另在海外3所大学设立奖学金,惠及华籍学子。教育以外的项目计有医院29所、桥梁及道路近130座(条)。以"田家炳"命名的学校或学院遍及中国所有省级行政区域,他因此被誉为"中国百校之父"。

而今,那一颗以"田家炳"命名的小行星,依旧日夜转动,但田家炳

第六章 基于幸福教育理念的教育实践——生存教育

却已不在。备受尊敬的田家炳老先生安详辞世,享年99岁。这一则来自香港的消息,让人感到沉痛。顿时,标题或内容含"一双鞋穿10年"字样的怀念文章在全国各地众多网站频发。

"一双鞋穿10年,小行星以他命名";

"捐80%资产建校,一双鞋穿10年";

"一双鞋穿10年,却卖别墅助学";

"历览前贤国与家,成由勤俭破由奢"。俭是德的根本;侈是万恶之首。只有倡俭尚廉,鄙弃奢侈,才能为人敬仰。勤劳节俭,是一种治国、治家、修身的美德;浪费奢侈,是败国、败家、毁身的祸害。田家炳作为亿万富翁,捐资助学是何等慷慨,可他自己一双皮鞋竟穿了十年,在他身上,体现了客家人节俭的美德。在人格上,田家炳先生是一个大写的中国人!

田家炳是大埔县高陂镇银滩村人。银滩村有一座客家特色民居叫拱辰楼,田家炳不愧为从拱辰楼飞出的客家之星、华夏之星。

亿万富翁田家炳先生的一双鞋,穿了十年,却慷慨捐资社会超过十亿,值得所有人尊敬!

桃李不言,下自成蹊。相信大家看过田家炳先生的事迹后,无不对其心怀敬仰!身为田家炳中学,理应践行田家炳先生之精神,并将田家炳先生之精神发扬光大。田家炳先生能够成为大慈善家、"百校之父",其独特的投资眼光积累的财富是基础。只有先"达",才能"兼济天下"。因此,珠海市田家炳中学在生活教育中,注重向学生进行投资理财教育。

珠海市田家炳中学的理财教育包括:

(1)政治教师通过课程教学,传授基础的投资理财知识

高中政治教材《经济与生活》已经较为系统地介绍了投资理财的方式:存款储蓄、股票、债券、商业保险等。在课堂上,教师通过理论知识的学习,较为详细地介绍各种投资理财方式的特点、适合人群、风险与收益的大小等,告诉学生钱既可以生钱,钱也可以吞钱,向学生介绍各种投资理财理念,分析各种投资理财方式的优点缺点,强调风险意识等,对学生进行最初级的投资理财启蒙,引导学生了解通货膨胀、自己的资金也要计算利息等,培养投资理财意识。

（2）数学教师将"数学生活化",加强学生对数字的敏感

数学,必须与生活相结合才会焕发出它独特的魅力。学数学,不单单是用于买菜。珠海市田家炳中学的数学教师一项很重要的任务是要引导学生将数学与生活相结合,让学生学会成本核算、利息计算等,让学生感知复利的威力与杀伤力,让学生感受金融加杠杆后对收益和亏损的放大作用。由于生活经验欠缺,学生对财富的感知非常有限,特别对经济里的数字不敏感。如某只股票价格从 12 元跌到 8 元,这时股价跌了 30%。但是,股价从 8 元涨到 12 元,这时股价并不是涨了 30%,而是涨了 50%。同样是 4 元的价格波动,一个是跌幅 30%,一个却是涨幅 50%。如果没有数学教师的有意识的提醒,学生还真不一定意识到这个问题。又如,学生不知复利巨大的杀伤力和"利滚利"的危害,数学教师必须从数学的角度告诫学生一定要远离"校园贷"。所以,在投资理财方面,数学教师要引导学生透过数字看问题,透过现象看到本质,这对学生的成本控制意识、风险控制意识的自觉养成非常重要。

（3）班主任通过主题班会,树立学生正确的金钱观

学生的经济都是源于父母和家庭。平时,父母也只是给了适量的生活费和零花钱。在日常消费时,稍不注意便可能超出预算,出现捉襟见肘、借钱度日、寅吃卯粮甚至借"校园高利贷"的现象。珠海市田家炳中学通过主题班会,引导学生合理安排、合理使用生活费、零花钱。同时,引导学生懂得"君子爱财,取之有道,用之有度,用之有益""由俭入奢易,由奢入俭难""天上不会掉馅饼"的道理,克服"一夜暴富"和爱慕虚荣的错误心理,树立防诈骗意识、节俭意识,树立正确的金钱观。

（4）学校通过体验活动,培养学生的"财商"

"不当家不知柴米贵"。经发放问卷,调查珠海市田家炳中学某年级 329 名学生,高达 84.3% 的学生没有过独立到菜市场购买家庭一日所需肉菜等生活物资的经历。这个现象值得重视！这在一定程度上说明现在大部分的高中生都没有过独立操持家庭生活的消费经济体验,对理财的认识普遍有限。据此,珠海市田家炳中学设计了体验活动,以班级小组为单位,发给人均 5 元的生活费,让其度过一整天,不但一日三餐不能少,而且还要吃饱。以此增加学生的统筹分配、购物砍价、街头募捐等体验,让学生感受生活的残酷性以及财富的重要性,以此培养学生的"财商"。

珠海市田家炳中学一直注重以田家炳先生的故事为校本教材,教育引导学生"穷则独善其身,达则兼济天下",同时教育学生懂得：不断学

习、不断提升自己的自我投资才是最简单、最有效、最划算、回报最高的投资。正如2022年4月30日,"股神"沃伦·巴菲特(Warren Buffett)在他的伯克希尔·哈撒韦公司2022年年度股东大会上说的,"虽然我们想要理解通胀到底有多严重,以及未来通胀的发展阶段,但没有人能完全清楚。目前通胀下最好的保护方式就是投资自己,不管遇到什么情况,个人的才华是不会受到通胀压力的。"巴菲特说。

4.创新科技,提高学生自理素养

创新是一个民族的灵魂,是一个国家兴旺发达的不竭动力。现代社会是改革创新的社会,没有创新精神就会跟不上时代的步伐。如何根据珠海市田家炳中学的生源特点来培养学生的创新精神呢?将创新与生活、科技与生活相结合,围绕生活中联系紧密的疫情防控、生态环境、绿色低碳、饮食健康等生活问题,从生活的需要出发,在生活中寻找灵感是一条很好的路子。

(1)搭建创新科技舞台

学校已经建立了创客实验室,机器人工作室,购买了价值不菲的机器人、无人机等。另外,在进行的学校改扩建工程中,规划了华南地区一流的物理、化学、生物实验室,还特别打造了2个创新实验室和生命科学实验室,为培养创新人才搭建施展才华的舞台。

(2)丰富科普教育形式

学校不仅创建了科技社团,还配备了科普教师团队。计算机、物理、通用技术教师作为科技创新教师队伍的骨干,定期带领学生开展科技科普活动。通过科技放飞梦想设计大赛、科技动漫作品创作、设计科学课程、科普进校园等活动,培养学生的创新意识和科学兴趣。

珠海市田家炳中学航模社。航模社是为喜爱模型的学生发挥科技特长而组建的。通过社团活动,学生可以学到制作、操作航空模型,掌握相关的科学知识和比赛规则等。学生通过自己动手制作,提高了动手、动脑能力,大大提高了自理素养。

珠海市田家炳中学机器人社。机器人社团活动旨在激发学生的无穷想象力和创造力,让学生充分将课堂所学的知识和技能运用于生活中。社员通过社团活动能够学习到许多平时书本上学不到的经验与知识,培养了学生创新精神,拓展了学生综合能力。

（3）以赛促学硕果累累

2019年5月11日—12日，由横琴新区管委会作为战略支持单位，珠海市科学技术协会、珠海市教育局联合主办的"珠海市第一届青少年（第二届中小学生）机器人大赛暨珠港澳青少年机器人横琴邀请赛"，在珠海国际会展中心举行。来自珠港澳三地的118所学校、2000多名青少年汇聚珠海横琴，让科技承载梦想，以比赛的方式进行科技交流。我校派出了由14名学生代表组成的四支队伍，参加了这次比赛，并取得了优异成绩。我校获得优秀组织单位奖，能源大战高中组最佳创意奖、团体赛二等奖、个人手动赛一等奖，反败为胜高中组团体赛二等奖、个人手动赛、自动赛三等奖。

2019年8月3日至5日，第三届粤港澳大湾区机器人大赛暨第十届亚洲机器人锦标赛VEX中国区选拔赛南大区赛在香港中文大学（深圳）举行，我校派出5名学生选手参加了本次比赛。孩子们凭借赛前严格的训练及比赛期间的出色发挥，最终不负众望，脱颖而出，在VEX EDR机器人工程挑战赛"七塔奇谋"项目中获得二等奖和三等奖，并且获得晋级到2020年10月份在江西南昌举办的第十届亚洲青少年机器人锦标赛中国选拔赛（国赛）的资格。

第六章 基于幸福教育理念的教育实践——生存教育

2019年10月17日,冯福安老师带领高二3班李睿、高二2班吴凯轩、高二1班郑筌耀三名同学,作为珠海市代表队伍参加"第十届亚洲机器人锦标赛"。他们凭借出色竞技状态和良好的团队协作,在整体战术执行上都按部署进行,特别在自动程序上能够有很巧妙的程序设计,在赛场上展现出了田中学子亮眼的风采,最终在VEX EDR、VEX IQ比赛项目中获得三等奖。

2020年11月28日,第二届珠海市青少年机器人大赛暨珠港澳青少年机器人横琴邀请赛在珠海国际会展中心拉开帷幕,来自珠港澳137所学校的2000多名青少年汇聚横琴参加机器人大赛。本届赛事由珠海市横琴新区管理委员会、珠海市教育局、珠海市科学技术协会主办。该赛事以"科技创新合作成长"为主题,分为综合比赛区、创意展示区、珠澳亲子体验活动区、校园文化体验展示区等多个展区。我校获得优秀组织单位奖,工程技能大赛高中组团队赛二等奖,高中组个人赛二等奖,VEX EDR机器人工程挑战赛团体赛三等奖,VEX EDR机器人工程挑战赛个人技能大赛三等奖。

（二）学校自护教育

台湾教育家高震东先生认为，学生就是"学生活的知识，学生存的技能，学生命的意义"。意大利教育家蒙台梭利说："教育的目的在于帮助生命力的正常发展，教育就是助长生命力发展的一切作为。"教育以人的生命为逻辑起点，学校教育应该呵护生命，珍惜生命，激发生命潜能，弘扬生命价值。在我国，学生大多数没有接受过系统的自护教育与培训，缺乏自护的意识，更加缺少自护的知识和技能，导致学生受伤害的事件屡见不鲜。因此，灾难教育和自护常规教育必须纳入学校教育教学体系，成为学校教育的重要内容。珠海市田家炳中学积极推行"生根、生长、生存"的生命教育，将灾难教育和自护常规教育作为生命教育的重要内容，以此加强对学生自护教育。

1. 灾难教育

灾难，是指天灾人祸给人们造成的破坏、伤害和苦难。这里的天灾，主要是指大自然给人类带来的灾难，诸如地震、海啸、洪灾、飓风等；人祸，主要是在人们因为利益的争斗或者工作的失误而导致给自己或者他人、社会带来的灾难，诸如战争、核辐射、瘟疫扩散、火灾等。

古人云，多难兴邦。但这是从积极的角度、从战略的角度去看待灾难。但是从战术的角度来说，要重视并防范、正确应对并化解灾难。因此，对于中华民族而言，灾难教育这一课特别重要。而这一课，也要成为每个孩子一生的必修课。灾难教育，是指对中小学生进行灾难知识原理以及应对灾难能力的教育，以帮助学生具备灾难认知水平，形成灾难防护能力，优化灾后心理，从而尽可能减少灾难对学生及家庭、社会的危害。灾难教育必须向学生传递几个观念：灾难随时可能发生；灾难可能发生在任何人身上；灾难不可能根绝；未雨绸缪、防范很重要；掌握相关知识，正确应对，可以减少灾难带来的伤害和损失。

（1）灾难知识教育

珠海市田家炳中学灾难教育的内容主要包括生命理解教育、灾难常识教育、防灾技能教育、防灾心理教育、灾难道德教育等方面。学校主要通过主题班会、知识讲座等加强学生的灾难知识教育。此外，还通过学校、教师自编知识手册，发给学生人手一本，向学生宣传防灾减灾自救知识，加强学生自护教育。希望学生永远用不到这些技能，但一定要让每个学生都要知道。

（2）灾难应急演练

珠海市田家炳中学定期开展消防安全演练、地震应急疏散演练、防暴反恐演练、疫情防控演练、防空疏散演练等，以此提高学生的防灾技能。珠海市田家炳中学的灾难应急演练的项目和内容包括：紧急避险演练；汇报程序演练；学生自救、互救技能演练；学生的纪律性以及灾难发生镇定演练；管理人员反应、协调处置能力的演练；应急救援物资设备配送、安装的演练；治安保卫演练；后勤保障的演练；善后处理的演练等。

2. 自护常规教育

除灾难教育外，珠海市田家炳中学还积极开展自护常规教育。

（1）每月组织开展一次疏散演练。演练活动做到事前有计划、有预案,事后有点评、有总结,通过演练活动使学生将疏散路线刻在心中,熟练掌握基本的自救自护技能。

(2)每月开展一次安全知识讲座。举行"牢记安全,从我做起"安全知识讲座,聘请法制副校长、健康副校长、交警、派出所警官、市红十字会、医生等走进校园作主题报告。

(3)每月开展一次安全知识竞赛。普及学生的安全知识,规范安全行为,提高自护能力。

(4)每学期举行一次安全教育征文比赛。通过征文比赛,提高学生对安全工作的认识,掌握安全知识和技能,将优秀习作张贴于学校宣传栏,并通过校园广播站等形式定期播放,创造安全教育良好氛围。

(5)每学期组织学生观看一次安全预防教育为主题的电视片。通过观看安全教育片,切实增强我校学生的安全意识,提高应急避险能力。

(6)寒暑假各布置一份安全隐患排查作业。组织学生开展"学校安全隐患我发现,家庭安全隐患我排查"活动,通过这一活动使学生认识到安全工作与其自身息息相关,把安全意识融入学生思想行动中。

此外,《中小学公共安全教育指导纲要》要求学校加强学生的公共安全教育,教育学生自觉抵制不良生活习惯和行为,具备洁身自好的意识和良好的卫生公德;学习健康的异性交往方式,学会用恰当的方法保护自己,预防性侵害。当遭到性骚扰时,要用法律保护自己。学校在"生根、生长、生存"教育中,以生命关怀为核心,每学期开展一次青春期教育、性教育、防艾教育,使学生了解生理健康知识,提高防范性侵害、性骚扰的自我保护意识和能力。

二、他我生活教育:提升交往能力

在现代校园中,提高学生的人际交往能力非常重要。人际关系处理不好,会严重影响学生的性格,甚至会改变他的世界观、价值观和人生观。良好的人际关系和较强的人际交往能力会强化学生的自信,从而获得在学习上和今后人生发展中的巨大成功。学生毕业后能否快速适应现代社会,很重要的一条就是看他是否具备善于与他人交往的能力。一个懂得各种场合的礼仪、礼节,善于待人接物,善于处理各类复杂的人际关系,有着良好性格、儒雅风度、学识修养,在社交活动中热情、自信,

第六章　基于幸福教育理念的教育实践——生存教育

注意仪表、举止,面带微笑、温和幽默的人总是那么地受人欢迎,并更容易获得上升的机会。

(一)学生自主管理

1. 相信群众自己解放自己

人民群众是历史的创造者。社会主义、共产主义事业是广大人民群众自己的事业。无产阶级政党的历史任务不是充当"救世主",而是发动和领导人民群众自己解放自己。因此,要坚定地相信群众中的大多数,尊重群众的历史主动性和革命首创精神。立德树人也是同样的道理,学习的主体是学生而非教师,教师只是引导者,放手发动学生自己管理自己,锻炼学生的自主管理能力既有效又是长久之计。珠海市田家炳中学充分相信学生,放手让学生自己管理自己,建立了一系列的学生自主管理的机制,如考勤、宿舍纪律自管工作制度;食堂质量监督、就餐纪律自管工作制度;学习、考试自管制度;学生比赛自管制度等。比较有代表性的是校运会等各种体育、文艺竞技比赛由学生自己组织,自己担任裁判或评委。设立诚信考试教室,学生自主管理考试过程。

2. 搭建学生自主管理平台

目前,除了班级和校学生会、校团委自主管理之外,珠海市田家炳中学成立了年级自管小组、校长助理团、学生膳食管理委员会、学生宿舍管理委员会等学生自主管理组织,搭建了众多自主管理平台。以往令人头疼的校园迟到现象基本绝迹,学生之间发生矛盾第一时间有学生自管干部去处理了,对配餐公司的投诉减少了,对学校发展的建设性意见反而增多了,学生真正把学校当成了家,真正产生了主人翁意识。

3. 建立自主管理标准流程

当然,放手让学生自主管理,绝不是学校一放了之。学校制定了标准的自主管理流程,加强了对学生自管干部的培训,严肃了自管工作纪律。学生自管干部在工作的时候,像交警执法一样,必须着专门服装、亮明身份、文明用语、做好记录。其身正,有令则行。其身不正,虽令不从。流程标准了,对学生自管干部的要求也严格了,学生干部自身的形象也好了,学生对自管干部也服气了,自管工作也好做了。

通过学生自主管理,学生在教师积极引导下可以发现自我价值、发掘自身潜力、确立自我发展目标、形成适应社会发展和推动个体与社会发展的意识和能力。学生自主管理也是一个比较好的教育方式,是一个社会实践过程,也是学校生活教育的一种实现形式。目前,珠海市田家炳中学各个班级都已实现自主管理。虽然还有很多的不足,但是其好处也不断体现出来。班主任的负担减轻了,班级管理的效果反而好了,师生关系也比之前融洽了。

学生自主管理是学生自主发展教育的一个重要的有机组成部分,它是当前学校教育中一种较为可行的教育管理模式,有利于学生的终身发展。这种教育管理的结果是,学生会从自律前提下的自信走向自主,从自主走向自立,从自立走向自强,最终从自强走向自如,实现自己解放自己。

(二)集体生活教育

作为学生,生活在学校、班级、宿舍等大小集体中。我们每天都要和集体中的其他成员打交道,需要我们互相尊重、互相接纳,提高人际交往的能力,学会过集体生活。学校集体生活中,由于人与人的关系相对比较简单、纯粹,所以是学生锻炼自己人际交往能力的最好时机。作为学校,要营造和谐的校园文化和友好的校园氛围,要公平公正地对待、关心和爱护每一位学生,尤其要对来自农村家庭或贫困家庭、单亲家庭、重组家庭以及其他特殊家庭的学生给予更多关注和更多鼓励,支持并帮助他们增强自信心,融入班集体,建立良好的人际关系,为学生未来的社会交往奠定能力基础

1. 坚持与人为善原则

朱柏庐《治家格言》言,施惠勿念,受恩莫忘。凡事当留余地,得意不宜再往。人有喜庆,不可生妒忌心。人有祸患,不可生喜幸心。善欲人见,不是真善。恶恐人知,便是大恶。见色而起淫心,报在妻女。匿怨而用暗箭,祸延子孙。

与人为善是中华民族的传统美德,是为人处世的重要原则。与人为善告诉我们,在与人交往的过程中,要以一颗宽容的心和善意的态度对待他人、为人着想、乐于助人。田家炳先生的精神,概括起来,就是"信善爱"精神。珠海市田家炳中学坚持用田家炳先生的精神以及其奉为

人生圭臬的朱柏庐《治家格言》精神教育学生,用中华优秀传统文化教育田中学子,向先贤学习,向田家炳先生学习,与人为善。

2. 丰富校园文化活动

学校组织的各种校园文化活动,给全体学生提供了在集体中表现自己、展示特长和风采的机会,有利于进一步强化自信意识,提高他们的人际关系的能力。如学生社团作为校园文化的重要载体,是培养学生兴趣爱好,扩大求知领域,陶冶思想情操,展示才华智慧,增进人际交往的舞台。珠海市田家炳中学成立了很多学生社团,如话剧社、广播站、街舞社、吉他社、记者站……他们都是一个其乐融融的大家庭。在这里,每位学生都能找到属于自己的位置。通过社团活动,达到彼此之间的交流,学生不仅提高了自己的各种能力,还收获了难忘的友情,体验了集体生活中的人生百味,给青春留下了美好的回忆。

3. 加强纽带关系教育

感情纽带,是指人与人之间形成的一种亲近的人际关系。感情纽带通常在联系紧密和目标相同、利益相连等人群中产生,如血缘、亲缘、地域、共同生活背景等。同一个班级的学生由于长时间的共同生活,天然更亲密,班级这根纽带把大家联系在一起。同一所学校的毕业生由于共同的教育背景,天然更亲切,母校这根纽带把大家联系在一起。

天下田中一家亲!大家都是"田校"的一员,"田校"这根纽带把大家联系在了一起。大家都在"田园"生活三年,缘分不浅。因此,大家理应相亲相爱。我校也充分利用田家炳基金会提供的平台,广泛参与基金会举办的各种活动,加强与基金会和全国田校的联系,将学校融入全国田校的大集体,以此作为学生集体生活教育的一个途径。

三、群我生活教育:提升利他能力

天上有一颗名为"田家炳"的小行星,地上有166所名为田家炳的中学!田家炳先生说,"人生的最大价值在于无私奉献,慈善公益才是自己这辈子恒久而辉煌的事业。"珠海市田家炳中学以田家炳先生的"信善爱"精神为立校之本。珠海市田家炳中学一直将公益慈善作为学校生活教育的重要内容,以提升学生的利他能力。

党的十九届四中全会通过的《中共中央关于坚持和完善中国特色社会主义制度、推进国家治理体系和治理能力现代化若干重大问题的决定》指出,"重视发挥第三次分配作用,发展慈善等社会公益事业"。党中央首次明确以第三次分配为收入分配制度体系的重要组成,确立慈善等公益事业在我国经济社会发展中的重要地位,继《慈善法》2016年颁布后进一步释放出新时代党和国家大力发展公益慈善事业、对收入分配格局进行调整的重大信号,成为建设更有优势的分配制度、开创中国特色公益慈善道路、走向社会主义共同富裕的战略指引。

（一）慈善事业

1. 引导学生投身公益

目前,公益慈善理念逐渐"普及化",公益慈善主体也正在慢慢"群众化"。公益慈善越来越成为人人可为、全民追求的群众性社会活动。公益慈善的主体早已不局限于社会财富金字塔顶端的少数个体或家族,而广泛覆盖大部分的社会群体。从前主要是富人做慈善,如今随着社会财富的增加,互联网时代的到来,公益慈善变得人人可为、随手可为、随时可为、随处可为,甚至在一定意义上成为一种公德而自觉,成为一种责任而践行,成为一种时尚而流行。另外,公益慈善内容和形式都呈现"多样化"的特点。慈善行为已超出货币或实物捐赠,形式多样的志愿服务等公益慈善行为愈发普遍。新的公益慈善方式与渠道,例如网络捐赠、社交平台捐赠和众筹等更加丰富,由此带来公益慈善行为的内涵也更加丰富。学校及时加强教育,帮助学生将公益慈善人人可为的观念深入脑海,从而积极引导学生投身公益。

2. 积极进行爱心帮扶

珠海市田家炳中学成立爱心基金,由学生捐赠的过年的压岁钱或红包汇集而成,其主要用途是为了资助珠海田中的贫困学子完成高中学业。珠海市田家炳中学爱心基金设立以来,让贫困学生感受到来自周围同学的爱心和关怀,进一步激励他们努力进取,回报社会。另外,通过学生自主管理基金,在培养学生奉献爱心、积极参与公益活动意识的同时,也让他们的组织、协调和管理能力得到了很好的锻炼。

3. 教育者先行力行

关于学生利他能力的养成,季春梅教授认为,教育者绝不能仅仅是知识的传授者,他需要不断自我更新与实现、积极主动投身于时代变革背景下的学校实践中,这本身就是生命发展和社会创生所需要的内在动力和源泉。从这一意义上说,教育者就是先行力行者。慈善公益事业是一项崇高且伟大的事业,是社会文明进步的象征,也是我校师生对田家炳先生"信善爱"精神的认同与践行!每年的6月30日"广东扶贫济困日",我校教师都以身作则,踊跃参与慈善捐助。学校也利用这个机会向全校师生进行田家炳先生"信善爱"精神教育,既纪念田家炳先生,又加强了学生的"利他"意识教育。另外,通过教师慈善事业的事迹,加强对学生的教育。

实践案例:《致全校师生的感谢信》

全校师生:

2019年是新中国成立70周年,是决胜全面建成小康社会第一个百年奋斗目标的关键之年,也是打赢脱贫攻坚战的关键一年。为全面落实党中央、国务院和省委、省政府关于打赢脱贫攻坚战决策部署,聚焦"2019年底95%以上相对贫困人口达到脱贫标准、90%以上相对贫困村达到出列标准"目标任务,珠海市教育系统开展了2019年"广东扶贫济困日"活动,对东西部扶贫协作和省内对口帮扶地区进行精准发力定向帮扶。

今年"广东扶贫济困日"活动启动以来,我校广大党员干部和全体师生及教职员工积极响应上级和学校号召,迅速行动,踊跃捐款。截至目前,共收到全校师生捐款43809.9元,捐款金额比去年增长62.2%,教师(含临聘及职工)人均捐款291.02元,学生人均捐款7.64元,为全面完成我市教育系统承担的东西部扶贫协作和省内对口帮扶地区精准扶贫精准脱贫任务注入了活力、增添了动力、做出了贡献!在此,学校向你们的善行义举表示崇高的敬意和诚挚的感谢!

慈善公益事业是一项崇高且伟大的事业,是社会文明进步的象征,也是我校师生对田家炳先生"信善爱"精神的认同与践行!近年来,国家始终把脱贫攻坚作为最大政治任务和第一民生工程,坚持用脱贫攻坚

基于幸福教育理念的"生根、生长、生存"教育实践研究

统揽经济社会发展全局,精准施策,尽锐出战,团结一切可以团结的力量,集中一切可以集中的火力,向贫困发起了总攻,取得了初步胜利。但是,扶贫任务依然繁重而艰巨,急需举全社会之力、汇各方资源,携手合力攻坚。

在脱贫攻坚决战决胜的关键时刻,你们以实际行动弘扬"扶贫济困、乐善好施"的中华民族传统美德,为贫困群众奉献一份爱心,为脱贫攻坚贡献一份力量,用实际行动支持我市教育系统承担的脱贫攻坚任务,为广东加快脱贫攻坚进程做出了巨大贡献,让我们倍受鼓舞、倍感温暖、倍添动力!

扶贫路上,感谢有你!你们的慷慨相助,倾注着同舟共济的无价情谊,彰显着扶贫济困的优良品质。你们捐出每一笔善款都凝聚着爱心、饱含着汗水、充满着温情、寄予着期望。涓流共汇,必将涌成江河;绵力齐聚,定能众志成城。

贫困地区的发展离不开你们的关注、关心和关爱,脱贫攻坚更离不开你们的鼎力支持与热情帮助。"全面建成小康社会,一个不能少;共同富裕的路上,一个不能掉队。"让我们携起手来,用爱心点燃希望,用行动播撒阳光,用奉献放飞梦想,以实际行动投身脱贫攻坚的伟大实践,帮助贫困群众早日脱贫致富,为全面建成小康社会贡献自己的力量!

再次衷心感谢全校师生,祝大家幸福美满、万事如意!

珠海市田家炳中学
校长:程鹏
2019年6月28日

第六章　基于幸福教育理念的教育实践——生存教育

实践案例：受赠者写给我校梁买凤老师的感谢信

> 河源市东源县 蓝口镇牛背脊村民委员会
>
> 夫妇俩人都手捧现金向着苍天下拜，祈祷苍天保佑梁老师身体健康，长寿百年。
>
> 梁老师对我的关怀和爱护恩深似海，功高如山，我无法补报，我曾多次向她提而我要写一封感谢信给贵校，她都不同意，她说"我对你的一点点帮助是区区一桩算不了什么，再是不求名不图利的，不必写。"今次我是背着她写的，我出于公心不忘恩负义，用"诚恳感恩"以表衷心！因为我顺利高俅的首脚不开梁老师的关怀和支持，夕阳的余光无奈不写一封感恩信给贵校"良心上说是辜负了好心人的一片爱心；她的高尚品德值得歌颂和赞扬，她是一个"珠海好人"的典范！

> 在此，我恳求校长代替我将这封感谢信张贴在学校通道墙上或在全体教师会议上宣读一遍，好吗？
>
> 致此，我肺腑之言，衷心祝愿梁买凤老师好心有好报，无灾无难逢日晨，万事如意，心想事成，身心健康，寿高百年！
>
> 此致 敬礼
>
> 电话 0762-155220481048
> 15220481048
>
> 佘大旺 二〇二〇年十月廿九日

（二）回馈社会

1. 教育孩子学会感恩

感恩是一种生活态度，是一种美德。感恩应该是社会上每个人应该有的基本道德准则。珠海市田家炳中学经常开展形式多样的感恩教育，如国旗下的讲话，主题班会，邀请专业演讲人士来校做专场演讲等。通过开展感恩教育活动，引导学生回馈社会。

感恩不仅仅是一种口号，感恩更应该发自内心，来自内心对生活的无限热爱。珠海市田家炳中学开展了多种资助贫困生活动。为了使受资助学生树立"自信、自立、自强"的意志，培养其健全的人格修养和道德情操,学校将学生资助工作人性化,积极维护受资助学生的人格尊严,维护他们的自尊心。

2. 引导学生爱心传递。

学校在资助贫困生的同时,也为他们提供了一系列感恩回馈社会的平台,使学生通过自己的切身行动,以公益和爱心来换取资助,让学生更深入地理解奉献与索取的意义,个人价值及社会价值的关系。

同时,学校还通过为受资助学生组织一系列的社会公益活动以及校内义务劳动,培养学生的回馈意识与感恩意识,将爱心接力传递下去,以爱心帮助他人,温暖他人,在整个活动中奉献爱心,感受快乐。

第二节　家庭教育中的生存教育

家庭是孩子的第一学校,父母是孩子的第一任老师。家庭教育是教育孩子的起点和基点,良好的家庭教育不但是造就孩子成才的必要条件,也是优化孩子心灵的催化剂。家庭教育的好与坏将直接影响孩子的一生,生存教育也是家庭教育的重要内容。

一、自我生活教育:提升自理能力

(一)家庭劳动教育

学校是劳动课程教育的主阵地,但是打造劳动教育大课堂,还需家、校合力。珠海市田家炳中学近年来不断深化家校互动机制,引导家长树立正确的育人观,懂得劳动在孩子学习、生活和未来长远发展中的积极意义和作用,安排孩子参加家务劳动,培养孩子的劳动习惯。

1. 劳动清单,让家庭劳动"心中有数"

习近平总书记说,劳动是一切幸福的源泉。劳动本身是幸福的事。学校在"幸福教育"的理念下,力争让学生在劳动中体味幸福。学校制定了家庭劳动的内容,家校协同,共同实施劳动教育"必修课"。

珠海市田家炳中学"幸福教育"劳动清单

学期	主题	教学目标	教学内容	教学评价
高一年级（上）	能生根——幸福起航	1.从家出发，学会感恩。2.学会记录和规划自我的人生。3.关心身边的历史文化	1.记录家人喜欢的物品（如颜色、衣服、装饰品、礼物等）。2.记录家人喜欢的一个菜。3.记录家人在一起愉快的事情。4.记录家人为你做的最感动的一件事情。5.记录家里成员每一个人的生日日期。6.记录这一周以来，你觉得做得最有意义的事情。7.记录这一周以来，你的学习计划。8.记录这一周以来，你看到的有特色的艺术表演。9.记录这一周以来，你看过的有意义的书籍。10.查阅了解选科相关内容，根据自身的情况，规划后期学习方向	1.学生向班级群打卡。2.建立自我的劳动记录表
高一年级（下）		1.尝试把"感恩"化作行动，以行动来回报身边的人。2.从对身边人的感恩传递到身边的社区、社会。3.学习关注身边的文化，为成为一个文化的传承者做准备工作	1.为家人制造惊喜（如为家人筹备一个生日会）；2.为家人做一顿饭，里面有家人喜欢的菜色。3.在特殊的家庭日子（如母亲节、父亲节），为家人送上一封感恩的信，或者感恩的贺卡，或者送上一幅美术作品、或者一首歌曲。4.写至少一到两篇的读后感。5.记录一周的学习计划。6.每月进行至少一次的志愿活动，帮助身边的人。7.收拾干净所在的班级与宿舍环境卫生。8.假期在家主动承担家中力所能及的家务。9.发现身边的文化、历史，并做记录	1.用照片记录与家人相处的温馨时刻，可以做成一本相册本子。2.上交读后感的记录册子

第六章 基于幸福教育理念的教育实践——生存教育

续表

学期	主题	教学目标	教学内容	教学评价
高二年级（上）	会生长——幸福巡航	1.学会沟通，能够把自己的想法与身边的人分享交流。2.学会组织一场活动，锻炼自己的组织能力。3.尝试做社会调查，学习用科学的眼光去分析问题	1.与家人做一次深入的谈话（包括未来的人生规划以及自我的人生价值观）；2.开展一次家庭式的志愿服务；3.做一次社会调查（包括国情、对社会的职业了解情况）；4.做一次居住地历史调查。（包括本地发展历程、重大事件）5.与同学组织一次有意义的活动（给有需要的小朋友开展一次故事会、为有需要的地方做一次捐赠活动，捐赠新年红包活动）。6.学习一项传统文化技能（可以是食物方面的、艺术传承方面的）	1.做一个记录本记录沟通的过程。2.拍照记录活动的内容。3.建立一个关于社会调查的调查表。4.拍照或者展示学习技能的过程
高二年级（下）		1.通过社会调查、了解后学会初步规划自我的人生。2.为人生规划做出准备	1.做一个"职业目标"构图展示在班级中，规划自我的职业目标；2.购买书籍做一次大学专业调查，为高三选择志愿做准备；3.每周学习计划方案；4.学习一项传统文化技术	1.展示"职业目标构图"并对构图作出说明。2.初步确定志愿的方向。3.每周的学习计划方案
高三年级（上）	懂生活——幸福远航	1.走向社会从真实的场景中了解自我的职业规划方向。2.培养与社会接轨的沟通能力。3.懂得家人永远是自我的坚实堡垒，无论走多远，家永远是根。4.能够明白沟通对于生活的重要性	1.走访一些公司、单位，跟岗了解职业工作情况；1.走访大学，向师兄师姐了解专业的学习状况；2.制定一个自我专业学习目标；3.假期时间多陪家人，一起做一顿饭；4.与家人做一次高三生活的深入沟通。5.向身边的人推广所学习的传统文化技术。6.掌握一项专业技术能力（可以是编程、WORD的应用能力等）	1.跟岗、走访的感悟记录。2.完善自我的人生规划目标。3.传统文化技术的推广成果展示。4.专业技术的应用

续表

学期	主题	教学目标	教学内容	教学评价
高三年级（下）	懂生活——幸福远航	1.展示通过三年的学习与积累的组织能力。2.做一个无论何时何地都会感恩的人	1.举办一次高三毕业前的班级活动（纪念青春、纪念友谊、感恩教师）；2.举办一次成人礼（感恩父母、感恩师长）	在学校里做一些关于"毕业""成人礼"的公众号推文记录举办活动的情况与感悟

2. 厨艺美食，让生活滋味"活色生香"

　　家庭教育中，最接地气的生活教育就是做饭。有的父母会觉得厨房不是孩子应该待的地方，除了危险外，与其把时间花在做饭上，还不如拿来学习。厨房，其实是家庭教育中的一个重要空间，让孩子接触柴米油盐，对孩子的生存非常重要。柴米油盐也是一种成长和修行。烹饪做饭，是最基本的生活技能。高中生具备了一定的基础，可以在把饭菜煮熟的基础上再提高厨艺，除了进一步提升自理能力外，还让生活"活色生香"。珠海市田家炳中学在校园组织开展了烹饪大赛系列活动，同时也开发厨艺课程，加强家校联系，促进劳动教育进一步落地生根。学校编制了厨艺课程开发方案，要求高中三年学会十二道菜，包括水果类、点心类、凉菜类、蒸菜类、汤菜类、炒菜类等。这一课程的有效开设需要家庭的全方位参与，学校邀请家长共同参与厨艺课程，让学生与家长一起在课程学习中将劳动实践观念培养这一系统过程落实，让每一个学生在实践中学习、在体验中学习、在探究中学习。

　　应节食品是在传统节日里制作的和传统节日相应景的食物，是民族传统历史文化积淀的产物，凝聚着中华民族的智慧，具有独特的文化内涵。常见的应节食品如元宵节的汤圆、端午的粽子、中秋的月饼等，无不体现着中华文化的特点。在传统节日里制作应节食品，既可以传承传统文化，也是劳动教育的重要内容。在传统节日，学校要求家长和学生一起过节，并由家长亲自指导学生动手包汤圆、做粽子等，制作应节食品，并将制作的过程拍成视频或照片，作为家庭作业上交。学生自己动手、享用美食、回味过程，不但动手能力得到提高，还在劳动的过程中接受了传统文化的熏陶。

第六章　基于幸福教育理念的教育实践——生存教育

3. 理财教育,让自理能力更上层楼

孩子的理财能力直接关系到他成年以后在社会上的生活水平和生活状况,所以理财意识需要父母从小开始培养。父母是子女最好的老师!父母伴随子女走过整个成长生涯,他们的一言一行对子女来说都在无形中起着潜移默化的作用,对子女三观的塑造和培养和日后的抉择都起着重要的引导作用。

珠海市田家炳中学通过家长学校,聘请专家学者对家长进行培训,重点加强家长对学生投资理财的教育引导,帮助家长提高对培养学生理财知识的重要性的认识。另外,学校充分加强家校协同,利用寒暑假作业,共同加强对学生的理财教育。下图为《给学生家长的一封信》,信中要求家长教育孩子关注身边的社会生活,加强理财教育。

> **珠海市田家炳中学**
>
> **2.教育孩子关注身边的社会生活。** 从身边小事、实事做起,开展有意义的社会实践活动,为创设节约型社会、构建和谐社会,做出自己的贡献。为社会、为集体、为烈士军属、孤寡老人做一件好事(或参加一次有意义的活动);读一本好书,写一篇心得体会;协助孩子开展一次"学当家"活动,帮助父母"当家理财",上街买菜购物,下厨煮饭烧菜,在春节来临之前把室内打扫得干干净净,布置好家居装饰。通过一天甚至一周的"当家人"实践,体验父母当家的辛劳,培养劳动习惯,增进对长辈的孝心。

4. 科技创新,让教育引导贴近生活

家庭生活美在哪?一是爱与和谐,二是崇尚学习的好家风。青少年是国家和民族的希望,创新是社会进步的灵魂。家庭是培养科技创新教育的第一场所。学生的科技创新热情不仅源自于家庭的启蒙和引导,更来自父母的鼓励、宽容。瑞典教育家哈巴特就说过:"一个父亲胜过一百个校长。"父母要用一双善于发现的眼睛来发现孩子的天赋。父母

要用引导的方式来点燃孩子的内心创造力的火焰,给他们更多的机会去尝试,并充分发挥孩子的优势。

珠海市田家炳中学注重对家长的教育和引导,通过家校协同加强对学生的科技创新教育。学校积极通过职业规划和就业形势的宣传,引导家庭让优秀学生报考集成电路专业。在生活中,引导学生在父母的指导下,尝试开展一些生活小发明,或者发明一些小妙招,解决一些生活中的小问题,进一步提高生活自理能力。科技创新源于日常生活的需要,又服务于日常生活。贴近生活,将科技创新与日常生活相结合,这是我校与家长协同培养学生科技创新意识的重点方向。

（二）自护教育

《中华人民共和国家庭教育促进法》第十六条规定,要关注未成年人心理健康,教导其珍爱生命,对其进行交通出行、健康上网和防欺凌、防溺水、防诈骗、防拐卖、防性侵等方面的安全知识教育,帮助其掌握安全知识和技能,增强其自我保护的意识和能力。学校安全教育虽然更集中、更系统,但是家庭对孩子的自护教育也有自己的优势。

1. 防性侵教育

家庭教育在预防性侵害方面扮演着非常重要的角色。防性侵教育是每位家长的必修课。

（1）加强亲子之间两性知识的沟通。

家长不要谈性色变,要多和孩子交流沟通。特别是母女之间、父子之间要多沟通,营造良好的家庭氛围,特别是当孩子遇到困难、困惑时要多给予关心和关怀和关爱,而不是不耐烦甚至是打骂,这样孩子遇到问题时不敢告诉家长,这对预防性侵害是非常不利的。经常和孩子聊天,引导孩子把藏在心里的秘密告诉家长。比如,很多性侵案件都是熟人作案,这个时候就要教育孩子,即使是亲戚朋友,如果对孩子意图不轨或有举动,也要及时告诉家长。

（2）加强对孩子上网的监管

网络是把双刃剑。借助网络,孩子很容易获得一些不良信息。家长应该加强对孩子上网的监管,与孩子建立家庭内部网络使用规范,协商监督机制。家长在电脑和手机上设置青少年保护模式,拦截不良网站,过滤不良信息,净化上网环境,帮助引导孩子养成良好的使用习惯,守护青少年健康成长,守护他们的未来。

(3)不给坏人以可乘之机

家长无论多忙多辛苦都要抽时间陪伴孩子,特别是接送孩子。孩子可以从父母的陪伴中感受到父母坚定不移的爱。家长一定要明白接送孩子、陪伴孩子的重要性!童话大王郑渊洁在《家庭教育课》一书中写道,他的女儿从小学到初中十二年间,他风雨无阻,每天都坚持亲自接送。有一次他因为有事要在离家四十多公里远的地方待几个月,他并没有因此放弃接送,而是每天一大早开车走40公里路去接女儿,放学的时候再过去接。一天来回160公里,他照样坚持了下来。后来她女儿也不负所望,高三的时候以全年级第一名的成绩被美国6所名牌大学同时录取。

其实,父母接送孩子除了亲子之间的交流外,还堵塞了孩子在时间和空间上的安全漏洞,不给坏人以作案的时间和空间。很多父母因为工作比较辛苦,或者为生活所迫常年在外打工,对孩子疏于照看,疏于关心,这不但对孩子的成长不利,更对孩子的安全不利。

2. 防一氧化碳中毒教育

一氧化碳中毒是冬季常见的安全隐患之一,家庭和学生务必要了解取暖、洗浴、用火等方面的安全常识,提高防范意识。每年冬天都是一氧化碳中毒的高发期,同时也是家庭防一氧化碳中毒教育的攻坚期。2022年1、2月,珠海市紧急医疗救援中心共受理了58起一氧化碳中毒警情,共造成4人死亡。2022年2月19日,珠海市气象局发布寒冷橙色预警,仅2月20日一天,珠海市紧急医疗救援中心就受理了9起因洗澡或烧炭取暖致一氧化碳中毒的警情。其中,珠海市南屏均昌社区发生一起未成年人一氧化碳中毒死亡事件。

花季的孩子过早凋谢,让人痛心!珠海市田家炳中学特别注意与家庭紧密联系,加强家庭防一氧化碳中毒教育。通过家长会、给家长一封信、短信提醒等方式,加大宣传力度,帮助提高家长的警惕性,引导家庭科学合理的安装取暖设施、做好通风等安全防范工作及对防范一氧化碳中毒安全知识的知晓,提醒大家要增强安全防范意识,做好安全防范工作。

二、他我生活教育：提升交往能力

重视家庭教育、父母以身作则、养成良好家风是家庭教育中提升孩子社会交往能力的重要前提。

（一）孩子是父母的映照

家庭教育，根在父母。俗话说，有其父，必有其子。父母自身的性格特点和交往能力对孩子的社会交往有重要的影响。父母的性格会潜移默化地影响子女的性格，继而在社会交往中体现出来。通过耳濡目染，孩子会通过观察和模仿习得父母的知识和技能，父母的一言一行都被孩子看在眼里、记在心上。所以，家庭要重视孩子社会交往的发展，提高孩子的社会交往能力，最好的教育方法是言传身教。父母要以身作则，注意与家庭成员之间和家庭以外人员的交往方式。夫妻和睦，尊敬长辈，父母用实际行动为孩子做出表率，孩子也会有样学样。反之，父母性格内向、不善言辞、不喜交往，或者父母社交能力较差，孩子则大概率会出现性格内向、不善于沟通和交往的情况。父母要合理引导，要鼓励孩子积极主动、大胆、诚实友善地开展交流交往，并积极培养孩子的各种社会技能，帮助他们树立正确的交友关系，帮助孩子学会解决与同伴交往中的矛盾。

提高孩子的社会交往能力，是学校教育的重要内容。同时，在家校社合作的背景下，父母也应该是学校家庭教育指导的重要对象。加强对父母的教育指导，培养更多合格的好父母，是提升家校合作水平，促进学生健康成长和发展的重要途径。学校可以通过举办各种活动为父母提供专门的家庭教育指导，提高父母的社会交往能力。珠海市田家炳中学为了更好地实施"生根、生长、生存"教育，帮助学生提高幸福生活的能力，多次组织"亲子书信"活动，以家长学校为载体开设"父母学堂"等培训课程，定期邀请相关教育专家举办讲座等多种方式，帮助父母学习教育知识。此外，还通过"亲子运动会"，让父母和孩子在活动中体验快乐，培养默契，促进情感交流，增进相互了解，培养亲子关系，拉近亲子距离，提升孩子的社会交往能力。另外，家庭多参加各种社会活动，让学生在多样的活动中增强社会交往意识，学会合作，锻炼沟通、交往能力。家庭也可以组织各种社交活动，为学生的社会交往搭建平台，如家庭聚会、朋友聚餐、集体出游、运动等,能起到相当不错的效果。

(二)家庭是教育的根基

家庭是孩子的第一生活场所,家庭完整、父母关系和谐可以为子女创造一个温暖的生活环境,也能在一定程度上提高家庭教育的效果。在温馨和谐的家庭环境中成长的孩子会获得更多的安全感,从而使人更自信,更有底气,在社会交往时也会表现得更自主、自信。著名教育家李查·伊凡斯说过:孩子不会因为你供应的物质而记得你,他们会因你珍爱他的感觉将你牢记。因此,家庭必须营造和谐的家庭氛围和父母关系,为孩子创设爱和快乐成长的安全环境。

孩子的社会交往能力与家风的好坏密切相关。"天下之本在家。"良好的家风是家庭文化的传承与弘扬,是家庭成员精神风貌的集中展现,是家族在岁月的沧桑中积淀下来的人生智慧与宝贵财富,是家族得以安身立命的处世精髓,良好的家风是家庭教育成功的保障。"千秋家国梦。齐家与治国平天下,自古以来就是人们修身之道中不可或缺、前后承接的环节。"家是避风的港湾,也是梦想启航的地方。家风是一个家庭精神传承的基因,也是家庭文化的重要体现,良好的家风是一个人成长的优质土壤,有了好的家风,就有了好的成长环境。家风是家长传给下辈的一种教育导向和言行,家风能够潜移默化,家风能够代代传承。

田家炳先生用以教育子女的朱柏庐《治家格言》有言:"见富贵而生谄容者,最可耻;遇贫穷而作骄态者,贱莫甚。居家诫争讼,讼则终凶;处世诫多言,言多必失。"这就是关于处世交往的箴言。家庭教育要注重将正确、积极的人际交往内容纳入家风。几十年来间,田家炳一直没有遗忘父亲的教诲,平时对人处事,经常会想着父亲传授的朱柏庐《治家格言》。例如,"因事相争,焉知非我之不是"。田家炳先生的体会是:一个人如果有事与人相争时,你怎么知道不是自己的错误呢? "须平心暗想",你要平心静气,暗暗地想。这样的话语,在他于2013年完成的自传《我的幸福人生》、王庆生编选的《德被华夏的田家炳访谈录》中随处可见。

三、群我生活教育：提升利他能力

中华民族有着优秀的文化传统，推己及人、守望相助、仁者爱人等利他思想曾经是每一个中国人的基本行为准则。家庭教育要肩负起树立良好家风，传承中华优秀传统美德的职责和使命。

（一）言传身教树家风，热心公益树榜样

2016年12月12日，习近平总书记在会见第一届全国文明家庭代表时说，"我从小就看我妈妈给我买的小人书《岳飞传》，有十几本，其中一本就是讲"岳母刺字"。精忠报国在我脑海中留下的印象很深。"岳母刺字的故事千百年来家喻户晓，虽然它缺乏史料的有效支撑，但是不妨碍它成为我们传统文化中宝贵的一部分。在家国危机的关头，激励儿子保家卫国，这正是千百年来中国人家国情怀在文化传承中重要的精神基因。

孟子说，穷则独善其身，达则兼济天下。孟子能够说出这样伟大的话，跟我们熟知的"孟母三迁"故事中的孟母有很大的关系。正是孟母的教导，家风的熏陶，才让孟子有如此伟大的仁爱之心，才让他的主张和圣人孔子的学说一起被奉为"孔孟之道"，成为影响世界的儒家思想的源头，他本人也被尊称为"亚圣"。

家风不仅关系着孩子社会交往能力的培养，也关系着孩子的利他能力的养成。家风，是和风，是细雨，润物无声。和谐的家庭是和谐社会的重要组成部分，夫妻和睦是家庭和谐的坚实基础，更是家庭幸福的源泉。一个家庭，夫妻之间相敬如宾、孝敬老人、邻里和睦、事业有成、热心公益，那么他的孩子也会被影响和感染。

田家炳先生从小受着好家风的熏陶，所以才能泽被后世。1935年，祖母与父亲先后去世，不足16岁的田家炳承受了生命中最大的伤痛，但是他依然继承父业经营企业。由于他从小得到良好的家庭教养，受到先父儒雅风范的影响，处理生意时老成持重，话语得体，深受乡亲赞赏。为减轻与同业的矛盾，少年田家炳谦卑自己、备礼拜访，让竞争对手顿生怜悯心和自我约束之心。此外，他细心研究之后，改进了产品质量，并为买家着想，获得不错的利润。结果，初出茅庐竟然把企业经营得比以前还好。大埔少年田家炳的人生由此起航，成就了田氏化工"人造革"大王的事业,也开始了他专注慈善捐资,一直到 2018 年以 99 岁高寿离世归天。家风,在田家炳的子女身上传递。长子田庆先生也接过了父亲的使命,专职从事慈善事业。

(二)爱心传递送温暖,回馈社会爱无疆

努力奉献的人是幸福的！这不仅是珠海市田家炳中学"幸福教育"对"幸福"的理解,也是"幸福教育"向学生传递的价值取向。生活在社会中的每一位成员,都会享受到社会给予自身的权利。同时,每个人也应该勇于承担社会赋予自身的责任和义务。因此,家长除了培养孩子的"利他"意识外,还应该教育孩子进一步提升自己的思想境界,使自己逐步形成奉献社会的意识,最简单的做法就是将身边的爱心接力传递下去,让爱永远流传,爱心永不熄灭。

田家炳先生通过《我的幸福人生》告诉我们,奉献社会是幸福的事情。正所谓"赠人玫瑰,手有余香"。爱,不但可以通过家风传承,还可以在不同的人手上接力传递。当我们接受了别人的爱心,我们最好的感恩就是将其再接力传递下去,传到我们身边需要的每个人。爱心不在大小,举手之劳就是爱。我们把每一次善念的心动变成一次行动,哪怕再小的善行义举,只要带着爱心善意去做,就能温暖身边人,也能温暖我们自己。

第三节 社会教育中的生存教育

社会教育,是指与学校教育、家庭教育并行的第三种教育形态。现代社会由于科学技术的迅猛发展,社会知识总量的激增,从而使知识更新的速度不断加快,学校教育已不能单独适应社会的要求,迫切需要社会教育作为补充。

一、自我生活教育：提升自理能力

（一）社会劳动教育

1. 发挥劳动基地作用

实践案例：珠海市田家炳中学高一年级学生学工实践活动

2019年3月28日，我校高一年级全体学生带着如春般的蓬勃朝气，到学工基地珠海市斗门区旭日陶瓷有限公司、珠海市白兔陶瓷有限公司，以班级为单位开展半天的学工实践活动。

此次学工活动以"实践促成长，青春勇担当"为主题，通过亲身参与、体验一线生产车间的工作，让学生感受优秀企业文化，体会工人劳动的光荣与艰辛，培养吃苦耐劳的精神和劳动光荣的人生观，同时加深对社会工作的感性认识，端正学习态度，珍惜学校时光。

在陶瓷制造工厂，令学生们眼前一亮的是成品展上琳琅满目、各式各样漂亮的瓷砖。在工作人员简单讲解工厂情况和活动安全注意事项后，学生们排队有序地跟随工作人员进入生产车间，先后参观了原料区、粉碎泥土区、瓷砖制造区、降温区、人工作业区、废气处理排放区等，

第六章 基于幸福教育理念的教育实践——生存教育

从中学习到瓷砖生产从原料到成品的整个流程。

在工作人员的指引下,学生们分组来到不同的生产岗位,配合一线阿姨的工作,正式开始劳动实践——流水线人工排瓷砖。学生们干劲十足,带起手套就麻利地干起来,有些小组还进行生产比赛,看谁做得快。近两个小时的实践体验,学生们收获满满,纷纷表示,经历本次学工活动后,决定珍惜当今在校的学习机会,通过好好学习,争做祖国栋梁,社会人才。

从钢筋水泥的教室操场,到机器满目的工厂大车间,学生学习到课堂上学不到的知识,更重要的是通过此次体验式的学工实践活动,让平时"养尊处优"的孩子们在嘈杂、燥热、枯燥、汗水、劳累的生产一线环境里体验社会工作的艰辛,学习劳动人民吃苦耐劳、精益求精、坚守岗位的匠心精神,培养劳动光荣的价值观。这样的体验教育正是现实最缺的教育,扎根生活、贴近情感的教育才是最有效的教育。

2.体验地方特色美食

立足于斗门水乡风情,学校最大限度地挖掘和利用校内外课程资源,为厨艺课程的体验探究创造条件。学校充分挖掘社会教育资源,与当地的文化旅游部门、美食协会等建立了联系,通过亲身参与和体验地方美食去提高学生的生活品位。斗门的特色美食,如白蕉鲈鱼、上横黄沙蚬、横山赵氏鸭脚包、艾糍、白藤莲藕、虾米糍、濑糍水、客家咸茶、大赤坎叉烧排骨……让人回味无穷。学校采用"请进来,走出去"的方式,邀请特色菜肴传承人到学校教授相关课程,同时让学生到专业作坊观摩学习、实践操作,并参与当地美食节活动。斗门美食食材如何经过烹饪成为美味佳肴,只有学生亲身参与之后,才能体会到其中的乐趣,感受到劳动的光荣,并促进斗门特色美食的传承。

3. 投资者教育常态化

我们去银行、证券公司等,都可以看到墙上或者电子屏上写着大大的"理财有风险,投资需谨慎"。这可不仅仅是一句标语,更是事实。当前,我国的资本市场还不完善,各种体制机制还不健全,投资者的保护机制远未到位,所以造成投资者被当作"韭菜",难逃被收割的命运。理想很丰满,现实很骨感。象牙塔里学的皮毛理论,往往在真实的资本市场里派不上用场。练武之人要先练习挨打。同样的道理,欲投资理财首先要知道风险和亏损,接受投资者教育。

珠海市田家炳中学"生根、生长、生存"教育一个重要的内容,就是要告诉学生,生活永远不只有春风得意的一面,还有痛苦不堪的时候。但这只是停留在说教的层面,远没有投资者入市后被碰得头破血流来得刻骨铭心。投资理财,稍不留神,轻者,头破血流;重者,倾家荡产。这绝不是危言耸听,而是铁一般的事实。所以,社会对投资者进行教育非常重要。在投资理财的社会教育方面,国家监管部门要引导资本市场做好对投资者的常态化教育。供需两端都需加强教育,供给侧必须压实金融机构的责任,实现"卖者尽责";需求侧则要加强宣传教育,提高消费者金融素养,力争做到"买者自负"。只有常把风险放在心头,才能改变被"割韭菜"的命运。

要想将投资者教育做到位,需要监管部门、行业协会、服务机构、市场主体、新闻媒体等多方一起努力,协同发力,共同推进。监管部门要发挥好监管作用,明确投资者教育工作的方向、原则,指导市场主体落实好投资者教育活动的要求,将投资者教育与投资者适当性管理有机结合起来。行业协会要发挥好自律作用,引导商业银行、理财公司、证券公司等将投资者教育活动融入投资理财产品发行、销售、购买、持有等各个环节,落实到每一次交易当中。证券公司、商业银行等要发挥好主体作用,建立投资者教育长效机制,经常性地开展投资者教育活动,通过长期、持续、形式多样的投资者教育活动,不断地提升投资者金融素养和风险防范能力。

第六章 基于幸福教育理念的教育实践——生存教育

4. 科技创新教育因地制宜

（1）借助本土资源，组织学生赴科普基地参观，普及科技知识

中国国际航空航天博览会简称中国（珠海）航展或珠海航展，由中央政府批准举办，是国际性专业航空航天展览，以实物展示、贸易洽谈、学术交流和飞行表演为主要特征的国际性专业航空航天展览会，现已发展成为集贸易性、专业性、观赏性为一体，代表当今国际航空航天业先进科技主流，展示当今世界航空航天业发展水平的蓝天盛会。

我校积极利用本土资源，组织学生赴珠海市航天科普发展基地参观，进一步普及航天科学知识，激发探索热情，引领青少年"爱科学、学科学、用科学"的科普教育氛围，体验和感受航天科普的无穷魅力。

（2）利用资源优势，组织学生走进科学殿堂，放飞青春梦想

田家炳基金会和众多的田系学校是我校独特的办学资源。2019年7月10日至16日，在香港田家炳基金会的资助下，我校选拔了10名优秀学子奔赴南京，与来自澳门、宁夏、新疆、上海等21个省份的290名优秀高中生一起相聚东南大学，共同参加由中国科协和教育部主办，东南大学承办的2019年青少年高校科学营东南大学科学营活动。

从陌生到不舍，从好奇到热爱，在短短的七天时间里，营员们不仅感受到了科学的无限魅力，体会到了探索的有趣奇妙，还结识了一群志趣相投的伙伴，并立志为实现科技梦、青春梦、中国梦而不懈奋斗。这里有干货满满的名家讲座，有趣有料的科技实践，有韵味十足的文化盛宴……科学营为他们打开了一扇新世界的大门。

下面是两位同学的观后感：

——郭锦华：第一次参加夏令营怀着激动和热血，当看着最新的机器人不是自己之所想，我的斗志更加昂扬，既然没有人完成我之所想，那么就让自己为自己的梦想而努力成就梦想中的机器人。

——王楚仁：当我听到"震惊全世界的炫彩3D裸眼的发起者当时只是个学业不精，执着梦想的年轻人"时，我在想，我的梦想是什么？我又是否能为了梦想一直坚持？胡教授的这句话，似乎帮我解答了疑惑："大学之前的努力，就是为了能进入大学，进入造梦的大学！"

第六章 基于幸福教育理念的教育实践——生存教育

基于幸福教育理念的"生根、生长、生存"教育实践研究

· 246 ·

第六章 基于幸福教育理念的教育实践——生存教育

香港田家炳基金会的萧开廷干事（二排右五）参加闭营仪式

(二) 自护教育

1. 知识讲座

珠海市田家炳中学积极利用法制副校长的专业优势，对学生进行自护教育，帮助学生增强自护意识，提高自护技能。

2020年12月14日升旗仪式上，学校邀请法制副校长袁冬华检察官为全校师生作自护教育，传授自护技巧。学会自我保护，平安健康成长。当遭遇危险时，一定要牢记"生命第一、财产第二"，尽最大可能保持冷静，不要硬碰硬；要懂得丢卒保车、舍财保命，千万不要以命相搏；要趁机逃跑，趁其不备向人多的地方逃跑，并大声呼救。不要逞强，必要时示弱，博取同情，避免受到更大的伤害。要耐心周旋，不要轻易激怒对方，静下心来寻找求助的机会。要保守秘密，不轻易向坏人暴露自己的真实细节和信息，谨防被利用。

2021年12月7日，法治副校长、斗门区人民检察院袁冬华检察官以案释法，有针对性地提出用法律加强自我保护，预防校园欺凌，提高运用法律知识维护自身合法权益的能力；引导学生在遵法、学法、守法、用法的同时加强自身的保护，促进社会和谐。

除了对学生进行知识讲座外，学校还积极协调家校社三方面合作，邀请法制机关为家长开设学生自护知识公益讲座。学校邀请了白蕉派出所警官、侨立中医院医生在家长会上传授自护知识。社会机构也充分利用学校提供的便利条件,家校社协同,开办自护教育讲座,收集家长在自护教育过程中遇到的问题,扭转家长错误的自护教育观念。

通过举办知识讲座,法制机关发挥了未成年人保护职能,不断落实未成年人"六大保护"(即家庭保护、学校保护、社会保护、网络保护、政府保护、司法保护),筑牢家长的法治后盾,做好老师的教育帮手,成为孩子的守护英雄,为未成年人的健康成长和每一个家庭的幸福安宁贡献了法制力量。

2. 现场参观

为了加强未成年人的保护,促进学生自护意识和自护技能的提高,学校组织学生到市检察院参观。讲解员向师生、家长全流程、多角度地介绍检察机关未成年人保护职能,展示未成年人保护成果。检察官组织师生观看关于"加强社会保护、家庭保护、合理使用网络、杜绝校园欺凌、预防性侵害"等内容的案例图片、小视频、宣传片,警醒同学们学会拿起法律武器保护自身合法权益,做好自身安全防护。

通过参观,学生对法律有更新、更深的认识,使"家校社"融合共育理念更加深入人心,为构建青少年健康成长环境打下了更好的基础。

3. 倾情呵护

习近平总书记在纪念五四运动100周年大会上强调,"关心和支持青年是全社会的共同责任。一切党政机关、企业事业单位,人民解放军和武警部队,各人民团体和社会团体,广大城乡基层自治组织,各新经济组织和新社会组织,都要关心青年成长、支持青年发展,给予青年更多机会,更好发挥青年作用。"加强未成年人保护,需要社会各界携起手来,共同织就一张未成年人的保护网。

——珠海市青少年法制教育基地。2018年5月31日,珠海市青少年法制教育基地揭牌。坐落于珠海市农业科学研究中心内的珠海市青少年法制教育基地,由珠海市普法办联合市检察院、市司法局共建。

——珠海市人民检察院。2021年珠海市人民检察院认真落实《未成年人保护法》《预防未成年人犯罪法》,积极履行未成年人司法保护的检察责任。依法严惩侵害未成年人犯罪,批准逮捕相关犯罪嫌疑人417人,起诉444人。加强对未成年被害人的关爱救助,建立"护蕊"工作机制和"一站式"办案机制,采取多元化救助措施。坚持依法惩戒与精准帮教涉罪未成年人,批准逮捕265人,不批准逮捕105人,起诉285人,不起诉60人,积极探索个性化帮教和跨省异地协作帮教机制,帮教涉罪未成年人167人。扎实推进未成年人检察业务统一集中办理,有效开展校服质量公益诉讼专项监督,办理案件6件,用心呵护孩子们的"第二层皮肤"。持续抓好"一号检察建议"落实,建立涉未成年人岗位工作人员违法犯罪信息查询机制,推动落实侵害未成年人案件强制报告制度。持续加强对未成年人的法治宣传教育,派出56名检察官担任学校的法治副校长,开展法治进校园宣讲296场,通过录制微电影微视频、开设微课堂,不断增强法治宣传实效。

——珠海市司法局。珠海市司法局坚持将普法教育作为青少年权益保护的第一道防线,通过普法教育,引导青少年扣好人生的第一粒扣子;通过法律援助,为青少年司法保护撑起一片蓝天;通过法律服务,为青少年健康成长护航;通过青少年禁毒教育,用"空中课堂"架起了新桥梁;通过社区矫正,点亮青少年心中之光;通过律师,刚柔并济呵护青少年成长。

——珠海市关心下一代工作委员会。珠海市关心下一代工作委员会根据珠海青少年的特点和实际,充分利用社会资源,坚持"三工"(关工+社工+义工)结合,先后组建讲师团、"三失一欠"(指失学、失业、失足、身体欠健康的青少年)帮教团、心灵关爱团、艺术团,使之成为引领和帮助青少年健康成长的重要平台;大力推动五老关爱工程,深入开展"三失一欠"青少年帮扶工作。

此外,共青团珠海市委、珠海市妇女联合会、珠海市律师协会、珠海市关爱协会等都在发挥各自作用,共同撑起未成年人保护的一片蓝天,倾情呵护祖国的花朵。

二、他我生活教育:提升交往能力

社会是个大熔炉。象牙塔不同于社会。学生交往能力的提升需要在社会上、到实践中锻炼。学校和家庭教授的任何交往知识、任何技巧,都是纸上谈兵,需要我们勇敢地走进社会,到人多的地方去,到各种各样的环境中去实践。丰富的环境是培养孩子人际交往能力的最好途径。一回生,二回熟,世界上本没有路,走得多了,就成了路。想要培养社交能力,关在家里闭门造车是不行的。大胆走出去,是一种挑战,也是一种成长。大胆去尝试,大胆去接触,大胆去交往,才能获得收获。

人际交往的提高,固然存在着很多技巧,但是这些技巧都不能触及问题的根本。人际交往的根本是什么?那就是真诚和善良。做人,如都能以真诚、善良为本,就会使你立于不败之地。心存善念路好走,真诚待人福自来。

第六章 基于幸福教育理念的教育实践——生存教育

(一)真诚是人际交往的通行证

诚信是为人之道,是立身处世之本。"诚,乃信之本;无诚,何以言信?诚而有信,方为人生"。真诚是每一个人都应该具备的最基本的道德品质,是生活、交友以及其他社会交往中不可或缺的要素。人与人之间,只有真诚相待,才能成为真正的朋友。只有真诚相待,合作才能长久,关系才能永固。信任的建立,需要真诚的日积月累;信任的崩溃,一句谎言就足够了。在人生的旅途中,真诚积厚福,是我们每一个人都必须要认知的道理!生活中,真诚是做人的道德底线,也是最高的价值标准。真诚,是友谊的桥梁和纽带。有了它,社会更和谐,生活更美满,友谊更牢固,彼此之间更信任。

(二)善良是人际交往的保鲜剂

善良是从内心深处生出的爱,是发自内心的修养,是自然而然的举动,善良不需要策划和安排。真正的善良是在为人处世中以诚相待,用心相交,不欺骗,不糊弄,不利用,不伤害,始终用善良之心对待所有人。真正善良的人,是从心里真诚,凡事能帮别人考虑,时常会为别人着想。不会与人计较,把人嘲笑,不会虚情假意,把人算计。这个社会,尔虞我诈确实见怪不怪,但是,善良永远都不会被辜负,善良永远都不会被淹没,善良永远都值得赞扬,善良永远值得珍惜收藏。人际交往缺了善良,关系很快就会变质。因此,请让善良在人际交往中永远绽放光芒,因为善良是人际交往的保鲜剂。

(三)幽默是社会交往的润滑油

除了内心深处的真诚、善良,蕴含在骨子里的幽默也有助于提升交往能力。正所谓,好看的皮囊千篇一律,有趣的灵魂万里挑一。人际交往中,总会遇到一些矛盾,遇到一些尴尬,一句幽默或能使人际关系变得更加和谐,更加有趣,使人如沐春风。所以,多读书,提升自己幽默的本领,也能提升自己的人际交往能力。

三、群我生活教育:提升利他能力

季春梅教授认为,利他能力既是自我生命的当下与未来的理性对话,也是自我生命与外部世界的共同勾连。利他能力具有极强的体验感与连接性。无论是与未来的对话,还是与外部世界的勾连,都需要学生激活已有的经验和知识、超越当下和自身相关性、发挥充分的联想与想象,通过交互、联系而创造性地解决问题。这是利他能力的详尽展现,也是教育本质的体现。从这个层面上看,利他能力代表的是真实的教育结果。在尽到让学生坚守利他信仰、传递利他价值这个职责上,整个社会都责无旁贷。

(一)公益慈善,与法同行

《中华人民共和国公益事业捐赠法》于1999年6月28日经全国人大常委会通过,自1999年9月1日起施行。《中华人民共和国慈善法》由中华人民共和国第十二届全国人民代表大会第四次会议于2016年3月16日通过,自2016年9月1日起施行。这两部法律的颁布,开启了我国公益慈善事业有法可依的时代。

扶贫济困、乐善好施,一方有难、八方支援,是中华民族的传统美德。制定慈善事业相关的法律,建立健全有关的慈善事业的制度,可以使慈善机构运行更加规范,捐赠款物的流向更加透明,有助于发挥法律的指引功能,引导社会各界人士改变慈善观念,积极投身于慈善事业,增强人们对于慈善事业的信心和热情,必将对我国公益事业的发展产生重要的推动作用。

(二)走近学生,专业引领

2022年3月5日,第十三届全国人民代表大会第五次会议在人民大会堂开幕,国务院总理李克强作政府工作报告。报告明确提出,发展社会工作,支持社会组织、人道救助、志愿服务、公益慈善等健康发展。弘扬慈善、回馈社会,最关键的就是践行"公益",把"公益"作为社会主义核心价值观的最大公约数,吸引和动员全社会各界人士,"广怀仁爱之心,广行济困之举"。为了培养学生的利他能力,使慈善公益源源不断、后继有人,政府职能部门和社会专业组织要走近学生,用专业知识引领教育学生。

民政部门是推动社会慈善和公益事业的主要职能部门之一。民政部门最重要的是要发挥监管职能,加强对慈善组织事中事后的监管,让慈善组织的募集的每一分钱、用出的每一分钱都能够清楚透明,确保每一笔慈善资金、每一个慈善项目都能放在公众监督之下,让老百姓对公益慈善事业充满信心。社会慈善和公益组织要恪守公益性、非营利性的原则,不忘初心、牢记使命,提供专业服务。民政部门和慈善公益组织可以与学校合作,定期为学生开展或者邀请学生参与慈善公益活动。只有学生亲身参与,才能更加透彻地理解公益慈善,利他意识和能力才能得到更进一步的提升。

结 语

珠海市田家炳中学全面推进新家庭教育实验，坚持以立德树人为根本，以问题需求为导向，以改革创新为动力，充分发挥学校教育的主导作用、家庭教育的主体作用、社会教育的参与作用，着力构建学校、家庭、社会三位一体的"融教育"格局，探索具有区域特色的"同心、同步、同向度""全员、全程、全方位"的育人系统。珠海市田家炳中学围绕新家庭教育实验这一重点工作，着力于家校共育为核心的幸福教育生态建设，阶段性成果初步显现。回望来时路，我们发现有必要按下"暂停键"，梳理家校共育中存在的问题，思考解决路径，然后重新出发，让家校共育更加深入。

作为学校，可以从以下几个方面入手。

第一，设计幸福课程，培养和发展学生感受幸福的能力。以贯彻党的教育方针为载体，在校全面开展幸福教育，结合教学教改，开设幸福课程，创建幸福教育的校园文化。培养学生广泛的兴趣爱好、培养学生良好的学习习惯、培养学生的创造力，发挥学生的主观能动性，教会学生学会学习、教会学生乐观面对生活、为学生的个性发展、特长发展及终身发展奠定良好的基础。开设团体辅导、书法、绘画、诵读等相关课程，运用与开发多元智能，以海纳百川的胸怀兼容并包各种优秀的教育理念和方式，来培养学生的幸福感受能力。

第二，创建幸福课堂，引导和提升学生创造幸福的能力。课堂教学是落实幸福教育的主要阵地，随着课程改革的深入，对于教师专业素养要求越来越高，如何发挥课堂的有效性、激发学生学习兴趣的持续性，提高有效的学习效率，培养良好的学习状态，首先要深刻理解新课程改革的核心，其次是尝试改变以往的讲授为主的学习方式，在学校

结 语

倡导自主学习、合作学习、探究学习、共同成长的模式开展教学,增强学生的体验感,引导和提升学生创造幸福的能力。从课堂教学开始突破,深入全面地推进素质教育,没有幸福课堂就没有真正意义上的幸福教育。

第三,争做幸福教师,感染和影响学生体验幸福的能力。著名教育学家陶行知先生曾提倡"生活即教育、教学合一、行是知之始"的教育理念,教师作为教育事业的第一资源,我们自身的专业成长和个人状态直接决定着教育的质量,也决定着学生的发展。教师的最高境界是把教育当作一份幸福的事业来开展,我们要将爱奉献给学生,用情守护学生成长,做到眼里有光、心中有爱。做一个既有热度又有温度的老师,拥有积极的人生态度,充满激情与活力,对自己的事业怀揣着一颗学习之心,用好的生活方式身体力行,引导学生,用自己的能量和积极的生活态度照暖、照亮感染身边的每一位学生,既要注重优才的培养又要关注潜能生的成长和进步。在教育实践过程中通过体验、感受、感知、学习、提升自己和学生的幸福感,和学生一起打造幸福课堂。

第四,提倡家校社共育,促进和改变学生奉献幸福的能力。孩子是社会的未来、家庭的希望。著名教育家苏霍姆林斯基说过:"没有家庭教育的学校和没有学校教育的家庭不可能完成造就全面发展的人这一极其细致艰苦的工程"。加强学校与家长的沟通、交流和配合,让家长积极参与到学校的教育管理中来,成为学校教育的同盟军,让家长和教师实现优势互补,学校和家要形成合力。学校可以完善家校共育制度、组建家校课堂、坚持家长会制度、运用好新媒体等为家长提供学习成长的平台,从而提升家长的综合素质,为创建和提升孩子的幸福能力而共同努力。

总之,家校社协同共育关键在人,必须牢牢抓住"人"这一核心要素。学校继续发挥骨干教师和模范家长的引领作用,建好家庭教育指导人才库,通过教研训一体化,培养出懂专业、有爱心、肯奉献的师资队伍,集百家之长,探索家庭教育的优化路径。通过专家引领、交流互动、自主学习,培育家校共育优秀"种子"教师,努力为他们搭建平台,创造机会,开展"家庭教育微讲坛""种子教师领航展示"等系列活动,传递思想、传授方法、分享感悟,从而带动一批教师,打造一支素质过硬、业务精良的"种子"教师队伍。同时,成立模范家长孵化中心,遴选具有专业技能、热心教育的家长，长期参与学校管理，助推家校共育各项活动的开展，扩大优秀家庭教育案例的辐射性和影响力，让学校成为模范家长的孵化中心。

参考文献

[1]（美）内尔·诺丁斯著；龙宝新译.幸福与教育[M].北京：教育科学出版社,2014.

[2]陈龙花.卢梭的幸福教育思想研究[D].湖南师范大学,2020.

[3]丁文平.灾难教育：中小学教育的重要课题——灾难教育的内容、策略和途径[J].湖南教育（A版）,2020（03）:36-39.

[4]李水石.马克思幸福观及其当代价值[D].大连海事大学,2014.

[5]罗崇敏.三生教育论[M].北京：人民出版社,2013.

[6]罗伊琳.对高中生理财现状分析及建议[J].财经界（学术版）,2016,（24）:57.

[7]尚明翠.大学生幸福教育：内涵、因素及路径[D].广西师范学院,2012.

[8]邵鹭棋.提升高中生理财能力的方法和措施[J].经贸实践,2016,（19）:41.

[9]沈荦.积极心理学理论在学校教育管理中的应用[D].苏州大学,2013.

[10]滕飞.马克思主义幸福观教育研究[D].东南大学,2015.

[11]武佳萌.内尔·诺丁斯幸福教育思想研究[D].山东师范大学,2021.

[12]肖川.曹专.生命教育:朝向幸福的努力[M].北京：新华出版社,2020.